JN234850

レヴィジオン刑法

2

未遂犯論・罪数論

中山研一
浅田和茂
松宮孝明

成文堂

はしがき

　1.　『レヴィジオン刑法①　共犯論』が出版されたのが、1997年11月だったので、それ以後もう4年も経過したことになる。そのときの「はしがき」には、チームワークを守りつつ、できるだけ早い機会に、次の目標を完成できるよう努力したいと書いておいたが、チームワークはその後も維持し続けているものの、とくに浅田教授と松宮教授とは、今なお最も忙しい現役の最盛期に当たることもあって、実際には、なかなか継続的に討論する機会を作ることが困難なために、計画が延引してしまった。

　しかし、ようやくここに、第二巻に当たる「未遂犯論・罪数論」を公刊できることになった。書物の形式も、論文集という体裁ではなく、「問題提起」を前提とした三人の間の討論の中身を再現するという方法を採用した。

　それは、一方では、論文執筆の手間を省くというメリットをもっていたが、他方では、校正の段階で、何度も何度もゲラを三人の間で往復しなければならないことになり、別の意味で非常に手間のかかる仕事になってしまった感じがする。

　私自身は、もう現役を退いているが、関西には、「刑法読書会」や「判例研究会」などの月例研究会が継続しており、若い人達と、今でも一緒に勉強できる機会があることは大変幸せである。本書のような形で、世代の異なる者の間での交流や討論が出来るのも、そのような学問的な雰囲気の一つの現われといえるかもしれない。

　最近、若い世代の方々による著書が続出し、対談や鼎談などが盛んに行われるようになってきている。刑法理論の最前線は確実に動き始めているのを感じ取ることができるが、その淵源と方向をしっかりと見定めなければならない。一方では、日本や世界を取り巻く現代的な状況が確実に刑法にも影響を及ぼしてきており、この点を無視することはもちろんできない。しかし、刑法理論が結局は何のために奉仕すべきなのかという観点を決して失ってはならず、それは、現在への批判的な洞察を求め続けているといえよう。

われわれ三人は、基本的な観点と相互理解を共有しているといってよいが、しかし微妙な点に相違や対立があり、しかもその差が次第に広がるのではないかという予感もする。今回は、とくに私自身にとって教えられるところが多く、反省を迫られる結果となったように思われる。さらに、勉強をつづけ、次の第3巻以降の刊行を目指したいと思う。　　　　　　（中山）

2.　本書の報告と討論は、録音の関係もあり、京大会館の会議室で行われた。毎回、成文堂編集部長の土子さんが出席して自らテープの操作をされるなど、終始お世話して下さった。世代の異なる三人の討論が、最後まで良い雰囲気で続けられたのは、何よりも中山先生のご寛容と学問的情熱によるが、土子さんのお人柄によるところも大きい。中山先生、松宮さんとは、刑法読書会、判例研究会、刑事法学の動きなどで、長期間に亘り始終お会いしているので、お互いに気心が知れているといってよく、いつもの調子で討論が行われたが、活字になってみると、正直のところ「この言い方は中山先生に失礼ではないか」と思われるところもないではない。しかし、これが関西刑法学の良いところであると当の中山先生から教えられてきた身としては、それに甘えさせていただくこととし、討論の中身に集中することに努めた。その結果として、本書も当初の予想以上に十分に読み応えのあるものになったと考えている。

私自身は、常に準備不足の状態で参加せざるをえず、勉強しつつ検討するということになったが、そのために初歩的な議論も加わり、読者である学生諸君には返って良かったのではないかと（もちろん反省しつつ）思う。日頃十分に考え尽くしていなかった点に気づくなど、大いに勉強になった。

未遂犯論については、客観的未遂論、実質的客観説、客観的危険説という大きな枠組みでは一致しつつも、実行行為と実行の着手との区別の点では中山先生から批判があり、松宮さんの主張する社会的問題状況の発生という実行の着手の基準や、犯行の既遂を止める行為が介在する場合は不能犯ではなく未遂という主張には、そのままでは賛成できず、また、中止犯の法律説・非法律説でも意見が相違した。いずれも今後の検討課題と考えている。罪数論については、暗中模索の状態であったが、それは（とくに未遂犯論に比べて）

はしがき

学界における議論の蓄積がなお不十分であることにも一因があるように思われた。判例の総合的分析に加えて、とくに犯罪論体系と罪数論との関係や罪数論と訴訟法との関係について、本格的な検討が待たれるところである。

　第二巻の次は第三巻というのが、中山先生の不変の方針である。ある研究会で中山先生が「最近は執筆のペースが落ちた」と言われ、参加者から「ようやく通常人の域に入られた」という冗談が返された（もっとも、その間に判例タイムズの触法精神障害者に関する4回連載を完結しておられる）。ロースクール問題が吹き荒れる中、松宮さんとともに、何とか（通常人の域で）第三巻の準備を進めたいと考えている。なお、討論部分の初回の校正につき、大阪市立大学大学院前期博士課程二年の嘉門優さんと大下英希さんにお世話になった。付記して感謝の意を表する。　　　　　　　　　　　　　　　　　　（浅田）

　3. 今回の『レヴィジオン』が扱っている未遂犯論と罪数論は、私にとっては、刑法総論の中で従来比較的手薄な分野であった。したがって本書の「問題提起」および討論では、一方で、中山、浅田の両先生の導きを得ながら、他方で、日ごろ考えていながら論文にはできてないアイデアを、比較的大胆かつ気楽に出してみた。小さいながらも、従来の議論の枠組み自体を変えてみようと試みた部分もある。その意味で、『レヴィジオン』は私にとって、いつも、「楽しい実験の場」である。もっとも、それは常に「現行法の正しい解釈」を目指すものであって、決して奇をてらうものではない。「考えてみれば当たり前のこと」を、より適切に定式化しようと努力したつもりである。

　同時に、本書の視角は、狭い意味での未遂犯論や共犯論に限られたものではない。冒頭の「未完成犯罪総論」では、刑事立法のあり方が「法益保護の早期化」や「法益自体の前倒し」という視点を交えて論じられているし、予備罪の検討では、近年新設された予備規定をも射程に入れて検討を加えている。また、罪数論では訴訟法や実務的視点を交えた検討が行われている。私は、その限りで、本書は極めてユニークなものになったと考えている。本書が、多くの方に愛読されることを願う次第である。　　　　　　（松宮）

　最後に、本書の出版を快諾され、かげひなたなく継続的なご支援を頂いた

成文堂の阿部耕一社長に、心から感謝する。

2001年12月

著者一同

凡　例

刑　　録＝大審院刑事判決録
刑　　集＝大審院刑事判例集、最高裁判所刑事判例集
裁集刑＝最高裁判所裁判集刑事
高刑集＝高等裁判所刑事判例集
裁　　特＝高等裁判所刑事裁判特報
判　　特＝高等裁判所刑事判決特報
東高時報＝東京高等裁判所刑事裁判時報
下刑集＝下級裁判所刑事判例集
刑　　月＝刑事裁判月報
判　　時＝判例時報
判　　タ＝判例タイムズ
新　　聞＝法律新聞

参考文献

浅田和茂＝斉藤豊治＝佐久間修＝松宮孝明＝山中敬一・刑法総論［改訂版］（青林書院、1997年）〔＝浅田ほか・総論〕刑法各論［補正版］（青林書院、2000年）〔＝浅田ほか・各論〕

板倉　宏・新訂刑法総論［補訂版］（勁草書房、2001年）〔＝板倉・総論〕

植松　正・再訂刑法概論Ⅰ総論（勁草書房、1974年）〔＝植松・総論〕

内田文昭・改訂刑法Ⅰ（総論）［改訂版］（青林書院、1986年）〔＝内田・総論〕

大越義久・刑法総論［第3版］（有斐閣、2001年）〔＝大越・総論〕

大塚　仁・刑法概説（総論）（有斐閣、1963年）〔＝大塚・総論初版〕、同［第3版］（有斐閣、1997年）〔＝大塚・総論〕、刑法概説（各論）［第3版］（有斐閣、1996年）〔＝大塚・各論〕

大谷　實・新版刑法講義総論（成文堂、2000年）〔＝大谷・総論〕

小野清一郎・新訂刑法講義総論［増補版］（有斐閣、1950年）〔＝小野・総論〕

香川達夫・刑法講義（総論）［第3版］（成文堂、1995年）〔＝香川・総論〕

川端　博・刑法講義総論（成文堂、1995年）〔＝川端・総論〕

木村亀二＝阿部純二・増補刑法総論（有斐閣、1978年）〔＝木村・総論〕

斉藤信治・刑法総論［第3版］（有斐閣、1998年）〔＝斉藤信・総論〕

佐伯千仭・四訂刑法講義（総論）（有斐閣、1981年）〔＝佐伯・総論〕

荘子邦雄・刑法総論（青林書院、1969年）〔＝荘子・総論初版〕、同［新版］（青林書院、1990年）〔＝荘子・総論2版〕、［第3版］（青林書院、1996年）同〔＝荘子・総論〕

曽根威彦・刑法総論［第3版］（弘文堂、2000年）〔＝曽根・総論〕刑法各論［新版］
　（弘文堂、1995年）〔＝曽根・各論〕
瀧川幸辰・犯罪論序説［改訂版］（有斐閣、1947年）〔＝瀧川・序説〕
団藤重光・刑法綱要総論［第3版］（創文社、1990年）〔＝団藤・総論〕、刑法綱要各論
　［第3版］（創文社、1990年）〔＝団藤・各論〕
内藤　謙・刑法講義総論（上）（有斐閣、1983年）、（中）（有斐閣、1986年）、（下）Ｉ（有
　斐閣、1991年）〔＝内藤・総論〕
中　義勝・講述犯罪総論（有斐閣、1980年）〔＝中・総論〕
中野次雄・刑法総論概要［第3版］（成文堂、1992年）〔＝中野・総論〕
中森喜彦・刑法各論［第2版］（有斐閣、1996年）〔＝中森・各論〕
中山研一・刑法総論（成文堂、1982年）〔＝中山・総論〕
西原春夫・刑法総論［改訂版＋改訂準備版］（成文堂、1991年）〔＝西原・総論〕
野村　稔・刑法総論［補訂版］（成文堂、1998年）〔＝野村・総論〕
林　幹人・刑法総論（東京大学出版会、2000年）〔＝林・総論〕
平野龍一・刑法総論Ｉ（有斐閣、1972年）、Ⅱ（有斐閣、1975年）〔＝平野・総論〕
松尾浩也＝芝原邦爾＝西田典之編・刑法判例百選Ｉ総論［第4版］（有斐閣、1997年）
　〔百選Ｉ〕、刑法判例百選Ⅱ各論［第4版］（有斐閣、1997年）〔＝百選Ⅱ〕
平湯安治・刑法総論講義（有信堂、1952年）〔＝平場・総論〕
福田　平・刑法総論［全訂第3版増補］（有斐閣、2001年）〔＝福田・総論〕
藤木英雄・刑法講義総論（弘文堂、1975年）〔＝藤木・総論〕
前田雅英・刑法総論講義［第3版］（東京大学出版会、1998年）〔＝前田・総論〕、刑法
　各論講義［第3版］（東京大学出版会、1999年）〔＝前田・各論〕
町野　朔・刑法総論講義案Ｉ［第2版］（信山社、1995年）〔＝町野・総論〕
町野　朔＝中森喜彦編・刑法１総論（有斐閣、1995年）〔＝町野＝中森編・総論〕
松宮孝明・刑法総論講義［第2版］（成文堂、1999年）〔＝松宮・総論〕
宮本英脩・刑法大綱（弘文堂、1935年）、［覆刻版］（成文堂、1984年）〔＝宮本・大綱〕
山口　厚・刑法総論（有斐閣、2001年）〔＝山口・総論〕
山中敬一・刑法総論Ｉ・Ⅱ（成文堂、1999年）〔＝山中・総論〕

目　次

はしがき

第*1*章　未遂犯論 ─────────── *1*

1 未完成犯罪総論 ………………………………………… *1*
　Ⅰ．未完成犯罪に対するアプローチ(5)
　Ⅱ．法益論との関係(6)
　Ⅲ．法益保護の早期化(7)
　Ⅳ．抽象的危険犯と予備・未遂(8)
　Ⅴ．日本法は比較法的に見てリベラルか(11)

2 予備・陰謀罪の成立史とその成立範囲 ……………… *13*
　Ⅰ．予備・陰謀をめぐる実務(17)
　Ⅱ．予備罪と立法技術(19)
　Ⅲ．強盗予備と刑の免除(20)
　Ⅳ．事後強盗の予備？(22)

3 未遂規定の変遷と未遂の処罰根拠…………………… *24*
　Ⅰ．必要的刑罰軽減のルーツ(28)
　Ⅱ．行為無価値論・主観的未遂論(29)
　Ⅲ．違法二元論(31)
　Ⅳ．行為無価値一元論に対する批判(32)
　Ⅴ．具体的危険犯と未遂(34)
　Ⅵ．詐欺罪の場合(35)
　Ⅶ．偶然防衛未遂犯説(36)
　Ⅷ．中止犯の規定(38)

4 実行の着手 ……………………………………………… *39*

Ⅰ．形式的客観説の内容(44)
   Ⅱ．実質的客観説の内容(45)
   Ⅲ．構成要件該当行為の意味(46)
   Ⅳ．未遂犯の故意(48)
   Ⅴ．行為意思と危険判断(49)
   Ⅵ．実行行為と実行の着手の分離(53)
   Ⅶ．曽根説・山中説(55)

5 離隔犯・間接正犯の未遂 …………………………………58
   Ⅰ．平野説の位置づけ(61)
   Ⅱ．不作為犯構成(62)
   Ⅲ．遡及的構成(63)
   Ⅳ．間接正犯と被利用者説(64)
   Ⅴ．社会的問題状況の発生としての「着手」(65)
   Ⅵ．離隔犯の共同正犯と「着手」(67)

6 不作為犯と過失犯の未遂 …………………………………68
   Ⅰ．未遂と故意(74)
   Ⅱ．真正不作為犯の未遂(78)
   Ⅲ．手放し説と具体的危険(80)
   Ⅳ．不退去罪の未遂(82)

7 不能犯に対する立法政策と処罰根拠 …………………84
   Ⅰ．フランスの不能犯論(91)
   Ⅱ．客観的事後予測(92)
   Ⅲ．因果関係論と未遂・不能犯論(93)
   Ⅳ．事後予測の主体(94)
   Ⅴ．絶対不能・相対不能(96)
   Ⅵ．不能の意味(97)
   Ⅶ．絶対不能とは(100)
   Ⅷ．青酸カリと砂糖のとり違え(102)
   Ⅸ．不能犯に対する正当防衛(104)

目　次

8 不能犯の類型 …………………………………………………………… *106*
　　Ⅰ．偶然・確率・印象(113)
　　Ⅱ．一般人の判断と行為者の判断(115)
　　Ⅲ．科学的一般人と素人的一般人(116)
　　Ⅳ．具体的危険説の判断基準(118)
　　Ⅴ．不能犯の類型(120)
　　Ⅵ．主体の不能(121)
　　Ⅶ．客観的危険説の徹底(123)
　　Ⅷ．客体の不能と方法の不能(125)
　　Ⅸ．残された問題(126)

9 中止犯の刑減免の根拠とその体系的地位 …………………… *128*
　　Ⅰ．旧刑法における中止犯の扱い(134)
　　Ⅱ．法律説の意味(135)
　　Ⅲ．未遂の埋め合わせとしての中止(137)
　　Ⅳ．責任の評価変更としての中止(138)
　　Ⅴ．埋め合わせの方法(139)
　　Ⅵ．責任減少・違法減少の意味(140)
　　Ⅶ．刑罰阻却事由と刑罰消滅事由(141)
　　Ⅷ．非法律説の分類(142)
　　Ⅸ．違法減少の連帯性(143)

10 中止行為と中止の任意性 ……………………………………… *146*
　　Ⅰ．報奨説・刑罰目的説と中止要件(151)
　　Ⅱ．不合理決断説(153)
　　Ⅲ．中止動機の限定(154)
　　Ⅳ．刑の免除の要件(155)
　　Ⅴ．着手中止と実行中止による区別(157)
　　Ⅵ．日本の判例・実務(158)
　　Ⅶ．中止行為の因果関係(159)
　　Ⅷ．中止と錯誤(159)

ix

Ⅸ．中止行為重視の理由(160)

　　Ⅹ．異常な因果経過と中止(162)

第2章　罪数論 ─────────── *163*

1 罪数論の総論、その意義と効果 ………………… *163*
　　Ⅰ．罪数が問題になる場面(171)
　　Ⅱ．科刑上一罪の捉え方(172)
　　Ⅲ．罪数論へのアプローチの仕方(174)
　　Ⅳ．連続犯の扱い(176)
　　Ⅴ．混合的包括一罪の根拠(177)
　　Ⅵ．減軽類型の扱い(177)

2 本位的一罪・法条競合 ……………………………… *181*
　　Ⅰ．不可罰的事後行為(185)
　　Ⅱ．予備・未遂・既遂(185)
　　Ⅲ．択一関係(187)
　　Ⅳ．減軽類型の扱い(190)
　　Ⅴ．状態犯・継続犯(194)
　　Ⅵ．結果的加重犯(195)
　　Ⅶ．窃盗と占有離脱物横領の関係(196)

3 包括的一罪 ……………………………………………… *199*
　　Ⅰ．接続犯（連続一罪）について(201)
　　Ⅱ．ウェーバーの概括的故意の場合(205)
　　Ⅲ．集合犯について(209)
　　Ⅳ．段階犯（発展犯）について(210)
　　Ⅴ．科刑上一罪としての包括一罪(212)

4 併合罪と科刑上一罪 ……………………………… *214*
　　Ⅰ．昭和49年大法廷判決の意味(221)
　　Ⅱ．包括一罪か54条の拡張か(224)

Ⅲ．水俣病決定と概念的競合(225)
　　　Ⅳ．科刑上一罪としての包括一罪？(226)
　　　Ⅴ．構成要件基準説の意味(227)
　　　Ⅵ．不作為犯の罪数(229)
5　罪数論の訴訟法的意義 …………………………………………*231*
　　　Ⅰ．科刑上一罪は一訴因か？(235)
　　　Ⅱ．覚せい剤自己使用と罪数論(236)
　　　Ⅲ．速度違反と罪数論(239)
　　　Ⅳ．観念的競合一体処理の理由(242)

第1章　未遂犯論

　第1章の未遂犯論では、まず、①未完成犯罪の総論、②予備・陰謀罪の成立史とその成立範囲、③未遂規定の変遷と未遂の処罰根拠、を全体的な観点から概観した後、個別・具体的な問題として、④実行の着手、⑤不能犯、⑥中止犯、の順序で扱うことにします。

1 ◆ 未完成犯罪総論

本項の問題提起

　中山　最初に、若干の問題提起をし、それをめぐって議論するという形にします。

　まず、未遂犯のほか、予備・陰謀も含む「未完成犯罪」に共通する全体的な問題について、概念、立法、判例、学説などの一般的な動向やアプローチについて概観することにしますが、抽象的な論議を避けるために、ここでは、論点として、以下の四つの問題を提起しておきたいと思います。

(1) 未完成犯罪の意義とアプローチ

　ここでは、未遂だけではなく、予備や陰謀も含むという意味で、「未完成犯罪」という用語を使うのですが、教唆の未遂とか、共謀（コンスピラシー）のように、共犯の問題にかかわるものは、取り上げないことにします。したがって、ここでは、「未完成犯罪」という用語を単独犯の既遂に至るまでの完成しない犯罪という意味で使うことにします。

　そのうえで、まず指摘したいのは、未完成犯罪を考えるときに、二つの対照的なアプローチがあるのではないかという点です。

　第一は、これを「犯罪の発展段階」という形でとらえるというもので、これは古くから主張されているのですが、特に故意犯を前提として未遂を考えるとしますと、まず「故意」や「計画」があって、それが「予備」・「陰謀」

として現れ、さらに「未遂」にまで発展して、最終的に「既遂」によって完成するという一連のプロセスとして理解しようとする発想であります。これは、主観的な犯罪意思がどこまで客観的な外部世界に発現したかを問題にするという点で、主観主義的な「犯罪徴表説」からする未遂犯論と親和性があり、現に、牧野説・木村説はその点を一貫して主張していました。

これに対して、第二は、これとは逆に、結果が発生した「既遂」、つまり単独犯の既遂類型を犯罪の典型と考えたうえで、それ以前の「未遂」や「予備」は、既遂類型の構成要件を修正し拡張した犯罪の形式であるとして理解するものです。それは、犯罪を既遂としての「法益侵害」の方から、その「危険」へとさかのぼって考えていくアプローチであるといってよく、それは、客観主義的な「構成要件論」からする未遂犯論と親和性があるものとして理解されてきたといってよいでしょう。

しかし、このような対抗関係は、現在ではすでに崩れており、特に「行為無価値論」の立場からは、「故意」が主観的違法要素として重視されるほか、一般に刑法が「行為規範」であることを理由に、行為時の事前判断が強調されてきますと、客観説でありながら、前者のアプローチに近づくことはむしろ必至であるともいえます。そこに、基本的な問題の出発点があると思います。

(2) 段階的考察の可能な典型例

一つの犯罪類型を前提として、その内部で、予備、未遂、既遂の成立とその処罰を段階的に区別することが可能な典型的な例としては、殺人罪や強盗罪などを挙げることができます。これらの犯罪では、犯罪が完成した「既遂」が最も重く処罰され、その直前の「未遂」は、それに付随して、やや軽く処罰され、それ以前の「予備」も、別の規定で、より軽く処罰されることになっています。

もっとも、犯罪の重大性の程度によって、予備や未遂の処罰範囲にも、段階的な相違があります。例えば、窃盗罪は、既遂のほか、未遂も処罰されますが、予備は処罰されず、一方、器物損壊罪では、既遂のみが処罰され、未遂も予備も処罰されないという立法上の相違があることも、周知のところです。

これらは、個人的な法益を侵害する「結果犯」であるところに特色があり、そこでは、結果の発生が「既遂」、その発生の危険が「未遂」、そしてそれ以前の準備行為が「予備」という形で、段階的な区別が理論的にも可能で

あり、実際上も、その区別を前提に犯罪の成否が問われることになります。
　未遂犯論が、殺人罪や窃盗罪を念頭において展開されてきたのは、理由のあることであって、そこでも、もちろん論争はつきないものの、論議の大枠と土台は相対的に安定しているといってよいでしょう。
(3) 段階的考察が困難または不可能な場合
　ところが、以上のような比較的安定した段階的考察が困難または不可能な場合があり、むしろそれが意外に多いのではないかという点に問題があります。
　それは、本来は既遂の前の未遂、さらにはその前の予備たるべき行為を、それ自体独立に取り出して別個の「犯罪類型」として規定するという立法技術によってもたらされたものです。すでに「予備罪」の中にも、通貨偽造準備罪（153条）のように、独立した別個の規定となっているものもありますが、「未遂罪」の場合は、より複雑で、いわゆる「危険犯」は、本来の結果発生以前の「未遂」であるにもかかわらず、独立の「犯罪類型」として規定され、「結果犯」と同等の位置づけを与えられることになっています。
　危険犯は、危険の発生が既遂要件であるとしますと、その危険犯の未遂や予備はどうなるのかという問題が生じます。しかも、「具体的危険犯」は少なく、大部分が「抽象的危険犯」であるとしますと、その行為自体によって犯罪が完成し（既遂）、その未遂は観念できないということにもなりそうです。この点では、特に、いわゆる「行政刑罰法規」が「抽象的危険犯」の増大と氾濫をもたらし、そこでは既遂と未遂の区別は相対化され、結果的に処罰範囲の不明確な拡大を招いているという問題があります。
　刑法犯の領域でも、現住建造物放火罪（108条）は、抽象的危険犯であるといわれながら、その未遂（および予備）が処罰されていることのほか、暴行・脅迫は強盗や強姦の手段であり、文書偽造は詐欺などの手段であり、住居侵入も窃盗などの手段でありながら、それ自体として別個の既遂類型として規定され、それぞれに未遂の可能性が問題になることにも注意する必要があります。そこでは、何を既遂として想定するかによって、未遂犯の成否とその範囲が相対化するという不安定な状況が生じることが避けられないのです。
　そして現に、2001年の刑法一部改正で新設されました「支払い用カード電磁的記録に関する罪」（第18章の2）では、支払い用カード電磁的記録不正作出準備罪（163条の4）について、その未遂を処罰する規定（163条の5）が置

かれましたので、「予備罪の未遂」という新しい形態が生じたことになります。

　(4)　未完成犯罪の処罰の歴史と現状

　これまで、未完成犯罪の処罰に関する歴史的な研究が、大陸法や英米法について、かなり行われきていますが、なおいくつかの問題があるように思います。

　まず、ローマ法やゲルマン法の古代法のもとでは、いわゆる「客観的帰責」の考え方から、結果が発生しなければ処罰されないという考え方が支配していたといわれるのですが、本当にそうなのかという疑問があります。むしろ、英米のコモンローの下では、意思そのものを行為とみなすという考え方が支配的であり、そのような考え方が古代には強かったのではないかと思われるのです。一般的な未遂概念がまだ存在していなかったという歴史的事実からは、未遂が処罰されていなかったという結論は出てこないのではないか、逆にいいますと、未遂犯の処罰が近代文明の所産であるという牧野説の主張には賛成しかねるところがあります。

　むしろ、未遂犯の処罰は、社会防衛や警察予防の必要という時代思潮との関連でとらえるべきではないかという主張に、現実的な意味があるように思います。特に、反逆罪や殺人罪などの分野で、予備や陰謀の処罰が問題になってくる時代的背景を探るべきではないかと思われます。

　わが国の場合には、旧刑法から現行刑法への移行の過程を見ても、規定そのものは意外に客観主義的にできていて、故意や意思の危険を強調する方向は抑制されているように思われます。特に草案が、不能犯の不可罰を規定するといった動きは、ドイツとはかなり違うという感じを受けます。ただし、特別刑法や行政刑法の領域では、非常に例外が多く、爆発物取締罰則や破防法などの治安法の領域では、企行概念や独立教唆を含めて、予備・陰謀が広く処罰されています。国公法では、共謀やあおり・そそのかしが広く処罰され、関税法などでは、予備と未遂を同一に処罰する規定も存在していることに注目しなければなりません。

〔討　論〕

I．未完成犯罪に対するアプローチ

浅田　未完成犯罪の二つのアプローチで、犯罪の発展段階とみる立場と、既遂類型の修正形式とみる立場があるのではないかというお話ですが、この点は、刑法の役割をどう考えるか、あるいは犯罪の本質は何かということに関わっていると思います。
　発展段階というとらえ方は、犯罪を抑止するために行為を規制するという発想の点で、いわゆる規範違反説につながってきますし、修正形式として既遂類型を基本に考える立場は、法益の保護という刑法の目的を強調している点で、法益侵害説につながるように思います。

中山　今の点はおっしゃる通りだと思うのですが、逆に法益保護の早期化と言えば、法益保護のラインで前倒しとなり、相対化されてしまうのですね。だから、これをまったく違うものとして、対比させてよいものかどうかという問題が残ると思いますが。

浅田　これと犯罪論体系を、存在論的にとらえるか認定論的にとらえるかという問題ともつながりますか。

中山　そうですね。前者は、特に行為時の犯罪摘発ということを念頭において、予備や陰謀や未遂が行われている時から、警察力を介入させるべきだという考え方に近くなるのですが、後者の方は、逆に結果がある程度おさまってから、さかのぼって、予備を処罰するとか、そういう発想に近づくのではないかと思います。一体、予備とか陰謀とか未遂を処罰するというときに、具体的な、未遂や予備の規定がどんな機能を負っているのか、という問題だと思いますが……。

松宮　まず、予備と未遂、既遂との関係という話からいきますと、主観主義と客観主義とについて、最近こんなことを考えています。例えば、153条

の通貨偽造準備罪はどういう行為を処罰するのかというと、「器械又は原料を準備した者」と書いてあるわけで、形としては「準備した者が」という要件なんですね。過去完了形なんです。だから、準備が完了していない場合に、それがどういう場合を言うのかというのが一つの問題なんですが、準備し始める、準備に向かうために決意するという、準備に向かうためにその原料を買いに行くとか、実際買いに行ってその場所に着いたとか、そういうのはいくらなんでも準備したとは言わない。

　ですから予備罪というのは総則に規定がなくて、各則にこういう形でしかないということになりますと、その予備罪の未遂とかさらに予備とかいう観念は常に出てくるのですね（例えば163条の5の支払用カード不正作出準備罪の未遂）。包括的な予備規定ではだめですが、具体的な行為態様の予備規定を置きますと、常にそれの前段階というのが出てくるのです。予備が一つの既遂類型になるわけです。ですから、刑法上の犯罪ということを考える時には常に既遂類型を出発点にしているわけで、犯意の発生・予備・未遂・既遂という、主観主義的な分類の仕方では、実定法上の犯罪はとらえ切れないのではないかと思います。根本的に主観主義の発想は、法律的な犯罪概念の理解には向いていないという気がします。そうではなくて、実は我々は当たり前のように予備・未遂と言っていますが、それは当然実定法上の既遂類型を前提にして考えている。端的に言えば、総則の未遂規定の解釈の時にそのあたりのことが出てくる。

II．法益論との関係

松宮　ところが法益を基準に考えた時に、危険犯という形で実質的には侵害犯の予備段階、未遂段階のものを既遂類型として各則に置いてしまえば、それにも総則の未遂規定がかかりますから、例えば通貨偽造罪や文書偽造罪がそうで、理論上はそれらの未遂が成立する。ですから、ここで概念の混乱が起こるわけですが、総則の未遂を言っているのか、それともより実質的に法益と考えられるものを基準にして、法益の侵害からどれぐらい前の段階か

というので予備・未遂と言っているのか、こういう風にまず問題を分けて理解しなければいけないと思います。ところがこれでもまだ話は終わらなくて、そうは言うけれども、実は前段階行為と思われていたものの既遂類型が作られますと、それに固有の新たな法益が考えられるようになる。先にあげた文書偽造で「文書の真正性」等に対する公共の信頼を保護法益とするようになったことがその典型です。

中山　別の法益が独立に作られるということですか。

松宮　法益論というものは、実定法の解釈なんだという考え方の、一つの妥当性を、そのことが証明しているように思います。

中山　しかし別の法益という場合に、それが大きな元の既遂類型の法益をいわば前倒しにした法益であれば、危険自体を法益にしていると考えてよろしいのですが、例えば信義誠実違反といった別次元の法益が作られることもあるように思います。

松宮　そうですね。

III．法益保護の早期化

浅田　先ほど言われた法益保護の早期化という観点で、最近は経済犯罪とか環境犯罪とかで顕著ですが、その時に法益をどうとらえるかということによって、侵害犯になったり危険犯になったりします。特に新しく出てきたその種の犯罪について本当の法益は何なのかということを、もう一度確認し直さないといけないということですね。

松宮　典型的にこれが出たのは、ドイツですが、環境犯罪、特に水質汚染罪は、大気の汚染などと違って、危険という概念は入れずに構成要件が作られていますので、法益は何かと言うと、水の清浄性そのものだというのが有力なのです。あれを聞いたときはびっくりしたのですが。

中山　説明としてはそういう言い方しかできないですね。

松宮　そうですね。

中山　それは、現状を悪化させてはいけないということでしょうか。

松宮　ドイツの水質汚染罪では、人間や動物たちの生命や健康に対する危険から切り離して構成要件を作りましたので、それを危険犯で説明することも、もはやうまくいかない。どうするかというと水のきれいさ自体が法益だという説明になる。

中山　そういうものを抽象危険犯とわれわれは呼んでいますが、形式犯に近いものになってしまいます。そこで法益論の再構成が行われるのですが、それ自体が法益かという疑問が出てきますね。

松宮　もう一つ。例えば19世紀末から今世紀初めのドイツ刑法では、刑法典上の重罪、軽罪は侵害犯か具体的危険犯でなければいけないというルールがありました。それはまだある程度生きていまして、だから逆に、日本では抽象的危険犯や形式犯だとして説明が終わっているものについて、より具体的な別の法益を捜そうとするわけです。先の水質汚染のように。ですから、立法の時に出てくる議論では、そういうものを法益としてよいかという議論が、正面から出てくる。法益の観念化とか、人間中心主義的か環境そのものか、という形で論争になります。

中山　ところが日本ではそういう議論をしないですね。

松宮　していません。

中山　それは形式犯にも刑罰で対応できるという発想が、そもそも行政刑法にありますので。

松宮　ルールとして抽象的危険犯や形式犯に対して、現実的に問題だという発想が弱いですから。

Ⅳ．抽象的危険犯と予備・未遂

中山　そのほか、私が気になりますのは、挙動犯とか、抽象的危険犯と言われているものの中に、さらに時間的な行為のプロセスを含んでいるものと、着手したらすぐに既遂となり、未遂をほとんど考える余地のないものがあり、その行為形態の違いが、抽象的危険犯に未遂規定を置くかどうかという違いになっているのではないかと思うのです。

浅田 今後の議論にも関連しますが、未遂・既遂というのは構成要件段階の問題、結果犯と挙動犯という区別の問題であって、どこまで処罰すべきかという侵害犯・危険犯の問題とは、一応レベルの違う問題としたうえで、それぞれについて考えなければならないと思います。放火罪の場合に108条・109条1項は抽象的危険犯ですが、結果犯ですから当然、未遂があるわけで、その場合にどこから未遂かという問題と、どこまで処罰すべきかという問題とは、別個の問題ですね。

　法益保護の早期化の問題は、両面で出てきていて、予備も罰するというのはまさに早期化ですが、予備を独立犯罪として類型化するというのもやはり早期化であり、両者の問題を区別して議論しなければならないと思います。法益侵害の危険という概念で処罰根拠を説明するのですが、例えば、抽象的危険犯としての放火罪の未遂の処罰根拠は何かと言うと、危険の危険という話になってきます。未遂の問題はやはり、結果犯か挙動犯かという構成要件レベルの話ととらえる方がわかりやすいと思います。

松宮 その話が危険犯か侵害犯かという区別と、時々混同されるわけです。混同されると、解釈論として有害な結果が時々出てきまして、中山先生が先ほどおっしゃいましたけれども、未遂規定のない抽象的危険犯について、実質的には未遂行為を既遂だとして処罰してしまうという傾向が、時々あるように思います。

中山 未遂規定がないからですか。

松宮 はい。私が一番気になっていますのは、103条の犯人蔵匿隠避罪ですが、隠避させた者という解釈で、例の暴力団の親分が警察につかまって勾留され、子分が身代わりに出てきたけれども、信じてもらえなくて、釈放されなかったという事件がありました。あれでも「103条は刑事司法に対する抽象的危険犯である。だから刑事司法を害する抽象的な危険を持った行為ならば、何でも隠避なんだ。したがって身代わりで出て行くことがそうだ」という論法が使われました。最高裁（最決平1・5・1刑集43巻5号405頁）はちょっと慎重ですが、やはり問題で、本犯が捕まっていて身代わりで出ていくことも隠避に当たるとは言ったんですが、問題は「隠避させた」に当たるかど

うか。逃げ隠れしていないのに、本件ではできなかったんですが、それを隠避させたということで、ポンと既遂にしてしまうという問題がやはり出てくる。

中山 予備・未遂のところの議論だけでの問題ではなくて、実は既遂とされてしまっているものの中に、本来は未遂であるべきものも入り込んでしまっている場合がある。

浅田 業務妨害罪と名誉毀損罪がそうですね。

中山 それらも解釈によって危険犯だとしてしまえば、未遂段階でみな既遂として処罰されるということですか。

浅田 条文上は名誉を毀損したという侵害犯です。業務妨害罪も妨害したとなっています。侵害結果の証明が難しいという理由で通説は危険犯にするのですが、条文通り解釈すれば侵害犯であって、むしろその証明をすべきだということになります。

中山 ただ、これは非常に難しいと思うのですが、殺人とか窃盗などの典型的な場合は、結果が何かということは明らかなのですが、国家法益とか社会法益になりますと、侵害されたのか危険があるのかということの限界づけには、実際は微妙な程度の問題があることになります。そうすると結果犯と言ったところで、何をもって結果と判定するかということが、また次の議論になってきますね。だから、もちろん一挙に解決できないと思いますが、少なくとも個人法益と並ぶような形での解釈が必要であって、そうしないと未遂と既遂をなぜ区別したのか、という意味がなくなってしまうのではないかと思います。

浅田 背任罪で不良貸し付けをした場合に、貸し付けた時点で既遂になるとされています。その場合、現金が債権に変わってしまうわけで、その債権自体に財産的価値がないから、その時点で損害が発生したという理由です。結論的には私はこれに賛成ですが、ただそういう形で危険が結果だという風になってくると、何を基準に危険と侵害を区別するかという問題をもう一度考え直さないといけないことになるわけですね。

Ⅴ．日本法は比較法的に見てリベラルか

中山 報告でちょっと触れましたが、日本法は全体的に見てドイツ、フランス、英米の未遂・予備のアプローチと比べて、リベラルだと思われますか。今までの感想としていかがでしょうか。

松宮 単純な比較は難しいですね。一つは着手論について言えば、強盗・放火・殺人といったところで、包括的な予備規定がありますから、逆に言えば主観的未遂論による着手の早期化をこれらの犯罪は必要としないということになります。それから不能犯の関係で言えば、具体的危険説で未遂だとしているものがドイツでどう考えられているか。客体が存在しないとか手段が不能だという場合に、やはりドイツでは可罰的不能未遂だという風に分類する人もいます。フリッシュがそうでしたけれども、日本もドイツも一緒じゃないかと言いましたからね。そういう点で、実はあまり違わないのではないかという問題があります。

中山 本人が信じた計画がそのまま実現するならば結果発生の危険があるという発想が、ドイツでも英米でも強いのですが、そういう発想は日本の具体的危険説の中にもあるのですね。計画の危険説は本来は抽象的危険説なのですが、具体的危険説がそれを排除し切れているかと言うと難しいですね。これは後ほど問題になりますが。

浅田 コンスピラシーを規定していない点、不能犯を不可罰としている点で、日本の刑法・刑法学はリベラルともいえますが、殺人・強盗・放火に包括的予備罪の規定を置いている点では処罰範囲が広く、不能犯の具体的危険説はほとんど不能犯を認めません。いちがいにリベラルかどうかは言えませんね。

松宮 もう一つ申し上げますと、主観的未遂論というのは、理論が先行して支持を受けるのではなくて、やはり先に政策的な問題があるのですね。一橋の青木さんの学会報告が面白かったんですが、彼はフランスで主観的未遂論が支持を受けるようになっていったきっかけが、堕胎の未遂だと言ってい

ます。いわゆる想像妊娠などですね。なぜかというと、つまり人口政策、19世紀後半から20世紀初めにかけて、普仏戦争で負けた相手であるドイツに対して国力をつけなくてはいけない、そのためには若い人間がたくさん要るという人口政策の中で、堕胎行為というものが厳しく処罰されるようになっていく、そういう背景があるという指摘を彼はしています。

中山　現実的な契機は政策論にあるのですね。

松宮　ええ。それが総論の未遂論に反映するというようなことを報告していました。

中山　そうすると時代の流れとか要請というものが、かなり理論構成の問題に影響を落としているということになりますね。

2 ◆予備・陰謀罪の成立史とその成立範囲

本項の問題提起

松 宮 それでは、予備・陰謀罪の成立史とその成立範囲というテーマで簡単な報告をいたします。

実は最も根本的なと言いますか、徹底的な沿革の勉強ができておりませんので、主に日本刑法の特色である、殺人・放火・強盗という典型的な個人法益に対する罪、放火は社会法益ですが、そういう犯罪にある包括的な予備規定、つまり単にそういう犯罪をする目的での予備を処罰するとだけ書いてある、包括的な予備規定の沿革に重点を置きながら報告をさせていただきます。

(1) 予備と陰謀の区別

まず最初に予備と陰謀の区別ですが、現行法では予備を処罰する規定と、予備と陰謀を処罰する内乱や外患のような規定と両方ございます。そこで予備というのは、犯罪の実行の着手以前のすべての準備段階を指すのだという風には、言えないのではないか。陰謀があるからには、陰謀と予備も区別されなければならないのではないか。でもそれは、どういう風にしたら区別できるのかという課題が一つございます。

それを単独犯も含まれる予備と、必要的共犯として必ず複数の人間が必要な陰謀とを、同じように並列に論じて、陰謀は予備に当たらないという風に言えるかどうかについては、なお議論の余地があるということです。ただし、153条の通貨偽造準備罪（さらに163条の4第1項）のように、独立の、比較的詳しい行為態様の書かれてある準備罪・予備罪の場合には、当然明文の構成要件に該当しないと、予備罪も成立しない。そういう意味で着手以前のすべての段階は、現行法上の予備になるのだということには、実はならないのであって、ここでも考察の出発点は、現行法・実定法の規定であり、それを離れて一般的に予備を論ずると、議論が散漫になる危険があります。

予備罪の場合には、自己予備と他人予備の区別、他人予備も処罰される規定はどれかといった問題がございます。今の153条の通貨偽造準備罪とか、あるいは内乱や外患の予備罪の場合には、単に準備をする、予備をするということしか書いてありませんので、こういう予備罪の場合には、他人予備で

もかまわないというような解釈が一般的かと思います。
　1のところで指摘いただいた、特別法などにある独立共犯規定と予備罪との関係が問題になりますが、今回はあまり詳しくは扱いません。
　(2)　予備罪処罰規定の沿革
　そこで本命の予備罪の規定の沿革ですが、特に今申しました放火・殺人・強盗の包括的な予備罪規定が、なぜ明治40年にできた現行法に入ったのかということが問題になります。明治13年制定の旧刑法には、これらの予備罪規定はございません。立法当時の議会資料などを見て、細かく分析すればいろいろ問題点が指摘できるかと思いますが、一般には、これは一つには、いわゆる律令の律ですね。律のもっている保安主義的な傾向と、新派刑法学の影響という、双方の影響が合わさって、社会防衛論という形で主張され、その中で、こういう規定ができ上がったのだと言われています。たしかに現行法の提案理由書はそういう風に、これらの犯罪については早期に予防する必要性が高いのだと述べています。
　これは明治40年の話ですが、実は、予備罪の立法というのは古い話ではございませんで、最近の、1999年ですが、組織犯罪対策に伴う一連の立法の中で、営利目的拐取予備罪が新設されました。例の身代金目的の予備罪がすでに昭和39年に入りましたけれども、それに合わせる形で新設されたということになっています。これも包括的な予備罪規定ですので、こういう規定の方法は、明治40年に作られた三つの包括的予備規定の運用状況などの検討や反省のうえに立ってできたのかどうかが、問題になってきます。
　さらに政治犯罪との関係での予備・陰謀、特に内乱や外患などについては、比較法的にはわりと普遍的な現象だという風に思われますが、あまり検討しておりません。
　もう一つ問題は、前項1のところでも話題になりましたが、我々が今、既遂類型であると考えている犯罪の中に、実質的には予備的な段階の行為を独立に、既遂類型にしたと思われるものがあります。典型的には、通貨偽造罪や文書偽造罪ですね。これらは目的犯構造をとっているという点でも共通しています。しかし従来の議論の中で、これらの犯罪がにせの通貨やにせの文書を実際に流通させて取引などを混乱させるということの、実質的には予備段階なのだという意識があまりされてこなかったのは、これらの、特に文書偽造罪などについて、文書の形式ですね、その形式を侵害すること、具体的には名義の真正性とか文書の確定性ですが、これ自体が独立の法益だという

考え方が、19世紀後半のドイツ刑法学の中で浮上してきたということと関係があります。ですから、法益自体として新しいものが作られることで、実質的な予備罪がそうでないように見えてくるという問題がここにはあると思います。

(3) 予備・陰謀をめぐる実務・判例

次に、では特に放火・殺人・強盗などの包括的な予備規定の実務における運用状況、立法以来の運用状況はどうかということですが、簡単に申し上げますと、実際には準備段階で終わって、それで摘発を受けて有罪とされたという事件はきわめて少ないと言われています。実際には未遂、着手の直前段階まで達したような行為、言い換えれば、主観的未遂論であれば未遂になっていたかもしれないようなケースが処罰されている、というように言うことができますし、あるいは最近の地下鉄サリン事件のように、実際には既遂になってしまってから、サリンの製造行為にのみかかわって、具体的な殺人計画は知らなかったといったような人物を処罰する、という形で使われているわけです。

ですから、予備罪による処罰の早期化というものが、本当に刑罰の介入段階を時間的に早期化しているのか、そうではなくて実際に起きた、実際に既遂までいったような、あるいはその直前の未遂まできているような、社会的に問題化した事件について、関係者を広く処罰するために使われているのか、といったことの検証が必要なように思います。

(4) 予備・陰謀の中止

もう一つ、三つの予備罪との関係で必ず問題になりますのは、強盗予備罪の法定刑に、情状による刑の免除規定がないということです。これは中止犯のところでも指摘されると思いますが、学説は43条但書を指摘して、着手段階以降は中止未遂で刑の免除の余地が出てくるのに、予備段階ではそれがないのは不合理であるということで、強盗予備についても、43条但書の中止犯規定の類推ないし準用を認める、というものが多いわけです。ところが、これには見方がいろいろあるのですが、明治40年の刑法草案に、すでに免除規定はなかったのですね。ところが40年草案より前の草案を見ますと、実は任意的免除規定が入っているものが多いのです。明治40年草案が、正確には強盗予備の他に、殺人予備についても免除規定がなく放火予備だけにあったのですが、これが審議の過程で殺人予備について問題点が指摘された上で免除規定が入ったものですから、学者の中には、強盗予備については免除規定を

忘れたのだろう、偶然入らなかったのだろうという見方もあるのですが、むしろそうではないと考える余地があります。それまでの草案に入っていたものが、明治40年草案で落とされていますので、むしろ学者の中では、強盗罪は悪質なので、刑の免除というのを一切認めない、予備段階でも一切認めないという風に、立法者が意識的に選択したのだという風に述べる人もいます。

　もう一つ、解釈論的に問題なのは、中谷瑾子先生が指摘されているのですが、強盗予備の中止に対して、中止犯規定を類推しますと、43条但書の基本となる刑は、既遂の法定刑です。既遂の法定刑を必要的に減免するという構造になっていますので、強盗予備罪についても、強盗罪の刑を減免するのかという問題があります。そういう問題が残っているということを指摘しておきます。

　(5)　予備罪に対する共犯

　最後に予備罪についても共犯があるかという問題がございます。ただしこれは、『レヴィジオン刑法1 共犯論』ですでに検討いたしましたので、1点だけ指摘して、後は割愛いたします。それは先ほど申しました、偽造罪のような実質的予備罪です。実質的予備罪でありながら、予備と感じられていない犯罪類型の場合には、学説上、これに対する共犯の成立を否定するものはございません。あるいは通貨偽造準備罪のように、構成要件に行為態様が具体的に記述されているようなものについても、同じような学説が多いようでして、問題は殺人・強盗・放火のような、包括的な予備罪にあるのだということになってくるわけです。

　もう一つ、この場合、自己予備、自己目的ですね。自己予備罪であるということが前提ですので、そういう自己目的を持たない共犯者に対して、目的のない者が目的犯に対して共犯になるという場合に、特別のルールが妥当しないかという問題があります。これは65条1項に、実際には日本の目的犯は入っていませんが、ドイツでは目的犯を身分犯と同じ問題としますので、ドイツ刑法28条1項の必要的減軽の適否というような問題が出てくるということです。

〔討　論〕

Ⅰ．予備・陰謀をめぐる実務

中山　陰謀については、実際の判例はないように思うのです。それとの関連で、いわゆる包括的予備罪と言われるものは、実務判例上の取扱いと、その法律規定の文面が考えているような枠組みとの間にかなりずれがあるのではないでしょうか。陰謀というのは、先程言われた政治犯罪との関係もあるのですが、一般威嚇とか一般予防とかいう、宣言的な効果が非常に強い。いつでも発動できるようにはしてあるけれども、実際に発動するかどうかはその状況による。発動されるとすれば直前段階のものに実際はなっている。たとえば、ストライキのあおりも、実際にあおり行為が行われ、結果が出てから後、あおりの企てで処罰するという運用になっています。あおった段階で摘発するというのも一つの考え方ですが、そうはなっていませんね。

　それにもかかわらず、なぜ包括的予備罪のような規定が放置されているのかというのは、一つの問題であると思います。

浅田　既遂が基本類型で、その拡張が未遂で、そのまた拡張が予備であるという風に、未遂・予備を刑罰拡張事由ととらえた場合、既遂に至ったケースで予備段階をとらえるというのとは別に、独立に予備として処罰するとすれば、実行の着手の直前段階、未遂の直前段階だけを拾うという役割を予備罪の規定に負わせるべきではないかと思います。今まであまり論じられてきませんでしたが、『現代刑法学原論』（3版、185頁）の予備の説明にはそういう指摘もあります。

中山　既遂、未遂、予備とさかのぼるにつれて結果との距離が遠くなりますので、危険も薄くなるはずです。距離的にも場所的にもそういうことになっていくわけですが、危険はなければならないわけですね。

松宮　そうです。破防法の独立予備について判例があります。

中山　かなり明白かつ現実的な危険のような形のものが要ると、判例は指摘していますね。しかし、明白かつ現実的というのであれば、それは未遂なのであって、予備ではないので、矛盾があります。
浅田　侵害犯の場合に、未遂が具体的危険犯だという考え方がかなり強いのですが、その考え方では予備は抽象的危険犯だと主張されます。そういう抽象的危険犯を処罰していいのかという問題が残ることになります。
中山　だからこそ例外的に重大な犯罪に限るという理屈でバランスをとるのですが、予備もやはり危険で処罰されるのだということだけははっきりしているわけです。その危険の段階が未遂直前の場合でなくてもよいとすると、何でもそこに入ってしまうような、無限定な規定になってしまう。批判的な判例にもありましたように、予備は無限定な定型であるということになります。
浅田　予備の共犯についての判例ですね。
松宮　最高裁の殺人予備の共同正犯を認めた決定（最決昭37・11・8刑集16巻11号1522頁）の原判決でしたね。予備が無限定で幇助も無限定なので、予備の幇助は認めないが共同正犯にするという。それは少々理屈が違うのではないかと思いますが。
浅田　いずれにしても予備罪の着手・成立時期がいつかという点は、もう少し明確にしないといけないですね。判例では、「その犯罪の実行に着手しようと思えばいつでもそれを利用して実行に着手しうる程度の準備が整えられたとき」と限定的にとらえるものがありましたが（東京地判昭39・5・30判タ163号215頁）、サリン製造に加担した者についての判決では「殺人罪の構成要件実現のための客観的な危険性という観点から、実質的に重要な意義を持ち、客観的に相当の危険性の認められる程度の準備が整えられた時期」とされていて（東京地判平8・3・22判時1568号35頁）、かなり早い段階で予備罪の成立が認められています。前者の基準の方が適切だと思います。

II．予備罪と立法技術

松宮 条文に「予備をした者」としか書いていないものがありますから、これはむしろ立法技術の問題であって、おそらく19世紀後半のドイツやヨーロッパの中に、ある程度予備行為も、重大犯罪では処罰をしなければいけないという主張や、あるいはスイスの立法でもありましたので、明治40年刑法はその影響を受けていると思うのですが。そういう規定が入ってきたのは明治30年前後の草案からです。

しかし、その後の例えばドイツなどの立法技術は、やはり予備とされている行為を独立に構成要件化すると同時に、構成要件の名にふさわしい一定の明確性を備えた具体的な行為として記述する。ただし、われわれから見れば、ショッキングなものもあるわけです。ドイツの犯罪結社罪というのがそうですが、あるいは集会で覆面をする罪というのも刑法典に入っています。それ自体は非常にショッキングですが。

中山 しかし、予備段階のものを行為形態として、はっきり書いているというわけですね。

松宮 そういうことなんです。それが立法技術なわけですが、日本の場合はこの三つの包括予備規定があることで、実質予備罪の立法技術が発達しなかったと思います。

中山 そういう具体案をという立法提案は、学者からもないですね。

浅田 凶器準備集合罪ができたときに、これを傷害罪・殺人罪の予備と考えるか、騒擾罪の予備と考えるかという議論はありましたね。

中山 しかし、少なくとも行為類型としては、ある程度具体化したものを書くということになっていますね。ところが、一般の予備罪はそこがまったく無限定なのです。

松宮 そうですね。破防法などの特別法で広げるときもそうですし、先ほどの凶器の準備行為も。

中山 一切の準備行為ということになっている。

松宮　身代金目的の誘拐や営利目的拐取の予備のときも、そういう議論をしないで予備という形で、包括予備罪でやりました。

浅田　例えば強盗のために包丁を買うというような日常的行為、これは日常的行為という理由で落ちるということですね。包丁を持って強盗をしようとして出かける。その場合もまだ予備ではなくて、現場に行った段階ではじめて予備罪成立とすべきです。

松宮　明らかにおかしいとなってからでないと問題にならない。

浅田　やはり実行に着手する直前の行為が予備であると考えるべきですね。

中山　その場合に、外形でその内心を判断できる程度のところまでいかなければ危険ではないという発想と、一般の人が見た時に、これは明らかに犯罪になる可能性あるということが明らかな段階で介入できるのだという発想とがあるわです。そうではなくて、行為者の主観を含む計画から見れば、その前の段階でも十分に危険の発現、故意の発現としての行為なのだから、理論的に言えばその段階ですでに予備罪の未遂になっているのだという考え方がむしろ支配的なように思うのです。

松宮　今、凶器の話が出ましたが、軽犯罪法の侵入具携帯罪ですね。もともと歴史的には違警罪ですが、ああいうものが予備の行為態様を具体的に把握しています。それと、もう一つ大事なことは、軽犯罪法3条では、軽犯罪法違反に対する共犯ですね。これが実質的に統一的正犯でして、同じ法定刑で処罰されるのですが、少なくとも19世紀末の伝統を受け継ぐ現行刑法には64条があります。つまり、拘留科料のみに止まる犯罪には特別の規定がなければ共犯はないんですね。そういう形で横の広がりを止めていますので、具体的な行為態様を書くことで、それ以外に共犯でさらに広がるということはないのです。

III．強盗予備と刑の免除

中山　強盗予備に刑の免除規定がないことは、非常に不合理であると学説

が絶えず主張していますね。意識的に削除したのかという問題がありますが、なぜこれだけが特別扱いされなければならないかということについての、合理的な理由を見つけることは難しいのではないでしょうか。どの刑を基準にするかどうかというのは、この問題だけではなくて殺人予備などについても同じことが言えるので、そのことの故に、強盗予備についてだけ特別扱いする理由となるのですか。

松宮 いいえ。殺人予備は予備罪に独自の免除規定を持っていますから。2年以下の懲役で情状により刑を免除することができる。

中山 強盗の予備は？

松宮 強盗は2年以下の懲役と書いて、終わりなのです。

浅田 改正刑法草案も一緒ですね。殺人のところには免除規定がありますが、強盗のところにはありません。草案の理由書にも特に説明はありませんね。

中山 しかし、強盗予備にも法定刑がありますから、それの免除になると。

松宮 と考えるのは普通ですが。

浅田 そうでないと意味がありません。

松宮 意味がない。ところが43条はどう考えても既遂の刑の減軽です。その刑と書いていますから。

浅田 予備の刑が「法律上の減軽」によるものであるとすると、刑法72条で1回しか減軽できないから、43条但書の準用は既遂の刑を基準として行うしかないと言われるのですが、予備には特別の刑が規定されているのですから、43条但書の準用の関係では予備罪の刑を基準としても構わないように思います。もっとも予備の中止の場合には常に刑の免除のみを認めるとすれば、実益のない議論ですが。

松宮 強盗予備に免除規定を置かなかったのは意識的ではないかというのは、それまでの明治35年ぐらいの草案との違いということもありますし、もう一つは時代ですね。明治40年、1907年という時代と、5年前の35年草案の時代ですね。1902年という時代ですが、これは犯罪統計があれば是非調べる

必要があると思いますが、強盗が増えているという可能性があります。日露戦争をはさみまして。

中山 特別に注目されていたということですか。

松宮 はい、その可能性が高い。余談になりますが、明治35年頃の草案と40年草案とで、各則の細かいところで、わりと大事な修正があります。この5年間に大きな変化が日本で起こっていたという可能性があります。

Ⅳ．事後強盗の予備？

浅田 強盗予備に関連して、各論の問題になりますが、事後強盗の予備をこの規定で処罰できるかという議論がありますね。香川先生などは、処罰できないという考えですが。

中山 通説も判例も認めるのですが、私は疑問だと考えています。

松宮 最高裁は認めるのです（最決昭54・11・19刑集33巻7号710頁）。ところがそれは、事後強盗罪を身分犯とみるかどうかという問題と関係しまして、事後強盗罪を身分犯とみる判例もありますね。65条を適用する、1項か2項を。ところが事後強盗罪にいう身分というのは何かというと、窃盗犯人ということです。窃盗犯人というのはいつからそういう身分を取得するかと言えば、窃盗に着手してからであって、窃盗予備というのはありませんので、少なくとも窃盗に着手をしていない人間が、事後強盗罪の主体たる身分を取得することはあり得ない。だから身分犯だという発想を貫きますと、やはり238条には予備罪はないと。よそで窃盗をやっても関係ないですから。今から泥棒に入ろうとしている者との関係で窃盗犯人になるかどうかの問題で、着手する前にお前は窃盗犯人だということは言えないはずですから。そうすると窃盗犯人でない者が、窃盗犯人たる身分を要する事後強盗罪の予備をすることはあり得ない。

浅田 事後強盗の場合の窃盗というのは、実行行為だという説もあります。窃盗の未遂が事後強盗の未遂だとすれば、そう解するのが自然だという理由です。そうすると身分犯の問題にはならないですね。

松宮 そうです。非身分犯だと見た場合に初めて、窃盗行為が実行行為なのであるから、その予備と考える。窃盗をし、かつ場合によっては取り戻しとか逮捕を防ぐために暴行・脅迫をする、その予備であるという認定、そういう考え方で、初めて可能になると思います。

浅田 先ほどの強盗に意図的に刑の免除規定を置かなかったという強盗の悪質性というようなことも考慮にいれると、やはりここに言う強盗予備の強盗は、本来の強盗のみと考える方が素直な感じがします。

松宮 もう一つ言えば、事後強盗の予備を認める解釈は危険ですね。空き巣も、場合によっては捕まえられそうになるといつでも暴力を振るうという風に、どこかで考えている人が多いでしょうから。

中山 実質的にはそのように推認されやすい。

松宮 そうすると、侵入前の空き巣はすべて事後強盗予備罪になるという不都合が出てきますね。それは、侵入窃盗の予備が強盗予備で処罰されることを意味します。

3 ◆未遂規定の変遷と未遂の処罰根拠

> **本項の問題提起**
>
> 浅田　未遂規定の変遷と未遂の処罰根拠について、簡単に報告します。
> (1)　未遂規定の変遷
> 　まず、現行刑法は未遂について43条、44条の2カ条しか規定を置いていませんが、旧刑法から現行刑法に移行する過程でかなり大きな変遷がありました。旧刑法の未遂規定は重罪、軽罪、違警罪という区別を前提にし、重罪については、すべて未遂を罰する。軽罪については各本条で定めた場合にのみ未遂を罰し、違警罪については未遂は罰しないとなっていまして、このような規定の仕方の方がむしろ世界的な動向に合っています。さらに未遂の中味についても意外の障害と意外の舛錯（せんさく）という要件を具体的に規定していました。意外の障害の方は犯行の途中に阻止されたというようなことで未遂に至った場合、意外の舛錯というのは、例えば撃ち損じて当たらなかったというような場合を指しています。現在の基準で言いますと、着手未遂と実行未遂にある程度対応するような規定の仕方をしていました。さらに特徴的なのは、未遂を必要的刑罰軽減事由としていたことです。
> 　現行刑法の制定に当たって、その基本ができたのは明治34年草案、35年草案においてであると言われていますが、そこで大幅に簡略化した現行法の規定に至ったわけです。その間の草案等については野村さんの詳しい研究がありますが（野村稔『未遂犯の研究』（1984年）47頁以下）、例えば不能犯についての規定が初期にはあったのになくなったと紹介されています。最も大きな変更は必要的刑罰軽減から裁量的刑罰軽減に移ったということです。野村さんの指摘では、そこには新派刑法学の影響があり、特に富井政章のかなり強力な主張のもとにそうなったということです。
> 　改正刑法草案に不能犯についての規定が置かれていますが、歴史的に見ますと、昔提案されていた不能犯の規定の復活と見ることもできます。
> (2)　主観的未遂論と客観的未遂論
> 　未遂の処罰根拠についての基本的な出発点は、第1項の報告にもありましたように、主観的未遂論と客観的未遂論です。新旧両派の未遂論において、なぜ結果が発生しないにもかかわらず未遂を処罰するのか、ということが議

論されたわけですが、新派は主観的未遂論で、基本は性格の危険性というところに処罰根拠を求め、それが悪しき意思を生じさせるので、その悪しき意思が外部から確認できるようになれば、処罰の必要性があるという立場です。ただ、性格の危険性＝悪しき意思が処罰根拠だとしますと、それ自体は内心的状態ですから、近代刑法の行為原理に抵触するという問題が出てきます。もちろん、悪しき意思をそのまま外部から認定することはできないわけですから、結局は悪しき意思が外部に現れることを要するということになりますと、新派の立場からも、一定の外部的行為が、未遂犯処罰の要件にならざるを得ないということになります。

旧派の方は、結果は発生してはいないけれども結果発生の危険があるという意味での危険、法益侵害ないし結果発生の危険を処罰根拠と考えて、客観的未遂論を展開したと、一般に言われておりますし、基本的な考えはその通りだろうと思います。

(3) 行為無価値論と結果無価値論

未遂の処罰根拠を現在の観点から言いますと、違法をどうとらえるかということに関連してきます。つまり、現在は、行為無価値論と結果無価値論の対立が、未遂についても基準になっているわけで、その行為無価値論、結果無価値論は違法論の問題ですから、処罰根拠論の中心も違法論に置かれることになります。

対抗軸となっているのは、違法の判断対象と判断基準という両面です。違法の判断対象に主観的な事情を入れるか入れないかという点が、行為無価値論と結果無価値論の中心的な対立点です。

違法の判断については行為無価値論も客観的な判断であるというのですが、客観的判断という場合にも、事前判断か事後判断かということが、かなり決定的な違いになっています。

この問題を考える際に中心になるのは、次の危険と故意の関係です。内容的には故意は違法要素なのか、あるいは故意は法益侵害性を高めるのかという問題で、ほかの問題にも関連する重要問題です。

ⓐ 行為無価値論

行為無価値論は、違法について人的不法論を出発点とし、行為態様を重視し、さらに故意を実現意思という形で違法の判断対象に取り込むところに特徴があります。人的不法論を徹底しますと、むしろ未遂こそが犯罪の原型ということになります。つまりすべての犯罪は、少なくとも未遂がなければ処

罰されないのであり、結果の発生はむしろ偶然であるということになるわけです。

わが国の人的違法論・行為無価値論に立つ人の多くは、徹底した行為無価値一元主義はとらずに、違法二元論に立ち、行為無価値と結果無価値の両方が必要だという立場に立っています。その立場からは、未遂が原型とまでは言わず、やはり既遂が原型で、未遂は刑罰拡張事由だと主張されますが、この点は、純粋な人的不法論とは少しずれているといえます。

いずれにしましても、わが国の現在の多数説は、故意は構成要件要素でもあるということを認めています。その場合に構成要件要素としての故意が、責任要素の類型化なのか、あるいは違法要素の類型化なのかという対立があります。行為無価値論を部分的にしろ取り入れる人は、故意は一般的主観的違法要素であるとして、既遂犯の場合の故意も違法要素であり、したがって当然未遂犯の故意も違法要素であるとします。そこにいう違法要素の意味として、故意は法益侵害性を高めるという主張に至っているわけです。行為無価値論を徹底して、未遂が原型であるとし、その未遂の中心をなすのが故意であるということになりますと、内容的には故意処罰ということに重点が置かれることになり、新派の主観的未遂論に、その限りでは接近するということになります。特にドイツのように、不能犯について可罰的なものと不可罰なものがあるという風に考えますと、たしかにドイツの通説はいわゆる印象説ではありますが、内容を直截に見れば、故意の処罰ということに限りなく近いと思われます。

ⓑ 結果無価値論

これに対して結果無価値論は、人的違法論に対して物的違法論ともいわれますが、行為者の故意を考慮しないで、客観的に違法判断をするというのが基本的立場です。

結果無価値一元論に立ちますと、中心的なしかも一番難しい問題が危険概念ということになります。結果発生の危険、法益侵害の危険はどのようにして判断できるのかが課題となるわけです。

ここで結果発生と法益侵害という二つをあげていますのは、第1項で扱われた危険犯の未遂という問題に関連します。抽象的危険犯についても、放火罪などのように当然未遂はあるわけで、これは結果発生の危険ということでとらえないと、法益侵害の危険ということでは説明できないということによるものです。

基本的に結果無価値論に立ちつつ、未遂をどうとらえるかという点で、いくつかの対立点があります。故意との関連でいいますと、以前は結果無価値論の立場からは、既遂犯の故意は責任要素であるが、未遂犯の場合には、主観的な故意が客観的な行為（結果を含む）を越えるという意味で、特殊的主観的違法要素すなわち目的犯の目的と同じように位置づけ、この場合に限って違法要素であるというとらえ方が有力でした。しかし、その点も否定して、未遂犯においても、未遂犯を具体的危険犯であるととらえれば、その危険の認識、具体的危険という結果の認識という主観は客観を越えていないので、その意味で主観的違法要素という必要はないから、故意はあくまで責任要素であるというとらえ方もあります。

結果無価値論の立場から、未遂とは何か、あるいは未遂の処罰根拠は何かを考えた場合に、これは次項の実行の着手の問題ですが、形式的に構成要件に該当する行為の開始が実行の着手なのか、それとも、客観的な結果発生の危険が実行の着手の基準になるのかという、いわゆる形式的客観説と実質的客観説の対立があります。

ただこの対立は、どちらから見るかということでもあって、形式的に見ますと、構成要件該当行為が基準になり、実質的に見ますと、結果発生の危険ということになります。通常は両者は実行の着手の問題においては、一致するのですが、例外的に一致しない場合として離隔犯の場合等が問題になります。この点は実行の着手のところで改めて議論することにします。

(4) 実行行為の認識

実行行為の認識の問題にも、ここで触れておきたいと思います。実行行為とは何かという議論が前提になりますが、実行行為の認識があって初めて、故意犯が成立するということです。具体的に言いますと、たとえば新幹線に爆弾がセットされていて、そこにそのことを知っていて人を乗せるのと、知らないで乗せるのとの違いです。知っていて乗せる場合には、まさに殺人の実行行為と故意が認められることになりますが、知らないで乗せる場合には故意犯は成立しません。その場合、行為無価値論からは実行行為がないということになりますが、むしろ客観的には危険があり、実行行為もありますが、それを認識していないことによって、故意犯にならないと理解すべきであるということです。

〔討　論〕

Ⅰ．必要的刑罰軽減のルーツ

中山　わが国の旧刑法のように、未遂に必要的な刑罰の減軽を認める立法例のルーツはどこにあったのでしょうか。

浅田　フランス刑法とも違うのです。ボアソナードの折衷主義によるものでしょうか。

松宮　新古典派の刑法学が、1810年刑法に対して主張をした立法論で……。

中山　宮城浩蔵などが、オルトランの主張などを参考にしたことが、旧刑法に必要的刑罰減軽が入った根拠ですかね。

　外国の立法例としてはないので、これはフランス法でさえ取り入れないものを取り入れたわけですから。英米でもドイツでもそうですが、未遂を処罰する場合には、既遂と同一の処罰可能性を持っているということが前提で、立法者は対応したのでしょうか。

松宮　違うと思います。明治40年刑法について言えば、明らかに大津事件の影響があります。むしろそこでの説明は、たしかに任意減軽だけれど、立法者の認識は、減軽するのが原則で、しないのが例外なのです。

中山　そうすると、裁量的刑罰減軽を決めたけれども、その背景はむしろ別にあったということですか。

松宮　旧刑法と同じで普通は減軽、ただ、例えば大津事件のように肝を冷やすことがないように、大事件が起こった場合に備えて、減軽しないで死刑が科せるように。

中山　その減軽の思想は、やはり客観的な結果が発生していないということをはっきりさせるべきだということですね。

浅田　ただ、殺人未遂を考えても、弾が当たらなかった場合と当たって瀕

死の重傷を負って、病院で辛くも助かったというような場合とがあり、後者の場合にはたして、必要的に減軽できるかというような考慮が働いたかも知れませんね。

松宮 着手未遂と実行未遂とでさらに減軽の度合いを変えるというようなことも、ボアソナードもたしか言いだしたこともありますね。1等を減ずるか2等を減ずるかと。

中山 未遂にもだから程度があるということですか。

松宮 段階があると。

浅田 現行刑法全体の特徴ですが、簡略な規定で裁判官の裁量範囲を広げるという意味もあります。

中山 それにもかかわらず、やはり未遂は原則的に減軽されているのでしょう。それは変わりませんか。

松宮 変わりません。

II．行為無価値論・主観的未遂論

中山 次に、一元的な行為無価値論というのは、日本ではほとんどないといわれたのですが、増田説は今でもそうですか。

松宮 ドイツのツィーリンスキーが主張しています。

中山 日本では？

松宮 あまり見ない。

中山 牧野説・木村説の主観的未遂論の後継者は、もう日本では途絶えていると見ていいですか。実務家には若干あると思いますが。学者としてはもうないようですね。

松宮 そのままの形では、ないと思います。

中山 立法上の制約と相違はもちろんありますけれども、ドイツ法とその解釈の影響を受けやすい日本で、主観的未遂論がなぜもっと強力に展開されないのだろうかということの理由は、どこにあるのでしょうか。

松宮 いくつか考えられることがあります。一つは、日本には、未遂とい

うのではなくて、生じた結果で処罰する、したがって殺すつもりで怪我を負わせた場合でも、傷害罪で処罰するという伝統が江戸時代にありました。そういう意味で裁判実務が意思そのものをきっちり証明して、それに合わせて処罰するという風には、まだなっていなかった可能性があります。

　これはなぜかと言えば、たしかに自白調書などで自白させればという話がありますが、逆に言えば、頑強に自白しない人間にとってみたら、罪を認めさせるには、現に起こした結果、これは動かしがたいですから、これで処罰するという風にしないと納得しないと言いますか、有無を言わさず処罰するためにはそれしかない。

中山　しかし、ドイツでも、行為形態として予備段階、未遂段階の行為を処罰するというのが原則であるとしますと、なぜそれにもかかわらず、ドイツでは主観的未遂論が根強くて、日本ではそうでないのかというのは、日本には特殊な何か事情があるのかなとも思えるのですが……。

松宮　それもむしろ、19世紀以前と以後で分けて見た方がいいと思うんです。古い刑法典の場合は、日本の江戸時代と似ていて、起きた結果で処罰している。むしろ啓蒙期以降の方が、未遂の処罰が一般化した。総則というものができたのはフランスの刑法典が最初で、ともかく目指した犯罪の未遂として広く処罰するという考え方が普及した。それ自体はこの200年のことです。

中山　比較的新しいというわけですね。

松宮　一般的な未遂処罰は裁判制度とか捜査機関の強制的な証拠収集力が、整備されて初めて可能になってきたように思います。

中山　ということは、実態の面では諸外国と日本で、実務・判例上それほど大きな違いはないということですか。

松宮　それは十分考えられます。着手時点を主観的未遂論でわりと早期に持ってくると、それは先ほど言いましたように、予備の処罰規定があまりないということの裏返しだと思いますが、実際の違いはそこぐらいじゃないでしょうか。

浅田　戦後になって新派の主張がどんどん凋落していくというのは、やは

り戦後の罪刑法定主義の復活という流れが影響しているように思いますが。

中 山 その点は、ドイツも同じではないでしょうか。

松 宮 新派の主張は、着手論ではなくて、日本の場合は不能犯論に反映したのだと思います。その点では、むしろ大審院よりも戦後の下級審の方が具体的危険説を採用する形で、不能犯の領域を縮小していきましたからね。決して戦後の方が客観主義的で安定的、抑制的であるとは言えない。

中 山 そういう意味では、主観的未遂論と客観的未遂論は典型的な違いはあるものの、実務への影響を考えた場合、主観的未遂論が凋落して客観的未遂論が勝利を謳歌するということにはならなかったといえますね。

松 宮 ならないですね。むしろ具体的危険説や折衷的な危険説の中で、妥協がはかられたと見る余地があります。

III. 違法二元論

中 山 それでは、次の問題として、日本で今有力な学説で野村説以外に、違法二元論と称する主張は、他にもあるのですか。

浅 田 大塚説も違法二元論ですね。

松 宮 井田説がそうじゃないですか。井田説はヒルシュに近いですけれど。

中 山 つまり、結果が有価値であればそれは考慮するということですね。なぜそういう形で二元論的な発想が出てくるのでしょうか。行為無価値論に立てば、大塚さんがいわれるように、結果は偶然ですからね。本来、行為無価値論の発想は、行為そのものの無価値こそ違法の本体なわけですから、たまたま偶然に結果が生じなかったということは量刑の問題であって、犯罪の成否には一切関係がないとするのが本来の論理ではないでしょうか。それにもかかわらず、違法二元論を唱えてバランスをとるという発想は、どこから出てくるのでしょうか。野村説のルーツは江家説かもしれませんが、いわゆる折衷説は、結果無価値論からの接近ではなく、むしろ行為無価値論からの救済策というか、その徹底化を避けるための一種の便法のように思われるの

ですが。

浅田 戦後、旧派が主流になるという状況のもとに、目的的行為論が入ってきたわけですから、そこで目的的行為論に接近した人は、基本的には旧派の発想に立ちつつ、目的的行為論も取り入れようとすれば、結果無価値も行為無価値もという違法二元論になるのは、むしろ自然だったような気もしますが。

Ⅳ．行為無価値一元論に対する批判

中山 しかしドイツはどうですか。ヒルシュは違法二元論だといわれるけれども、依然として行為無価値一元論からのインパクトが強く残っているように見えるのですが……。

松宮 実はそこが問題でして。ヴェルツェルを始祖としてアルミン・カウフマンやヒルシュの世代を二代目としますと、二代目の中でアルミン・カウフマンは、結果を処罰条件化して行為無価値一元でとらえるというように理論的に純化していますね。ここからツィーリンスキーとかホルンとかのような現在の一元論が出てくるわけですが、ヒルシュなどはやはり元のヴェルツェルに近くて、二元論を維持しているわけです。そこに目的的行為論の内部での争いが一つあるのです。

それからもう一つ、理論的には行為無価値一元論に純化していくという、アルミン・カウフマンの流れに対する反動が起こるのです。それでは現行法が未遂と既遂で区別しているという、既遂のもっている意味合いを正当に評価できない。その理論は現行法を説明できていない。そこから逆に、シュトラーテンヴェルトやヤコブスがそうですが、むしろ行為者中心的に理論を立てていくということ自体が、社会のコミュニケーションの一つである刑法という法制度の説明にそぐわないという批判につながります。

中山 一つの社会現象として見るとはどういうことですか。

松宮 第三者として見る。社会という第三者として見る。社会にとって問題化するかどうかという視点がいるんだと。

中山 そうすると、それは言葉を変えれば違法二元論的な発想に近づくということですか。

松宮 そうではありません。これは違法二元論ではないのです。これはもはや、二元化して考えたこと自体がおかしいのだと。むしろ刑法は行為者本人の意思そのものを基準にするのではない、ある行為を解釈するのは社会という一元的な基準でしかないと主張する点で、新しい意味での客観主義なのです。ですから、ヤコブスは違法二元論もとりませんし、行為無価値一元論もとらない。

中山 しかしその場合に、客観的と称していますが、やはり行為者の意思というものを、どのように位置づけるかというのがなお不鮮明なのですが。

松宮 意思そのものではなくて、行為の持つ意味をどのようなものと社会が受け止めるかということ、そういう意味で印象説なのです。印象を持つのは社会であって、本人ではありませんからね。

中山 しかし、法律規定そのものは行為者の主観によればと書いてありますから、それは動かないわけでしょう、ドイツでは。

松宮 いや、そこが問題で。ドイツの未遂規定では「行為者の犯行計画によれば」と書いてありますが、行為者の犯行計画というものを外部に表現された限りでとらえ、社会の解釈図式で、それがどう受け止められるかということを入れて解釈する。

中山 なるほど。そうすると行為者の意思・計画も、ある程度社会的な相当性という形で客観化されたものとして、枠に入れられるということですか。

松宮 そうです。

中山 ところで、日本で言われている違法二元論というのは、行為と結果とを分けるのですが、その場合の分け方もまた不思議なのです。井田説などは構成要件か違法阻却事由かという形で分け、大谷説もそうですが、構成要件は事前判断だけれども、違法阻却事由は事後判断だということにし、不能犯も、いったんは未遂犯の構成要件に該当しながら、違法判断で落とすのだというのです。被害者の同意もそうなっているのです。だからそういう形

で、違法二元論の中に、また別の形のものができてきているのです。野村説もそうですか。
浅田　いやそういう体系ではありません。
松宮　事前判断ですね。
浅田　事前判断で全部構成要件の問題として扱うというものでしたね。
中山　それで結果の方は、事後判断にするのですか。
松宮　いや、構成要件の中に、行為無価値と結果無価値が入っていて、未遂の場合は結果無価値がないというのです。
中山　その考え方はあまり支持者がないのですか、日本では。
松宮　ないでしょう。
浅田　だから、団藤・大塚説が故意は違法要素であるということを認めたわけですね。
中山　その説はやはり、行為無価値一元論で、偶然防衛などは全部認めませんからね。野村説では偶然防衛は正当防衛なのです。
松宮　しかし、未遂の成立は可能です。
中山　そう。未遂は認めますね。しかし大塚説は既遂説をとる。
浅田　そうなのです。

V．具体的危険犯と未遂

中山　日本の通説は、未遂犯というものを本当に具体的危険犯と考えているのでしょうか。
浅田　通説とは何かということによりますが。
中山　つまり、具体的危険犯というのは、各論の中で、放火罪の109条2項とか、110条のように、具体的危険の発生を要件にしているような犯罪をいうとしたうえで、総則の規定の未遂犯については、何も具体的危険を要求するとは書いていないので、これは抽象的危険犯だと解する考え方です。
浅田　その点は、団藤説と平野説の対立ということになってくると思いますが。

中山 切迫した危険を考える人は、具体的危険犯と考える。かなり広い現実的危険として考える人は、抽象的危険犯でよいと考えているということでしょうか。

松宮 いや、それは思考の枠組みが違うと思います。

浅田 小野・団藤説は、もともと構成要件に該当する行為の開始が実行の着手で具体的危険の発生は問題にしていません。

松宮 形式的客観説であれば、危険という言葉は本来出てこないはずです。

中山 しかし、大塚説や福田説では、結果発生の現実的危険の判断に置き換えているはずです。

松宮 置き換えました。しかしその危険は、法益侵害の危険ではなくて、既遂成立の危険ですから、よく言われるように、法益侵害の具体的危険犯という意味なら、未遂はそういうものではないですね。既遂はどういうものかによりますから。

中山 そうするとやはり、大谷説もそうですが、現実的危険とは言っていますが、そこで考えられているのは具体的危険犯の問題とは違うということになりますか。

松宮 既遂になる具体的危険という風に考えている人は、わりと多いかもしれませんけれども、それも犯罪類型ごとに見ないと、特に結合犯の場合だと、手段たる暴行・脅迫の開始でしょう。これは形式的基準であって、既遂に至る具体的危険とか現実的危険という判断とは違います。次元の違う判断、形式的判断ですから、それも含めてということであれば、既遂に至る具体的危険という統一的な基準を、本当に遵守していると言えるかどうかは疑問だと思います。

VI．詐欺罪の場合

浅田 これまでの議論はだいたい殺人罪を念頭に置いてされてきましたが、犯罪ごとに分けて考えなければならないと思います。ただ強盗の暴行・

脅迫というのは、やはり結果・発生の危険があるという風に説明するのではないですか。もっとはっきりするのは詐欺罪で、詐欺の場合は欺罔自体は犯罪ではないですね。その場合、欺罔にあたるかどうかを判断をする際に、やはり結果発生の危険があるかどうかということを判断しています。あるいは、欺罔にあたるかどうかと、実行の着手、どこから未遂になるのかということを分けて考えることもありえます。

中山 普通、詐欺罪の場合は、欺罔に着手したら詐欺の着手だという風に考えられていますね。

浅田 なぜそうなのかと言うと、法益侵害、つまり財産侵害の危険があるからだという説明にはなっていますが、実際にそうかどうか問題があります。

中山 そうしますと、欺罔があって実際に財物を取得するまでの間に、非常に距離があるような場合は、切れる可能性があるということになりますか。

松宮 ただし、欺罔はあるが具体的危険がないという風に説明するのか、その際の欺罔はまだ詐欺罪の手段になっていないのだという……。

浅田 具体的危険のあるような欺罔が詐欺罪の欺罔だと言えば同じことになります。

松宮 それは手段の定義の中に、危険を埋め込んでしまおうというやり方ですね。

VII. 偶然防衛未遂犯説

中山 もう一つの問題として、平野先生が野村説の違法二元論を評価されたのは、自分も偶然防衛未遂説だからだと思うのですが、結果無価値論の立場からも未遂の可能性が残るという考え方の基礎には、故意が目的犯のように超過的内心傾向であれば、それが法益侵害を増大させるような要素であるという見解があるからだと思うのです。

浅田 平野先生が偶然防衛は未遂だという時には、故意が特殊的な主観的

違法要素だというベースがあったうえで、しかも不能犯について具体的危険説をとることが前提になっています。そこで初めて、偶然防衛未遂論が出てくることになります。

中山 故意であるか過失であるかによって、人的違法に違いがあることはよく説明できますけれども、問題は、故意・過失が物的違法にも影響するということの根拠ですね。

浅田 それは中・中山論争の中心テーマだったと思うのですが。

中山 故意が法益侵害に影響があるという場合には、法益侵害性そのものの把握の仕方がやはり違っているわけですね。

松宮 端的に言えば、正当防衛の正当化根拠の説明の違いだと思います。正当化根拠を防衛者自身が防衛の意思でやるから正当化されるのだとしますと、その場合に防衛の意思でやっているという行為に初めて、法秩序全体の防衛という意味が認められると言えば、偶然防衛の場合は、結果も含めて正当化されないですね。しかし、ドイツの多数説が未遂説に移ったということは、本人がどういうつもりであるかはともかくとして、それが何かを救ったのだということが、逆に、客観的にそうであることが相手方の法益に対する侵害、法益侵害性を否定するものであると見ているためだと思います。

中山 そうしますと、印象説を正直に適用すれば、正当防衛になりうるということでしょうか。

松宮 ええ。そのあと、未遂になるかどうかは未遂論の問題です。

中山 その場合にドイツの多数説は、未遂にするのでしょうね。

松宮 それは未遂概念が広いですから。

浅田 やはり印象説は事前判断ですから。危険判断を事前判断にすると偶然防衛は未遂としやすいですね。

松宮 攻撃されることを知らずに既遂にしようとしていたのであれば、それは未遂にはなります。客観的危険説でも、許容される範囲内に偶然防衛がおさまったということは偶然ですから、そこからはみ出る危険はやはり残る場合があると思います。はみ出る危険を理由に未遂とする構成もあると思います。ただし、はみ出る部分はもうないというのもありますね。防衛のため

には殺すしかないという場合には、それ以上に何もはみ出ませんから、こういう場合には、私は客観的危険説と具体的危険説で結論は明らかに違うと思います。

Ⅷ．中止犯の規定

松宮　もう一つ未遂規定の話ですので、実は旧刑法と現行刑法の大きな違いの一つに、中止犯の場合があります。旧刑法は「意外の障害又は舛錯」という風に書き切ってしまっています。これは1810年のフランス刑法と同じ考え方で、最初から中止行為は可罰未遂ではないのだ、処罰対象から外すのだという立法態度です。

中山　未遂の概念からもね。

松宮　可罰未遂の概念から外す。これが現行刑法の中で可罰未遂にはなるとされ、しかも効果が、必要的減免ですが、減軽として処罰の余地を残したという問題が、実はわりと大きな問題としてあります。

中山　これは中止犯のところで、また議論してもらうところなんですが、なぜそうなったかということですね。

浅田・松宮　そこが問題ですね。

中山　立法資料というのは限られていて、本当のところがわかりにくいのです。

松宮　フランス流からドイツ流へというのと、ドイツ流の不処罰から減軽でも処罰へというのと2段階あるわけです。日本とフランス旧刑法とを比較すれば、この2段階を両方とも、なぜなのか説明しないといけません。

中山　それは中止犯のところで。

4 ◆実行の着手

本項の問題提起

浅田　では、実行の着手について、その概略を説明します。

(1)　主観説・客観説

最初に学説をふりかえっておきますと、大きく主観説、客観説、折衷説に分かれますが、主観説である牧野説は「犯意の成立がその遂行的行為によって確定的に認められるとき」、宮本説は「犯意が飛躍的に表動したとき」と表現しています。両者を比べますと宮本説のほうがより主観主義的といえます。ただ純粋主観的にはたして実行の着手を判断しうるのか、外部に何らかの行為が現れてそこから主観を判断するしかないのではないかということが基本的には問題になります。

現在、主観説はそのままの形ではほとんど主張されていません。客観説が通説となっています。客観説の中で形式的客観説と実質的客観説とが対立しており、形式的客観説の方が通説的地位を占めてきましたが、最近は実質的客観説の方がむしろ有力になっている、というのが大まかな流れだと思います。

(2)　形式的客観説

形式的客観説は、構成要件該当行為を基準にします。しかし、構成要件に該当する行為の一部が開始されたときに実行の着手があるとするのが理論的なのですが、判例の影響もありまして、そのままの形で主張するものはあまりなく、それよりも若干広げるのが一般的です。

古くは瀧川説が「構成要件該当行為と直接関連あるため自然的観察のもとにその一部分として理解されるべき行為」という言い方で広げていますし、団藤説も定型説に従って「全体としてみて定型的に構成要件の内容をなすと解される行為」という表現をしています。

はたして形式的客観説をつらぬいて、構成要件該当行為そのものの開始、あるいはその一部実行を基準とすることが本当に遅すぎることになるのかという点は、さらに検討を要すると思います。

たしかに侵入窃盗の場合には物色説、あるいは殺人罪では「刀を振りかぶったとき」、「銃を構えて、相手を狙って引き鉄に手をかけたとき」に実行の

着手があると、判例・通説では解されていますが、まだ構成要件該当行為そのものの開始というようには言えない段階です。そこで、密接する行為、自然的観察あるいは定型説というようなことで広げているわけです。

最近、形式的客観説の主張で注目されるのが、塩見説です。塩見説は、実行の「着手」という言葉から考えて「構成要件該当行為の直前に位置する行為」が実行の着手であるという主張をしています。

(3) 実質的客観説

他方、実質的客観説もかなり有力化してきています。平野説は「法益侵害の切迫した危険の発生」を基準にしてその時点が実行の着手の時期であるとし、未遂は具体的危険犯であるとします。そこでは、未遂は具体的危険という結果の発生を要件とする犯罪であって、いわゆる正犯行為と呼ばれる実行行為と、予備と未遂を分ける実行の着手の時期が分離することになります。

中山先生も同じ方向で実質的客観説で考えておられると思いますが、平野説と中山説の一番大きな違いは、行為者の主観、故意を実行の着手ないし実行行為の判断基準に含めるかどうかという点であると思います。これは未遂犯における故意は主観的違法要素かという問題にかかわっているわけですが、平野説は、もし中山説のように、主観を完全に排除して考えるとすると「自分の行為が一般人から人を殺そうとしている行為だと見られるであろうことを認識していたときは、人を殺す意思がなくとも殺人未遂が成立することになる」と批判しています。

この点は、たしかに不能犯における具体的危険説を前提にして考えると一般人が基準になり、このような批判も生ずると思いますが、不能犯における客観的危険説を前提にしたうえで、故意には結果発生の危険の認識が必要と考えるのであれば、必ずしも平野説が言うような批判は当たらないように思います。

(3) 折衷説

学説上、折衷説として、主観説からの折衷説、客観説からの折衷説があります。前者は、主観的客観説と呼ばれる木村説で「行為者の全体的企図を基礎として当該構成要件の保護客体に対して直接危殆化にいたるところの行為の中に犯罪的企図が明確に表現せられたとき」を基準にします。これはあくまで犯罪的企図が基本ですので主観説ですが、それが行為の中に表現されるということで客観的なものも考慮に入れています。最も特徴的なのはそれを判断する際に行為者の全体的企図（計画）を考慮に入れるということです。

この説は不能犯のところでは、計画の危険性説、つまり計画通りに進行すれば結果が発生しそうな場合には可罰未遂であるという説につながっていくことになります。

客観説の方向からの折衷説は、個別的客観説と呼ばれる西原説で、野村説も同旨ですが「行為者の犯罪計画に照らし法益侵害の危険が切迫したとき」に実行の着手があるとする説です。この説の特徴は、犯罪計画という行為者の故意以前の計画を考慮に入れて実行の着手を考えていることです。そこで、本説に関する批判は、木村説と共通することになりますが、はたして実行の着手を考える際に行為者の計画までも考慮に入れることが妥当かという点にあり、この点も議論の対象になると思います。

私自身は、基本的には実質的客観説で、実行の着手と実行行為とを分けて考えています。ただ、その実行行為は無限定ではなく、形式的には罪刑法定主義上の言葉の可能な意味に限界があり、同時に実質的には不能犯における客観的危険説による限界があります。実行の着手については未遂は一種の具体的危険犯と考えています。

(4) 判　例

判例について詳しく検討する余裕はありませんが、代表的なものを若干見ておきたいと思います。第一は、放火罪に関する横浜地裁の昭和58年の判決（横浜地判昭58・7・20判時1108号138頁）です。これは、ガソリンを散布して火をつけようと思っていたのですが、決心がつかないまましばらく時間が経ち、心を落ち着けるためにたばこを一服吸おうとしてライターで火をつけたところ、揮発していたガソリンに引火して爆発したという事案です。判決はガソリンの散布自体ですでに実行の着手があるとしたうえで、既遂を認めているのですが、現行法は「放火して」と言っており、以前は「火を放って」と言っていたわけで、本件の場合にそのような行為がはたして認められるのかが問題になります。

たしかに実質的客観説で「法益侵害の切迫した危険」だけを考えますと、ガソリンの散布で十分に危険だと言える訳ですが、条文上の「火を放って」「放火して」という言葉の制約があるように思います。そうすると「火を放った」わけではないので、やはり予備プラス失火ではないかと思っているわけです。

第二は、有名な昭和40年の最高裁決定（最決昭40・3・9刑集19巻2号69頁）で、侵入窃盗の事案です。被告人は、電気店に侵入したわけですが、途

中で家人に発見されてそれを傷害したのが強盗致傷になるか否かが問題になりました。つまり、窃盗の実行の着手があると事後強盗になり、事後強盗犯が傷害すると強盗致傷になるということです。この点について、「なるべくお金を取りたいので……タバコ売り場の方に行きかけた」ときに発見され傷害を負わせたということから、最高裁はこの時点ですでに実行の着手があると判断しました。

　学説には、これは侵入窃盗ですので、物色説によれば「店に入って見回した」時点ですでに実行の着手を認めていいのではないかという説もあります。しかし、お金をとりたいという客体との関係で見ますと、かなり遠いといえます。「そのお金自体を物色したとき」でなければ実行の着手はないのではないかとも考えられます。

　実質的客観説からも、判例の結論に賛成する説が多いかと思いますが、そうだとすると実質的客観説を採ると、着手時期が早くなるのではないかという懸念が生じます。そこで、実質的客観説に従ったとしても、やはり実行行為、条文にある構成要件該当行為の解釈で絞りをかけることが必要ではないかと考えています。

　第三は、昭和45年の強姦罪に関する最高裁決定（最決昭45・7・28刑集24巻7号585頁）です。ダンプカーに被害者を引きずり込んだときにけがをさせて、そこから数キロ離れたところで姦淫したという事案です。これが強姦致傷になるか否かが、強姦罪の実行の着手が「引きずり込んだ」時点で認められるのか否かに依存していたわけです。強姦に至る客観的危険性が明らかに認められるとして最高裁は実行の着手を認めましたが、この「強姦に至る客観的危険性」という表現は、かなり実質的客観説的です。そこで、ここでも実質的客観説によると着手時期が早くなるのではないかという問題が出てきます。たしかに、姦淫までの時間が若干開いていても、ダンプカーに引きずり込む行為自体が暴行にはあたりますので、この事件についてはこの時点で実行の着手を認めてもいいのではないかと私は思っているのですが、これは具体的事案の判断に関わります。

　以上のように、判例を見ますと、実質的客観説的な考えによって実行の着手が早まっており、それに対して、形式的客観説的に考えれば実行の着手はもう少し遅いのではないかという議論がなされてきたわけですが、実質的客観説に立った場合の方が着手時期が遅くなる例もあります。典型的なのは離隔犯で、判例は到達主義を採り、例えば毒物が被害者に到達したときにはじ

めて着手があるとしています。ところで、以前問題になりました胎児性水俣病の場合には、あの事件自体は過失犯でありましたが、それを故意犯に及ぼして考えますと、客体に水銀が作用したときに実行の着手があると考えても、その時点では「人」はいないということが問題になりました。

いわゆる作用時説を採ってもその作用時点が母体内に至ってしまうという問題で、議論が必要なところです。

他にも自殺関与罪の実行の着手とか、詐欺罪等の実行の着手も問題になりますが、割愛します。

(5) 実行行為と実行の着手

次に実行行為と実行の着手の問題ですが、先ほど申しましたように、実質的客観説に従いますと実行行為と実行の着手とが分離するということになります。この点については、例えば実行行為は行為の危険を問題にするのに対し、実行の着手は結果としての危険を問題にしているという説明（曽根）や、潜在的実行行為が実行の着手による未遂時点で遡って現実的実行行為となるという説明（山中）があります。私は、先ほど申しましたように、実行行為については条文の制約と不能犯の客観的危険説の制約が及ぶと考えています。

当然のことですが、責任能力や故意・過失は、実行行為時の問題で、結果ないし具体的危険の発生時に責任能力や故意・過失が問題になるわけではありません。離隔犯の場合、毒物が届いたときに行為者が寝ていたとしても、発送という実行行為はあるわけです。他方、予備か未遂かは具体的危険の発生時点で分かれることになります。

(6) 実行行為の認識と不能犯の認識

最後に前項でも触れましたが、実行行為の認識の問題です。客観的には実行行為があるのに、行為者がそれを認識していないとき、故意を認めるわけにはいきません。この場合に、それでは不能犯の認識で行動した場合はどうかという問題があります。都市ガス（天然ガス）による中毒死を殺人の不能犯だとした場合に、都市ガスによる中毒死を企図して部屋にガスを充満させたところ、そのガスに冷蔵庫のサーモスタットの火花が引火して、人を爆死させたという場合です。この場合、町野説は因果関係の錯誤で故意がないと説明しています。つまり、企図していたのとまったく違った経過で結果が発生したのであり、因果関係が行為者の想定したのと違うので、それによって因果関係の錯誤となり故意がないとするのです。

> しかし、因果関係がない場合には故意犯で考えますと未遂になるわけですから、因果関係の錯誤により故意がなくなって過失犯になるというのは納得がいきません。この場合も、単に不能犯の認識しかないから実行行為の認識がないので故意がない、そのうえで過失があれば過失犯、過失がなければ無罪というように考えるべきだと思っています。

〔討　　論〕

Ⅰ．形式的客観説の内容

中山　まず、学説は形式的客観説と実質的客観説とに分かれているのですが、形式的客観説は団藤説でおしまいになっていて、福田・大塚という団藤説を継受される方がなぜ形式的客観説を踏襲されないのかというのが、かつてからの疑問なのです。現実的危険という言葉が使われるようになったのですが、そういう言葉は団藤説には見られません。むしろ、定型的危険ということが言われていたのです。それと同じものなのかどうか、実質的客観説と形式的客観説の本当の違いはどこにあるのかということを、学説史的に整理する必要があるのではないかと思っています。逆に大谷説は、形式的犯罪論を公称していますが、ここでは実質的客観説の方に接近して、大塚説と同じように現実的危険という言葉で、形式的客観説と袂を分っているように見えます。ここの区別の切り口はどのように理解したらよいのでしょうか。

松宮　同じ疑問があります。団藤先生の教科書を注まで含めて読みますと、ヴェルツェル流のドイツの実質的客観説、これは犯行計画を基準にして結果の直前の行為かどうかを判断するというものですが、そのヴェルツェルの考えを注で引用して、これは実質的客観説だ、しかも私の考えと同じだと

書いてあります。ですから、団藤先生は全体としてみて定型的に構成要件にあたるかどうかという判断を、実は実質判断なのだといわれているのではないかと思います。

浅田 そうですね。一つは、形式的客観説が構成要件に該当する行為の開始ということであれば、これはかなりはっきりするのですが、従来の形式的客観説は構成要件該当行為に密接する行為、あるいはその直前に位置する行為にまで広げています。このように広げると、結局内容的には実質的客観説とあまり変わらなくなります。それを支えているのは判例だと思います。福田説、大塚説、大谷説は、いずれも判例を念頭において、その実行の着手時期を説明するのにどういう考えが妥当かを顧慮することから実質的客観説の方に流れているような感じがします。

II. 実質的客観説の内容

中山 私は、むしろ実質的客観説に2種類あって、言葉の問題ではなく、この問題に対するアプローチに2種類あるのではないかと思っています。平野説の切り口は、最初の問題意識として、定型的危険というのは全体的考察に陥りやすいから、むしろそれを切迫した危険という形に具体化するというところに平野説の「実質的」という言葉の意味があったのではないかと思います。これに対して、後から出てくる実質的客観説と言われている大塚説・福田説・大谷説の方は決して「切迫した危険」とは言わない。ということは「現実的危険」という言葉の中に団藤説のときからすでに組み込まれていた、伝統的考察の方に親近感がある。つまり、結果無価値か行為無価値かという、その議論で切った方が実際的であると思います。

浅田 私もそう思います。行為者の行為を離れて実行の着手を考えることができるかということが問題で、その違いは行為無価値と結果無価値にかかわります。その点は団藤説も、大塚説、福田説、大谷説も、あくまでも行為者の行為が基準だということで、離隔犯は発送主義になってくるわけです。

中山 平野説の場合にも未遂犯の故意は主観的違法要素ですから、そこは

重なるところが出てくるのですけれども、基本はやはり切迫した危険というところにあったのではないか、つまり結果の方に引き寄せて未遂を考えるという思想は、かなり団藤・大塚説とは違ったのではないか。しかし、平野説は、適用の面では逆に広がる面もあるのですね。

松宮　問題は想定される結果からどれくらい近いか遠いかというものさしの問題と、それをどのような資料で判断するかという判断資料ないし判断基底の問題、その二つがあって、例えば判断基底を客観的な事情すべてにするのだという立場を仮にとっても、ものさしのとり方で、結果からだいぶ遠くてもいいのだというとり方をしますと着手は早くなります。また、まったく逆のことも言えるので、平面的に主観説対客観説という切り方で着手論を見るということ自体がすでに問題をはらんでいるのではないかということが一つです。

Ⅲ．構成要件該当行為の意味

松宮　もう一つ、やや違う話なのですが、構成要件該当行為という言葉の意味ですけれども、瀧川説の基礎になったのはM. E.マイヤーだと思うのですが、M. E.マイヤーは、教科書を見ますと折衷的な見解でして、結合犯では形式的客観説、普通の結果犯では実質的客観説を採るというのですね。なぜそうなるのかというと、例えば強盗などのように手段が暴行脅迫という独立した構成要件になっているような行為の場合、暴行脅迫行為が着手だとして、だから構成要件に該当する行為が開始されるという基準でいいのだとします。しかし、殺人罪のような場合には構成要件該当行為とは人を殺した行為、つまり、構成要件というのは既遂類型である、だからどうしても形式的客観説はその前段階の行為ということで、密接する行為、接着する行為という基準を持ってこざるをえない。しかし、その密接する行為とか接着する行為とかいうことをどう判断するかといえば、既遂に至る実質的な近さという実質判断を入れざるをえないという趣旨のことを言っているわけです。

　団藤先生の考えに近いのは実はフランクの考え方でして、フランクはM.

E.マイヤーと違って、構成要件という言葉を既遂類型だというようには考えない、完全には限定しないでその直前の行為に少し広げてしまうわけです。広げて、未遂行為というのはその構成要件にあたる行為であるという言い方をするわけです。ですから、表現上は直前の行為、密接する行為を含むのか含まないのかということで違うように見えるのですが、これは前提になる構成要件該当行為のとらえ方の違いでして、実は両者はそれほど変わらない。どちらに依拠するかで表現が変わってくるだけで瀧川説と団藤説は実は変わらないように思うのです。

中山 その点はたしかに、構成要件ごとに違って、殺人の場合はどうかとか窃盗の場合はどうかというように、具体的な犯罪ごとにその効果を考慮したうえで、最終的には評価すべきだと思いますね。

松宮 ところが、わが国の場合には構成要件該当行為をフランクの意味で理解するのが通説ですよね。ちょっと広げてさらにその直前としているわけです。

中山 全体的考察に陥りやすいという平野説の批判があたっているわけですね。

松宮 しかし、必ずしもM.E.マイヤーはそういう理解を前提にはしていなかったと思います。

浅田 一般には構成要件該当行為と構成要件的結果とを区別して考えて、その間の因果関係が必要だという構成がとられていますので、そのときの構成要件該当行為というのはまさに「殺す行為」というわけですね。

松宮 ところが、構成要件は「殺した者」としか書いていません。「人を殺した者」というのが、Tatbestandですから。

浅田 だから、未遂犯を処罰するという規定が加わって、伝統的な見解では、それによって修正された構成要件の問題であるとされてきたのではないですか。

松宮 日本ではそうですね。しかし、フランク以後のドイツではそれを構成要件とは言わずに、構成要件は既遂類型であるので、処罰拡張事由というように別の呼び名をつけるという方法が一般化します。

浅田　そのあたりに問題があるかもしれません。修正された構成要件という形で構成要件該当行為を捉えることで、それにさらに密接する行為、直前の行為にまで広がってしまっているわけですね。そうすると、そこには実質的客観説の発想がすでに入っていることになる。

Ⅳ．未遂犯の故意

中山　私も、ここは言葉ではなくて、言われているように中身をもう少し追究すべきだと思います。それから、平野説についてですが、一つは、未遂犯の故意というものを目的犯と捉えて、既遂目的というものがなければ本来未遂というものも概念上ありえないと考えられているのではないかという点、そして、もう一つは、故意があることによって危険が高まるということを前提としている点が、完全に私と対立しているところです。ただ、結果の側からいいますと、故意も過失もともかく危険な行為ですので、結果に近ければ実質的には着手といえます。それに対応する認識というのは危険の認識にしか過ぎないわけで、しかしそれは未遂行為の実行行為の認識なのでしょう。そうするとやはり未遂犯の主観面としてはそれでは足りないわけですね。

松宮　次に何をするつもりであるか、ですね。

中山　われわれが一般に未遂犯の故意と呼んでいるものは、やはりその先にあるのでしょうね。これを否定することはできないのですが、それはむしろ、結果の認識ないし予見といったもので、責任要素としてプラスするという形になると思います。

浅田　結果発生の危険の認識が必要だとしても、その結果発生の危険の認識というのは結果の予見とほぼ同じものだと思いますが。

中山　目的犯の場合には、目的とする行為の予見が必要ですが、未遂犯の場合は危険の実現の予見ということになります。

浅田　それはほとんどあるいは完全に既遂の故意と同じなわけで、それが主観面として要求されることになります。もう一つ、よく出される例ですけ

れども、犬と人間がいてピストルを撃ったところ、両者の間を弾丸が通過したという場合に、殺人の未遂か器物損壊の未遂かという問題があります。これはどうなるのでしょうか。

中山 事後判断という前提からしますと、ちょうど真ん中を通った場合には、事前に本人の意思がわかるような事情があれば別ですが、そうでない限りは、器物損壊の未遂とするほかないでしょう。

浅田 その点は、事後判断で考えれば、裁判時までにわかった全事情を考慮に入れるとすると、行為者がどう考えていたかということも判断材料に入ることになるのでしょうか。

中山 距離が遠ければ、いかに本人がそのつもりであっても未遂としての危険はないということもありませんか。

浅田 それは不能犯の問題なので、そうではなくて両者に危険があったという場合に殺人未遂にするか、器物損壊の未遂にするかという問題は、事前判断をするのは確かに無理ですけれども、裁判の段階でわかっている全事情を考慮に入れたうえで判断するのであれば、それは殺人未遂にもなりうるし、器物損壊の未遂にもなりうると思います。それについては特に問題がないのではないかと思っているのですが。

中山 それは全体に通じる問題で、何のために事前判断をし、事後判断をするのかという点が、根本問題なのです。刑法においては、行為の時点で関係者に一定の行動基準を与えるために規範というものを問題にするというように考えるのかという問題と、裁判時に適正な刑罰の適用をするために解釈基準として刑法が必要であると考えるのかという問題との両面を持っていると思うのです。

Ⅴ．行為意思と危険判断

松宮 ただ、犬か人間かの問題は結局体系的位置づけとは関係ないのではないでしょうか。故意が責任要素だとしたところで、いずれにせよ殺人の故意があることを証明しないと殺人未遂罪にはなりませんから、どちらを撃つ

つもりだったかわからないのであれば、それは殺人の故意が証明できていないというだけなのです。それから、今の行為規範の問題も、例えば器物損壊の未遂という処罰規定はありませんが、既遂類型さえ作っておけば、他人の器物を損壊してはいけないという規範は皆がわかるわけですから、未遂と行為規範とは私は直接の関係はないと思います。行為規範として既遂類型がきちんと立っていれば、未遂処罰規定がなくてもやっていいとは誰も思わないわけです。むしろ、問題は過失犯、あるいは過失の未遂というものも、共犯の錯誤が絡むと観念せざるを得ない場合が出てきます。通説はおそらく認めてしまうと思います。既遂で認めるなら未遂もあります。そうした場合には、結局平野説も不正確で、殺人の故意が殺人未遂罪の違法性にとって、あるいは危険性にとって必要だということにはならないわけですね。主観的ないわゆる責任要素としての故意過失としてなら当然必要ですけれども。

中山　それは、ある違法行為について、予見があれば故意・予見可能性があれば過失というのは、既遂でも未遂でも変らないという意味ですか。

松宮　ええ。それは過失の場合にも未遂があるということですが。もう少し正確に言いますと、着手という概念には故意か故意でないかは関係がないということですね。ところが、過失を含めて「次に何をするつもりか」は関係があるのです。「次にどういう行動に出るつもりか」によって、危険の有無なり、その程度が変わってくるということがあるので、それは故意とは全然別の問題として、行動意思というか行為意思みたいなものを完全に危険判断の資料から排除できるかという問題は別にあると思いますね。

中山　故意とまた別の行為意思というのは、どういうものですか。

松宮　具体的に申しますと、先ほど例としてあげられた判例が実はすべてそうなのですね。例えば、ガソリンを撒いて自殺をしようと思った放火の事件で、タバコに火をつける行為から引火をしたというのがあるわけですが、当然われわれは、タバコに火をつけるというのは引火させるという意図ではなかったのだという前提で危険を考える、あるいは未遂の成否を考えるわけですね。あるいは、電気店への窃盗事件ですと、店にある電気製品を盗るつもりはなかったのだ、狙いはレジの現金なのだということを前提に着手があ

るかどうかということを判断します。ダンプカー事件も同じで、ダンプカーに引きずり込んでその場で姦淫をするという計画ではなかったのだ、別の場所に連れて行って姦淫をするつもりなのだということを実は暗黙のうちに判断の前提にして、着手があるかどうかを判断しているのです。したがって、本当に被告人が次に何をするつもりであったのかということをまったく抜きにして、あるいは何を狙っているのかというのを抜きにして、それぞれの着手判断をしろと言われると結論が出ないのではないかと思うのですが。

中山 ただ、その場合に、故意犯と過失犯が両方とも処罰されているときとされていないときがありますね。しかし、これは危険のレベルの問題ですから、本人がその点を認識したかどうかという責任の問題とは区別しなければならない。例えば強姦の事例でも、やはりその場所で暴行して強姦するという状況があり、そのことが確定されれば、もちろんその事実から着手が認められると言えますけれども、しかし結果的に5000メートルも離れたところで強姦しているのであれば、やはり着手があったとは言えないのではないかということなのです。後になって本人がそれをどう説明するかはともかくとしても、そういう状況からしか判断できないのではないだろうかと思います。

松宮 そこに問題の本質がありまして、私はこう思っているのですが、実はわれわれが純粋に行為者の主観だ、計画だと言っていることが、実際に行為者がとった行動を我々の方が解釈をして「こういうつもりだったのだ」というように言って、本人も「そうだ」と認めさせるという……。

中山 外部から主観を判断しているのではないかというわけですか。

松宮 ええ、だから平野先生の言葉を使いますけれども、自己の行為が一般人から人を殺そうとしている行為だと見られるという要素はきわめて重要でしてね。これは後から起こったことも含めてですけれども、これはこういう行動だったのだという風に我々が解釈して意味を付与するわけですね。これは5キロ先まで連れて行って姦淫する計画だったのだ、あるいはこれは心を落ち着けるためにタバコに火をつけたのであって決して引火させるつもりではなかったのだと。その人のいろいろな行動の脈略から、われわれはそう

いうふうに判断しているわけです。

浅田 今、松宮さんが言われたのは、ある意味では行為者の計画を考慮に入れなければ判断できないということですね。ただ、それを事前判断で考えるか事後判断で考えるのかという問題につながるわけです。

松宮 いや、と言いますか、計画という主観的なもののように思っているけれども、実は行動全体が持っている客観的な意味が危険判断の基礎になっているのではないかと思うわけです。

浅田 刑法の解釈論というのはあらゆる主観面、客観面の事実が証明されたことを前提に議論しているのですね。だから、裁判時までには微妙なことも含めて明らかになっている、実際になるかならないかは別にしてですが。もちろん被告人に有利に判断して、事実認定をはっきりしたうえでそれをどう考えるかということなわけです。だから、先ほどのガソリンを散布してライターで火をつけたという場合に、後からこれは心を落ち着けるためだったという認定をするわけですね。

中山 そうですね。

浅田 客観的にはライターをつける行為は実行行為ですね。

松宮 引火の危険はありますからね。

浅田 引火の危険が十分にあるので、客観的には実行行為なのですが、行為者にその認識がないから未遂とは言えないという判断が可能になるわけですね。だから、その種の問題は計画とはいっても、松宮さんが言われるとおり、行為時の事前判断としての計画の問題ではないですね。

中山 行為のもっている意味というか、行為が示している状態というか……。

松宮 「その行為がわれわれに対して訴えているもの」みたいなものがあるということです。

浅田 おおよそ、刑法の解釈というのはそういうものだと私は思うのですが。

中山 私は、このガソリン事件の判決は疑問だと思うのです。やはり、いかに危険が切迫しているにしても、点火しなければやはり火を放つ行為とは

言えない。塩見説もそうですが、これはむしろ形式説で行かないといけないのではないかというように思っています。

松宮 ここまで来ますとね、実は電気製品の火花による引火の危険もありうる事態になっていたと思います。だから例えば、それを計画的に利用してガソリンを気化させて自然発火を待つという場合にはどうなのかという問題はあると思いますね。

浅田 これはあくまで行為者の故意の問題ですね。

松宮 そういう意味でも、錯誤であって、やはりそういう意味では因果関係の錯誤、しかも重要な因果関係の錯誤だと。

浅田 私は、先ほど申しましたように、因果関係の錯誤があっても未遂になるだけであって故意がなくなるわけではないので、この場合には実行行為の認識がないというように思うのですが。

松宮 広い意味での因果関係の錯誤という意味で、自分の行為が着手まで来ているか来ていないかの判断も含めて言っています。町野説もそういう趣旨かもしれません。

浅田 そういう言葉遣いの問題もあります。

松宮 もう一つ言いますと、仮に着手だと判断できても既遂にはならないということもありうるわけです、因果関係の錯誤として考えれば。つまり、この場合には、こういう形で既遂になるということは予想外であったと、仮に危険が大きいし、それはわかっていたから着手だというように言えても、なお既遂だという論証ができていない。

VI. 実行行為と実行の着手の分離

中山 ちょっと長くなりましたが、もう一点だけ。実行行為と実行の着手を分離するというのが最近はやりのようになってきて、浅田さんもその点には賛成のようですが、そのメリットはどこにあるのでしょうか。未遂でもないものを実行行為と言っても、それはまだ予備行為なわけですね。

浅田 予備段階ですね。

中 山　予備段階のものまで実行行為になるわけですか。

浅 田　離隔犯の場合を考えるとそうなります。

中 山　実行の着手ではあるけれども、未遂ではないと言うわけですか。

浅 田　いえ、実行行為ではあるけれども実行の着手＝未遂ではないということです。

中 山　それは論理矛盾ではないでしょうか。実行の着手でないのになぜ実行行為なのか。実行行為と実行の着手というのは一体化されているはずですが。

浅 田　そこを分けて考えるわけです。つまり、離隔犯の場合、発送行為の時に責任能力、故意・過失が必要です。それが行為者の行為としては実行行為なのだけれども、それだけでは未遂にならないわけです。

中 山　それを予備行為と言えばいいのに、なぜ実行行為と言わなければならないのですか。

松 宮　発送行為を共同して行った場合に共同正犯の成立が問題になりませんか。

中 山　予備行為の共同正犯の問題ですね。

松 宮　でも、これがそのまま相手に到達すれば殺人未遂です。

中 山　もちろん、発送時に着手があるとすれば未遂の共同正犯だけれども……。

松 宮　到達時説で、単独犯であれば当然、到達した段階でその発送行為にそれを帰属させて発送した人が殺人未遂と考えますね。その発送行為を共同してやった場合にも同じく未遂状態を発送行為に帰属させて未遂の共同正犯となりますよね。そうすると60条で「共同して犯罪を実行した」という文言の実行という部分の意味というように考えて……。

中 山　予備行為の段階でその共同した状態が段階的に発展していって、そこである段階で着手になった途端に未遂として評価されるのではなくて、発送行為を共同にしたから、これを特別に予備行為とは違う言葉で言い換えるというのはおかしいと思いますね。

浅 田　行為者が実際にする行為は、離隔犯の場合には発送だけです。

中 山 それは、自分の行為であって、他人の行為ではありませんけれども、実行行為といえるのでしょうか。

松 宮 そこでいう実行行為は予備行為を含んだ概念です。予備と未遂という区別とは別にそれぞれを帰属させるポイントとしての体の動きである「実行」というのがあると思います。だから、到達しなければ、今度は逆に殺人予備で共同正犯を認めることになります。

中 山 平野説が実行行為と正犯行為と分けたというのは、そういう意味ではなくて、それは本人の行為だから正犯行為だという、それだけのことです。他人の行為ではないのだから、共犯とは呼べないわけでね。共犯の行為だったら、まだ予備だけれども、自分の行為だから正犯と言わざるをえない、だから正犯と言っているだけであって、本質は予備行為なのです。それを実行行為という言葉で説明をするというのはどうかと思いますが。

浅 田 言葉の問題ではありますが、実質的客観説に従うとどうしても予想された結果からさかのぼりますので、実行の着手が行為者の行為と分離してくるのは明らかです。

Ⅶ．曽根説・山中説

中 山 曽根説の体系論でそれを説明しますと、実行行為は構成要件の問題であり、未遂は違法性の問題であるという形で、構成要件と違法性をまた分けるわけですね。

松 宮 それは無理です。

浅 田 私もそれには賛成できないですね。

松 宮 着手かどうかはやはり最初の段階、未遂の類型性つまり未遂の構成的要件の判断だと思います。構成要件とは言いませんが。

中 山 それははっきりしていますね。

松 宮 もう一つ、山中説の場合は曽根説とは違って、現実的な実行行為というのは、危険が現実化すれば一瞬のうちにさかのぼって元の行為を実行行為であるとし、しかも未遂行為だという意味で言っているわけですね。だか

ら、着手時点が早くなるんですね。危険が現実化することで早くなるということなんですが。

中山 遡及するというのですか。

松宮 ええ、私は、いわゆるタイムマシーン構成と言っているんですがね。

中山 あるいは斎野説も……。

松宮 ええ、斎野説も同じだと思いますが、そう見てよろしいでしょうか。

中山 それは、あとになったらそうだったという発想でしょう。

松宮 そうです。振り返ってみればあれが着手だったなと。

中山 それはおそらく認められないと思う。

松宮 まあ、おそらく認められないとは思いますが、山中説からすれば逆に危険が現実化しない以上は未遂とは言わないのだから、早くから未遂行為になってしまっておかしくはないかという批判はあたらない。あくまで危険が現実化したときだけそうするだけなんだと弁解されます。それで本当にいいのでしょうか。

中山 私は、予備行為にあたるものを、未遂行為と言い換えることになるような気がしますね。

松宮 もちろんそうですよ。それは山中説の結論そのものです。それでなぜ悪いかとこうおっしゃるわけです。

中山 しかし、結論は変わりませんかね。

松宮 いや結論が変わるところもあります。先ほどの電気店の窃盗とかダンプカーの強姦の事件のような結果的加重犯の場合、遡及的にであれ着手時点が早くなりますと、その着手以降に生じた加重結果について結果的加重犯が成立するという可能性も出てくるわけです。

中山 そこが大事なところなので、このことによってどういう違いが出てくるのかというところをきちんと説明してもらわなければいけませんね。

松宮 そうですね。いずれにしても、振り返って突然あの時着手だったという方法ですから、もちろん事前判断で行為規範ということをおっしゃる方

にはとても受け入れられない見解だと思いますけれども。

浅田 事後判断でいけば、そういうこともありうると言えそうですが……。

松宮 事後判断というのはそこまでは含まないと、私は思いますけれども。

浅田 私もそう思いますね。

5 ◆離隔犯・間接正犯の未遂

本項の問題提起

　松宮　実行の着手の応用問題として、離隔犯および間接正犯の未遂ないし実行の着手という問題を報告いたします。

(1) 離隔犯・間接正犯における実行の着手の特殊性

　離隔犯、間接正犯ですが、問題はまず、それぞれの定義から始まります。離隔犯というのは、一応ここでは行為者の動作と結果発生との間に、時間的ないし場所的、あるいは時間的および場所的でもよいのですが、離隔を生じる犯罪と定義しておきます。必ずしもこれは「間接正犯」と同じ意味ではありません。例えば、戦時中に日本軍が風船爆弾というのを作ったことがありますが、ある人が風船に爆弾をつけて気流に乗せて目的地で人を殺傷しようというようなことを考えて実行したとします。このような場合には行為者自身の動作、身体の動きと結果発生との間には時間的・場所的な離隔が当然生じるものと思われます。しかし、これは道具として人間の行為を使うのではありませんので、間接正犯ではありません。

　そこで、この離隔犯の場合には実行の着手について大きく分けますと、まず、例えば風船を飛ばす時に着手を認める、郵便ですと郵便局から毒物や爆発物を発送するという時に着手を認める発送時説があります。それから、そういうものが被害者のところに配達された、あるいは到達したという時点で着手を認める到達時説があります。さらに中間的な見解として、一般的に実行の着手は結果の発生が切迫した時点であるというようにとらえておいて、その切迫性は場合によっては発送時に認められる時もあり、到達時に認められることもあるという平野先生の見解もございます。

　他方、間接正犯ですが、これを他人の動作を自己の犯罪の手段とする犯行態様というように一般的に定義いたしますと、必ずしも行為者自身の動作と結果発生との間に時間的ないし場所的な離隔を要するものではないということも明らかだと思います。例えば、目の前で被害者自身に毒物を薬であると偽って自ら飲むように仕向けるという被害者を利用した間接正犯の場合には、結果の発生までに時間も場所もほとんど間隔がないということもありますので、そういう意味で概念的には離隔犯とは少し違うということになりま

す。もちろん、間接正犯でありかつ離隔犯という両方兼ね備えたものもあるわけですが、両者の議論が似てくるのは、たいていの場合両者がオーバーラップするということで説明できると思います。

　さてこの間接正犯についても実行の着手につき他人を利用する利用者の行為に認める利用者説と、利用される、道具とされる人物の行為に着手を認める被利用者説がございます。さらに先ほどの平野先生の見解と同じように結果発生の切迫性が認められる時点はどちらかに固定されるわけではないとして個別具体的に着手時点を定める個別化説と言えるような見解もございます。もっとも、着手一般のところでも議論になりましたように、遡及的な構成を唱える見解もございます。つまり、結果発生の危険が現実化した時点で、間接正犯ですと利用者、離隔犯ですと発送時ですね、その段階の行為が遡って実行の着手になるというように唱える見解です。山中先生や斎野先生などがこのような見解だと思われます。このような場合にはいわゆる到達時説ないし被利用者説と結論がほとんど同じように見えますが、前項4で述べたように、結果的加重犯の成否には違いが出てきます。つまり、いわゆる加重結果が着手以前の行為から生じたのか、着手以後の行為から生じたのかによって結果的加重犯の成否が変わってくるわけです。もちろん結果的加重犯の種類によって変わってくると言われていますけれども……。遡及的な構成をとりますと到達時説や被利用者説で結果的加重犯にならないようなものがさかのぼって着手が早い段階で認められますので、結果的加重犯として重く処罰されるという違いが出てまいります。

(2)　発送時説・利用者説と致達時説・被利用者説

　以上を前提に基本的に発送時説と利用者説、それから到達時説と被利用者説は発想をほぼ同じくするものと考えまして、簡単な検討をいたします。発送時説あるいは利用者説というのは基本的には被告人、行為者自身の動作の中に実行の着手あるいは実行行為を見なければならない、そこから先、手を離してから先は単なる因果の流れであるというように考えるものであろうと思います。このように考えますので、実行の着手は当然行為者自身の動作の中に見出されなければならないというドグマが立つことになります。同時にこのような見解は犯罪行為というのはあくまで犯罪者自身の動作の中に本質があるのだ、そこから生じる結果というのはある意味で偶然に左右されるという考え方があるのかもしれません。これはつきつめれば、いわゆる行為無価値一元論という考え方になります。しかし、例えば過失犯にも未遂があ

る、不作為犯でも未遂があるというようなことを考えますと、作為が終わったということで未遂も着手ももうそこから先はないのだ、作為が終わるまでに着手がなければいけない、というのは実は必然性がないことがわかります。

そこで例えば西原先生に代表される見解のように、離隔犯や間接正犯でもいわゆる不作為ですね、自ら引き起こした結果発生の危険、これを打ち消すような作為をしなかったというような構成にして、それでもって結果発生にある程度近づいた段階で不作為犯の未遂という構成で着手を認めるという考え方もあります。ただし、この見解に対しては、不作為犯が成立するというのであれば作為の可能性が必要ですけれども、手放した後にまったくどこかへ行ってしまったとか、眠り込んでしまったというように作為の可能性ないし作為の能力が失われたというとき、どう説明するのかという疑問が提起されています。なお、到達時説との関係で、大審院の判例に到達時説を採用したものがある、殺人の目的で毒物を郵送したという事件ですが（大判大7・11・16刑録24輯1352頁）、そういうものがあると一般に言われておりますが、厳密に言えば、判例が到達時説を採っていると言えるかどうかには問題があります。なぜなら、大審院は毒物が被害者宅に到達した以上殺人の実行の着手があると言ったのであって、到達していないから実行の着手がないと言ったケースではないわけです。したがって、到達していない場合に着手を否定する趣旨であるかどうかはまだ決まっていないというように考えるのが判例の正確な読み方だと考えられます。一応判例はそうだということを頭に置いておいた方がいいと思います。

元に戻りますが、ドイツは一応発送時説とか利用者説で統一しているというように言われているのですが、ドイツの刑法学の中に被利用者説と到達時説がないかというとそうではございません。E. シュミットですけれども、彼は拡張的正犯論から、教唆犯と間接正犯は本質的には同じだと考えますので、間接正犯の着手と教唆犯の着手が同じになるわけですね。つまり、被教唆者の行為の中に着手を見るのと同じように間接正犯でも被利用者の行為に着手を見るべきであると主張しています。また、最近、ドイツ連邦通常裁判所は、被害者を利用する間接正犯と見られる事例で、被利用者説を採用して殺人未遂を否定しました（BGHSt 43、177）。

(3) 未遂犯の本質との関係

最後に、この問題をどのように考えるかですが、これは不作為犯や過失犯

の未遂を考えるかどうかという問題とほぼ同じように、未遂の本質をどう見るかという問題にかかわります。未遂をあくまで行為者が犯罪をしようと試みたのであるととらえるのであれば、到達時説や過失犯の未遂といったものはありえないことになります。そうではなくて、社会的な問題状況が発生したというものとして刑法が未遂の処罰規定で介入すべきである時点が着手なのだというように、問題を社会の側から考えるのであれば、そういう問題状況の発生として到達時に着手を認める、あるいは過失犯でも未遂、着手というものを観念するということがありうると思います。

〔討　論〕

Ⅰ．平野説の位置づけ

中山　先ほど、平野説を中間的な見解（個別化説）と言い表されたようなのですが、私の感じではこれはやはり到達時説が原則であって、場合によって到達の可能性がきわめて確実で、前と後との危険がほとんど事実上変わらない場合については発送時もありうるという理解だと私は思うのです。ところが例えば大谷説などの引用では、個別化説というのはどちらにでも転用可能な、つまり一種の折衷説という発想、どちらにでも振り分けられうる中間的見解のように考えられていると思うので、そのような理解には問題があるのではと思います。

浅田　平野先生が実質的客観説を主張されたのには、かなり大きなインパクトがあったように思うのですが、その実質的危険、切迫した危険とは何かということは必ずしもはっきりしていません。私は、例えば離隔犯で毒入りウイスキーを送った場合、ただ届いただけではまだ切迫した危険はないわけで、本人が飲もうとした時に初めて結果発生の切迫した危険がある、そこま

では予備だと思うのですが、平野先生は送った時点までさかのぼっていけると言われます。同じ実質的危険、切迫した危険といいながら、人によって非常に理解が異なりうるという問題があると思います。

松宮　平野先生がそのように理解される根拠は、ご存知のように講座現代法に書かれた論文の中で市民的安全の要求ということを主張されたことにあります。その中で、市民的安全の要求に応えるためには到達時説あるいは被利用者説、あの場合は到達時説ですが、到達時説に絶対に固執しなければならないというものではなくて、場合によっては発送時説もありうるというような書き方をされたので、どちらでもあるというような受け止め方になったわけです。ここのところは、はっきりとはわからないですね。

中山　先ほど申しましたのは、どちらを原則、どちらを例外とするかという考え方をとれば、平野説は到達時説が出発点だったように思うわけです。一方、団藤・大塚説は、依然として発送時説に固執していて、場合によってはというようなことは絶対にないわけですね。ところがなぜ形式的犯罪論に立つ大谷説が、この場合に平野説に合流するのかというのがわからないのです。

松宮　ですから、発送時か到達時か、利用者か被利用者かというのは実は結論あるいは現象形態でして、本質は結果発生の危険が切迫している場合かどうかであり、このものさしを当てはめた時、個別事例でたしかに場合によっては発送時もありうるということなのだと思います。原則が到達時の方にあるということについてはおそらくそうであろうと思いますし、何より発想の仕方が団藤先生の考え方とまったく逆なわけですね。生じる予定の結果から遡って考えるか、行為から先を見通して考えるか……。

II．不作為犯構成

中山　方向性が違うわけですね。西原説はどうなのですか。

松宮　これはわからないですね。

浅田　これは、あくまで行為者の行為で考えながら、実行の着手時点を到

達時にするために不作為犯構成するもので、不作為は行為者の不作為ですからあくまで行為者の行為だということを維持するという立場だと思います。

松宮 そうですね。そういう意味では団藤先生と同じ方向性だとは思いますが……。

浅田 ただ、その不作為犯構成について、先ほど作為可能性がなくなったときにどうなるのかという疑問があると言われましたが、その前に作為義務を負わせることができるのかという疑問があるのですが。

松宮 一応先行行為を使うと思いますけれども……。

中山 一応説明はできるけれども、作為が不可能な時には説明ができないわけですね。

松宮 作為自体が不可能になってしまう……。

浅田 法的に言って、実行の着手というのはもちろんそれをやめることを期待はしますけれども、不作為犯の作為義務として課すという構成には無理があるように思います。

中山 実行行為は本人がするものだという大前提がありますから、その前提を転換できなければ、苦しいですね。

松宮 しかし、西原先生の見解の影響は大きかったと思います。先ほどの大谷先生の見解がいわゆる個別化説、場合によっては到達時、被利用者の行為時でありうるという方向に踏み出した、あるいは大塚先生もそういうことをおっしゃっていたわけですよね。ああいう先生方の見解がそちらに踏み出すには、あくまで行為者の行為から発想するのだというところは外さないで説明しないといけませんから……。

中山 やはり方向性の問題ですね。平野説とは違うわけです。

松宮 はい。しかし、結論として平野説に近づくように思うと言ったのは西原先生なんですね。

III．遡及的構成

中山 そこで次に、私がわからなかったのは、先ほどの山中・斎野説が遡

及的構成を採るとしてですね、実益の点で結果的加重犯の成否に相違が出てくるという説明だったわけですけれども、どういう例が考えられますか。

松宮 そうですね。例えば前項4（⇒ 41頁）の例ですと、電気店への侵入事件、結果的には強盗殺人ですが、あるいはダンプカーでの強姦事件、いずれも店に入ってその場で商品を盗むとか、あるいは被害者をダンプカーへ引きずり込んで暴行を加えその場で姦淫するというようなことにはなっていませんが、その段階で加重結果が生じているわけです。その後一連の行為の流れの中で、物を盗ろうとしたり、あるいは強姦したりというような出来事が起こった時に後から見て最初の行為は暴行ですとかレジの方へ行きかけたというような行為からずっと一つにつながっていますから、あのときからこの犯罪は始まっていたのだと言ってそこから生じる加重結果は結果的加重犯で処理するということになると思います。ただ、実は山中先生も斎野先生もそれを自説の実益だと言っておられるわけではありません。

中山 では、結論は変わらないのですか。

松宮 はい、むしろ、変わらないというようにおっしゃいます。到達時説、あるいは被利用者説と説明の仕方は変わらないと……。それはある意味では、山中先生の場合そうだと思いますが、団藤先生と同じくやはり行為者自身の身体の動きにこだわった構成をしたからではないでしょうか。

中山 なるほど。

松宮 もう一つ山中先生がそういうようにおっしゃるようになったきっかけは火災事件ですね。過失犯ですけれども、現実には防火体制不備のまま20年でも30年でも火事が出ないことをどう見るかという問題に答えるというのが一番の問題意識だったようですね。

中山 さかのぼってそれが危険な行為だというわけですか。

松宮 はい。

Ⅳ．間接正犯と被利用者説

浅田 以前から中山先生は、間接正犯をほとんど認めず、直接正犯に解消

するか、あるいは教唆犯だと言われてきました。その時に、間接正犯で被利用者説を採るということは結局教唆犯と同じ扱いをするということになるので、結局、全部教唆犯に解消していいのではないかという議論がありましたね。

中山 そうでしたね。

浅田 つまり、実行の着手をいつ認めるかが重要なのであって、間接正犯というのは利用行為に実行の着手を認めたいがための議論であり、被利用者の行為に実行行為を認めるのであれば、教唆犯でいいというわけですね。

中山 いや、そういう質問をしたわけですが、平野説からは、それはミスリーディングであって、間接正犯とするか教唆犯とするかという問題と、いつから実行の着手があるかという問題とを分けたはずだから、実行の着手で到達時説を採ったからといって、間接正犯性も否定しなければいけないということにはならないといわれるのです。だから、私はこれは実益のない議論だと思いますけれど、実質的には平野説も間接正犯を教唆犯の一種というように考え、ただし、それは自分の行なう行為だから正犯であるという点は譲らないということではないでしょうか。

V. 社会的問題状況の発生としての「着手」

中山 それから、社会的な問題状況の発生として事実を見るという観点が非常に大事だとは思いますが、しかし、そういう立場を採った場合でも、社会の側からどういう印象をもつかが危険性の判断なのだというのはやはり事前判断で、到達主義は採れないというようにはならないのですか。

松宮 いや、両方ありうると思いますね。こういう考え方自体がドイツの一派の客観的帰属論の考え方をベースにしていますので、その論者の中にはあくまで利用者説、発送時説だとそこは譲らないという人もいますし……。

中山 予防の観点から見ても、社会不安の観点から見ても行為時の判断だということですか。

松宮 いえ、そういう発想ではないのですよ。決して社会的には何も問題

が発覚していないと言いますか、顕在化していないのに着手だというように言っているわけではないと思います。こういう考え方を主張した方の基本的な発想は、逆に着手であれなんであれ、既遂だけでなく未遂においても自分の意思あるいは行為とは離れた偶然の事情というのがどうしても入ってくる。既遂の場合ですと結果が発生するかどうかは偶然だ、だから客観的処罰条件だという極端な考え方がありましたけれども、そうではなくてそれがノーマルなんだ、偶然に左右されるのが刑法の問題なんだ、だから、未遂もそうなんだというように言うわけですね。留学していた時にそういう議論をしていました。

浅田 私は社会的な問題状況の発生という基準よりは、法益という基準の方が安定してわかりやすいと思いますが。

松宮 それについて、もう一つ弁解しますと、そうは言うけれどもドイツには不能未遂があると……。

浅田 ええ、ドイツはそうかもしれないですが。

松宮 ですから、そこをそういうように言いかえているわけですね。

浅田 実質的客観説の場合、先にも議論しましたが、法益の侵害というよりは結果発生と言った方が正確です。危険犯の結果犯の場合、結果発生の危険の問題であって法益侵害の危険の問題ではないので、そこは区別しなければいけないと思います。いずれにしても、法益侵害ないし結果発生の危険にこだわって未遂の問題を考える方が安定しているのではないかと考えています。

中山 結論としては、私もその方法でいいと思いますけれども……。

浅田 もう一つの問題は刑法が介入すべき時点というのをどういう意味で言っているかですね。例えば現行犯逮捕ができるかどうか、正当防衛ができるかどうか、そのような問題として考えているとすると、やはり事前判断的な要素が入ってきているのではないでしょうか。

中山 それは処罰すべきかどうかということではないのですか。

松宮 そうですね。当然刑法の効果としての刑罰……。

浅田 どこから処罰すべきかというだけの問題ですか。

松宮 ところが、前回も言いましたように日本の場合はかなり予備罪が多いものですから、事情が異なります。予備罪はきわめて例外であり、未遂が刑法介入の原則時点だということがはっきり言えるドイツですと、もっとクリアに出せるんですが……。しかし、いずれにせよ、この考え方によれば、「着手」というのは社会の側から見た問題状況を指し示す機能概念であって、行為者の側から見て判断するべきものでないと言えるように思います。

VI．離隔犯の共同正犯と「着手」

松宮 いわゆる離隔犯の共同正犯の問題が残っていますね。それは着手を後ろにもっていく以上、その元になる行為の共同というようにせざるをえないので、その意味で刑法60条にいう実行は着手と分離するということになります。

浅田 その点は、43条の実行と60条の実行とを同一と考えるか否かという問題に関係しています。離隔犯の場合、単独正犯で実行行為は発送時、実行の着手（未遂）は到達時ないし（毒物などの）摂取時と考えますと、発送行為を共同した者は、実行の着手段階に至れば共同正犯となりますが、発送はしたが到達しなかった場合は予備の共同正犯ということになり、43条の実行と60条の実行は同一であるとして予備の共同正犯を否定しますと（私はそのように考えていますが）、各人が予備の単独正犯（それに該らなければ、予備の従犯を否定するので無罪）ということになると思います。

6 ◆不作為犯と過失犯の未遂

本項の問題提起

　松宮　それでは、不作為犯と過失犯の未遂について報告します。
　全体を大きく、不作為犯の未遂、過失犯の未遂という風に分けて簡単に問題の所在を申しあげます。まず不作為犯の未遂ですが、これも不作為犯が不真正不作為犯と真正不作為犯に分かれますので、まず不真正不作為犯の未遂から検討いたします。

(1) 不真正不作為犯の未遂

　不真正不作為犯は、いわゆる作為犯、それも結果犯ですね、これを不作為で実現したという場合、あるいはそれと同価値の場合だとされていますので、元の作為犯規定に未遂の規定があれば、当然不真正不作為犯でも未遂の問題が起こってまいります。ただし、実際には作為をしないというのが不作為ですから、作為犯のときのように犯行の決意をして、それに基づいて実行行為を開始するというような明確な着手時点が、ここでは認められないということになります。
　そこで学説の中には、いわゆる目的的行為論のアルミン・カウフマンのように、不作為犯の場合には作為犯と同じ意味での着手というものは認められない。その代わりに作為犯の着手を、いわば逆転させて、作為犯の着手と同じ価値をもつような段階を不作為犯の未遂というようにとらえようという指摘があります。これは逆転原理ですが、そこでどういうものが基準になるかというと、要するに、作為をするのに対応するのは作為義務を不作為することですから、作為義務を尽くすことによって、結果の防止が可能な、そしてまた結果を防止しなければならない段階において、作為義務が生じ、そしてその作為義務を尽くすことによって、結果の防止が可能な段階に入ったと認識しつつ不作為を決め込むときに、未遂ということが考えられるということになります。
　しかし不作為犯で難しいのは、作為義務が発生した段階でその不作為を未遂ととらえますと、実は、まだ後の時点でも作為義務を尽くして結果を防止できるという場合にも、すぐに未遂が成立してしまうという点です。もし仮に、最初の段階では結果を自然の成り行きにまかせて惹起させるつもりで義

務を尽くさない、このように考えていた行為者が、後の段階で思い直して結果を防止した場合にも未遂は成立して、後はせいぜい中止犯が成立するかどうかという問題になってしまうわけですが、はたしてそれでよいのかという問題が出てきます。

そこで大きく学説、主にドイツに触発された学説の分類をいたしますと、三つの見解があります。第一が俗に最初説と呼ばれている見解で、今申しました結果回避のための作為義務を尽くすべき最初の時点での不作為、この段階で未遂が成立するというものです。2番目が最後説というものでして、結果回避のための作為義務を尽くすべき一番最後の時点での不作為、これを以て未遂だと考える見解です。3番目に手放し説というのがあります。ドイツのロクシンなどが主張しているということですが、結果発生の具体的危険が発生した時点、あるいはそれ以前の段階であっても、因果経過の統制を自分の手から放した、いわゆる手放しの時点で、未遂が成立すると考える見解です。

この問題についてのわが国の判例は、数は多くないのですが、判例掲載誌に1、2件ございます。いわゆるひき逃げの事例ですが、いったん被害者を自車に乗せて、それから人気のない場所に運び、死んでもかまわないと思って放置したのですが、幸いなことに被害者は他の人に発見されて、一命を取りとめたという事案です。浦和地方裁判所の昭和45年10月22日の判決（刑月2巻10号1107頁）です。ここでは、結論として殺人罪の不真正不作為犯の未遂が認められたのですが、その時の判断基準として、浦和地裁は被害者が死亡する高度の蓋然性が生じた、ということを言っています。具体的には被告人が被害者を自車から降ろして立ち去った時点で、そういう段階に至ったと述べています。これをみますと、いわゆる最初説はとっていない。最初説であれば、もっと早い段階で、すぐに病院に行くべきでありますから、最初説ではないと思われますが、最後説だとすると、もう1回現場に戻って、被害者を病院に連れて行くということもなお可能だと思われますので、必ずしも最後説だけでしか説明できない結論ではない。むしろ、手放し説で説明可能な事案ではなかったかと思えます。そういう意味で、最後説と手放し説とのどちらを取るかという問題が、まだ残っているだろうと思います。

この問題について現時点で考えますと、不作為犯における着手未遂と実行未遂を、どう考えるかということに問題が帰着いたします。アルミン・カウフマンなども含めてですが、学説の中には不作為には着手未遂はない、実行

未遂しかないのだという見解もありますけれども、そうではなくて、作為犯と同じように考えるなら、着手未遂もあって、ただ結果防止の最後のチャンスがまだ残っている、危険はあるが最後のチャンスはまだ残っているという段階は、いわゆる着手未遂であり、そこも越えてしまえば終了未遂という風に、考えるべきなのではないのかというわけです。

そのように考えると、現時点ではロクシンのような手放し説が、比較的妥当な手掛かりを与えてくれると思われますが、まだまだ考えるべき点が残っているように思われます。

(2) 真正不作為犯の未遂

もう一つは、真正不作為犯の未遂という問題です。真正ないし不真正不作為犯というのをどう定義するかという問題も、一つあります。いわゆる不作為の結果犯なのか、それとも不作為それ自体で成立する犯罪なのかという区別と、不作為を処罰する明文規定があるかないかによる区別です。現在では、明文規定があるかないかによって分ける見解が多いので、真正不作為犯の中にも結果犯がございます。例えば保護責任者遺棄罪などもそうです。この場合には、先ほど述べた不真正不作為犯の未遂と同じような問題がありますが、実は保護責任者遺棄罪には、未遂の処罰規定がないので、218条については実益はありません。真正不作為犯でしかも結果を伴わない不作為犯ですね、いわゆる不作為の「挙動犯」——これは形容矛盾ですが——、このような場合にどうかという問題があります。こういう真正不作為犯の場合は、不作為すれば即既遂なのであって、未遂の観念を入れる余地はないと考える見解が、比較的有力です。

しかし、挙動犯に一般的に未遂がないということはありえないわけでして、例えば住居侵入罪、作為犯でいえば住居侵入罪、真正不作為犯であれば同じ130条の不退去罪ですね。これを比較して見れば、住居侵入罪には未遂処罰規定がございますから、不退去罪の未遂はありうるということになるわけです。例えば住居侵入ですと、侵入しようとして壁に手をかけたが、まだ体は入っていないというような段階が未遂として考えられますし、不退去罪の場合も、退去要求を受けて、退去に必要な合理的な時間が経過するまでの間は、未遂であるという見解があります。中山先生の見解です。ですから、真正不作為犯についても作為義務履行に必要な時間が経過するまでは、未遂は考えられると思われます。不作為犯についてはそれぐらいにさせていただきます。

(3) 過失犯と未遂

つぎに過失犯の場合には、未遂というものが故意のない犯罪についても観念できるかという問題があります。この問題の回答いかんでは、過失犯の問題ではなくて、要は故意のない行為の問題ということで、無過失も含んでの議論になります。目的的行為論などのように、過失は本来目的的な行為ではなかったのだ、あるいは目的的な行為ではあるが、犯罪結果を志向するものではないのだととらえていきますと、当然未遂というのは故意犯にしかない、ということになります。

この点では、現在多くの学説が、過失犯にも実行行為というものが存在する——特に過失の結果犯ですが——と述べていることとの関係で、実行行為と実行の着手を分けるかどうかという問題がありますが、実行行為というものを観念するのであれば、着手というものも考えられるのではないかという問題が出てまいります。

そうしますと、今度は逆に、客観的な実行行為とは何かという問題が出てくるわけですが、この実行行為を客観的な注意義務の違反と考え、しかもその客観的な注意義務を広く、例えば管理監督過失でいうところの、安全体制の確立義務という風にとらえていきますと、千日ビル火災の時にそうでしたように、40年間同じ防火体制だったというような場合に、40年間も過失致死傷の実行行為があったのかという問題が出てまいります。

着手以上に広がる話ですが、前項で検討しましたように、この問題に対して最近、山中説が、実行行為の遡及的な構成という主張をされています。同じような発想は斎野説にもあります。どういうことかというと、40年間、実行行為はあった。ただしそれは結果が発生すること、あるいは危険が現実化することで、遡及的に明らかになることであって、危険が現実化するまで、結果が発生するまでは、問題にならない。つまり実行行為でないというのです。同じ事態が、火事が起こってから振り返ってみれば実行行為だったという、遡及的な構成を主張されています。しかし、そのような構成はきわめて不自然だといいますか、一見して受け入れがたいという印象を我々はもっています。

具体的に、実行の着手というものをいわゆる主観的未遂論や目的的行為論などのように、行為者の犯行の決意というもので画するということになれば、犯罪行為を目指さない過失犯罪については、およそ着手というのはありえないという結論になります。しかし、客観的未遂論から出発して、例えば

結果発生、ないし既遂の切迫した危険というのが着手の時点だ、と考えますと、理論上は故意の有無にかかわらず、着手というものは存在するということになります。
　例えば、ハンターが人間を動物と誤認して、引き金に手をかけたというような場合ですね。これは故意の殺人罪でいうところの、着手未遂に当たるということになります。ただし、これは面白い問題ですが、過失犯の場合には、故意犯で問題になっている未遂の故意あるいは意思、ないし犯行計画というものが、およそ存在しないわけですけれども、でもそれと同じようなものが過失犯の場合に存在しないか、似たような問題が起きないかということが、一つ問題になります。その点で言いますと、切迫した危険を基準とする考え方でも、次に何をするつもりかという意味での意思は、危険の有無や程度に影響すると考えることが可能です。つまり、先ほどのハンターの例で言いますと、引き金を引くつもりがあるかどうかです。引くつもりがあるということを我々は前提にしていますので、ハンターが獲物と間違えて、人間に銃口を向ければ危ないと判断するわけです。
　この問題を突き詰めていきますと、実は未遂犯の故意だけが主観的違法要素だということではない、という話にもなってまいります。より一般的に次に何をするつもりかということが、危険判断に影響を与えるということになります。しかし、実際にはもちろんこういうものを過失致死罪や致傷罪の未遂として処罰する規定はなく、むしろ独立した危険犯として、行政刑法で処理される場合が多いかと思われます。実際にはそういったものが、過失致死傷罪の未遂的な役割を果していると評価してもいいと思います。
　それは、故意犯でいえば殺人の未遂ではなくて、傷害既遂で処罰するというような形です。具体的な行為態様を規定した抽象的危険犯や行政刑法的な規定をおいて安全を図ることの方が、刑事政策的にはすぐれているということです。
　そういう話をしますと、過失犯に未遂を考えるとしても、現行法上そんなものはないのだから実益がないと思われがちですが、じつは理論の実益はございます。特に重要なのは、共犯者が正犯者に故意があるものと誤想したという、故意の誤想のケースです。そういうものについては、通説も故意のない正犯に対する共犯を認めるわけです。これは言葉のうえでは認めないと言っていますが、実際は認めるということを前著『レヴィジオン刑法１共犯論』で申し上げました。

そうしますと、これは既遂だけの話ではないのです。正犯が既遂に至った場合だけでなく、未遂、失敗をしたという場合ですね。その場合にも、同じ問題が出てくるということになります。毒入りの牛乳であることをすっかり正犯が失念をしていて被害者に飲ませましたが、病院に運ばれて一命をとりとめたというようなケースを考えるべきです。このような場合に通説が考えるように、正犯に故意がなくても、背後者に殺人未遂犯の教唆とか幇助といった共犯が成立するとなれば、共犯の実行従属性のゆえに、観念上は故意のない正犯について、未遂というものを認めたということになるわけです。その意味では、明らかに故意のない者に対する着手・未遂段階というものを、どういう基準で判断するかという問題は、通説に対しても突きつけられている問題だと思います。そう考えると、実は犯行の決意を決定的に重視する見解は、この問題に答えられない。またそういう場合は、共犯は成立しないという結論になります。

(4) **未遂の本質**

最後に、この章の役割を越えているのですが、そのように故意のない犯罪について、過失処罰規定がなければ犯罪でもないかも知れませんが、故意のない行為についても未遂ないし着手というものを観念するという風に考えますと、未遂というものは今申しましたように、あくまでも行為者が自分の意思を実現しようと試みた、という話で考えてはいけないということになるのです。また、被害者が錯誤に陥ったためにそのように見えた、というのでもだめです。そうではなくて、むしろ刑法、あるいは刑法を含む法律問題は、常に行為者、あるいは行為者から被害を受ける被害者といった、一人、あるいは二人の問題ではなくて、常に第三者である社会があって初めて成立する、コミュニケーションの問題だとするヤコブス説のように考えますと、未遂あるいは着手というのは、社会的な問題状況が発生したとして、刑法が未遂処罰規定で、それに介入すべき時点ということになります。したがって、これは行為者がどう考えたか、どうしたかということではなく、社会にとって出来事がどのように受け止められたか、これは大変だというように受け止められたかどうかという事になってくるわけです。

そういう問題を、単に実務上あるいは認定上の問題だと考えるのではなくて、犯罪および刑法というのは社会現象である、社会の中の出来事であると直截に認めるならば、むしろ例えば着手における到達時説とか、先ほど申しました故意のない過失犯でも未遂があるとか、あるいは第 2 項（⇒ 15頁）

> で申しました、実際には予備の処罰も着手直前の行為、あるいは既遂にまで至ってしまった行為という段階で、初めて発動されているという現象も、むしろ、刑法の持っている本質から考えれば、自然なことだという風に考えることができます。

〔討　　論〕

Ⅰ．未遂と故意

中山　一番最後に言われたのは興味ある指摘ですが、通説は故意というものを未遂犯の出発点とし、かつ最終的な未遂としての性格を、故意犯に限定するという志向が強いですね。そうではなくて、結果の側から論じられた危険の具体的段階という風に考えるのであれば、行為の持っている危険性が問題であって、行為者が何を考えていたかということは、責任の段階で明らかにすればいいことであるという考え方が成り立ちうるので、そういう意味では過失犯についても理論的に、未遂がありうるということを認めることは、実益を越えた問題があると感じました。

浅田　刑法が未遂処罰規定で介入すべき時点という言い方をした場合に、過失犯の未遂はそれに当たると考えているのでしょうか。

松宮　もちろん過失しかない、故意のない人物に介入せよと言っているのではないのですよ。その人物を媒介にして、背後の故意のある共犯には介入できるということです。

浅田　過失犯の未遂も刑法で処罰規定なり、介入する根拠としての規定を置くべきだということを言っているわけではないわけですね。

松宮　そうではありません。

浅田 現行法には過失犯の未遂はないわけだから。ただ現行犯逮捕ができるかどうかという問題があります。たとえばピストルに弾が入っていないと思って、実際には弾が入っているピストルで相手を狙った時に、現行犯逮捕ができますよね。できませんか？

松宮 厳密にはできないんですが、準現行犯に当たるかどうかという問題があります。

浅田 厳密にはできない？

松宮 できないですよ。だって過失致死傷の未遂は犯罪じゃないですから。銃刀法違反なら別ですが。

浅田 そういう意味で介入できないということになると、故意犯と過失犯との区別が違法のレベルで行われていることになりませんか。

松宮 「着手」という出来事がなければ故意犯でも介入できないわけですから、そういうことが起こったということを未遂処罰の第一関門としてとらえていただければいい。なぜ第一関門にすぎないかといえば、準現行犯以外の現行犯逮捕の要件は現実の「犯罪」であり、そこには責任要素も含まれるからです。ただ、残念ながら、未遂処罰規定がある場合での第一関門、と言わざるをえないですね。ドイツですと、政治犯罪以外は予備罪の処罰はほとんどありませんので、着手か予備かは、基本的に刑法の介入時点を決める概念だと、率直に言えるんですが、第2項（⇒14頁）で言いましたように、包括的予備規定がいくつかある日本の場合にはこういう限定を入れざるをえないというわけです。

中山 例の共犯の故意の誤想の問題との関連で言われた点について、これはその通りだと思うのですが、そのことから、故意がなければ未遂がないという通説の考え方への反論が直接出てくるのでしょうか。例えば正犯の故意がなくても共犯はあるとしても、共犯者には故意が必要なのでしょう。

松宮 そうです、もちろん。

中山 だからそこで通説は、その故意犯の未遂だという風に言うだけであるということにはなりませんか。

浅田 間接正犯にしない場合ですね。

松宮　もちろん、その場合です。間接正犯が通説でも成立しないわけですから。

中山　教唆犯になると、教唆の未遂になるから処罰されない。

松宮　そうそう。実行従属性は、正犯の実行を基準にしますから。

中山　そうすると、これは通説も認めているところですから、教唆犯になりますので、未遂はありえず、教唆未遂はありえないということになります。

松宮　背後者の故意だけでは単なる教唆未遂ですから、実行従属性を前提にする場合は話になりません。

浅田　これは錯誤の問題で、通説の立場から言いますと、実行者に故意がなくて過失という場合には、客観的には間接正犯で、教唆した者は主観的に教唆犯だということになりませんか。

松宮　教唆犯の客観的成立要件が問題です。

浅田　だからその重なる範囲で教唆犯ということになりませんか。

松宮　重なるためには、教唆犯は正犯に故意がなくても成立するという風に言っておかなくてはいけない。

中山　そこが問題ですね。

浅田　そこは共犯のところで出てきた問題です。

松宮　出てきました。未遂でもやはり重なると言うのであれば、同じように故意のない正犯にも未遂はあると言っておかなければいけない。

浅田　その場合に、通説が客観的には間接正犯だという言い方をする時には、教唆者をX、実行者をYとしますと、XがYに働きかけた時点で、通説からいくと、客観的にはすでに実行の着手はあったということになるのでしょうね。

松宮　ただし、その場合は間接正犯の故意がないですね。

浅田　だから客観的には間接正犯で、実行の着手は教唆者Xの利用行為時点ですけれども、主観的には教唆だと思っているということで、両者の符合を問題にした場合、はたして正犯Yの実行の着手が、教唆犯成立の要件になるかどうかが問題になります。客観的には間接正犯ですから、後は故意

がそれと符合していればよいとしますと、正犯に当たる Y が実行に着手していれば教唆として処罰できますが、Y が実行に着手していない場合には、やはり教唆の未遂で処罰できないということになりそうですね。

松宮 仮に利用行為自体が着手だと考えたとしても、背後者にはその認識がないですね。つまり実行行為の認識がないですね。

中山 教唆の故意しかないのですよ。教唆の故意しかなくて、事実は間接正犯なので、通説は止むなくこれを教唆犯と間接正犯が重なるとし、それで教唆犯だとするのです。その結論はいいのですが、それを認めてしまうと、現実には故意のない者を教唆したことに結果的になるのです。

浅田 そうなるのですが、客観的には間接正犯という、より重い犯罪が成立しているというのが、通説の説明ですね。

松宮 それはまやかしであって、適条に教唆犯を使うのであれば、教唆犯の成立要件は充たしていないといけない。そしてそのためには、従属性説を前提にすれば、背後者に着手が認められることではなくて、直接行為者に着手が認められることが必要なのです。教唆犯の成立要件が間接正犯と重なっているということであれば、これはだれも文句は言わないわけです。正犯に故意が生じなかったときには教唆犯の成立要件が厳密には充たされていない、というのが通説の前提であるわけでしょう。にもかかわらず重なるというふうに、いつの間にやらごまかされてしまっている。それは極端な話をすれば、殺人と窃盗が重なると言っているのと同じぐらいひどい話ですよ。

浅田 西原説のように、実行の着手は間接正犯の道具の行為の開始時点だという場合にも、同じですか。

松宮 その場合でも、教唆犯の客観的成立要件自体が正犯と言いますか、実行者の実行の着手でしょう。そうなると実行者に着手があったということが言えなければ教唆犯は成立しないわけです。より正確には犯罪の実行の着手ですね。そうすると、それは本来、直接の実行者の行為を基準に決めていたはずなのです。背後者を基準に背後者の行為がいつから着手になるかという間接正犯の議論とは質の違う問題です、教唆犯を適用するというのは。

中山 この問題は、通説にとっては非常に苦しいので、前野説がすでにこ

の矛盾を指摘していたのですよ。ところが通説はこれを無視してしまって、まったく歯牙にもかけていなかった。ということは、気がついていなかったのでしょうか。

松宮 いえ、正確には既遂の形態では、大塚先生が間接正犯の研究をまとめられた時に、あの中の論文の一つに入っているのです。

中山 それは、大は小を兼ねるという形でしょう。

松宮 そう、結論は。それはドイツの少数説ですね。イエシェックの第2版の教科書がそういう結論だったのです。ちょうどドイツで刑法総則の改正作業をやっている時で、正犯に故意がなくても共犯を認めるか否かで大論争をやったことがあるのです。それで、第2版の後イエシェックは、改説してやはり駄目だと言ったのです。正犯に故意がいると、故意を必要条件としてしまうのであれば誤想したってやはりだめだ、論理的には成立しない、という風に考えを改めたのです。ところが大塚説は第2版などの、もはや解釈論としては消えた説と言ってもいいんですが、それを引いてきて、ドイツでも言っている人がいるから大丈夫だと言い、それから日本の議論がストップしたのです。

II．真正不作為犯の未遂

中山 他の問題ですが、不真正不作為犯の未遂のところで、手放しではまだ早いのではないかという議論があります。これは日本の未遂判例がはたして妥当かという問題にもからみますから、難しい問題ですが。真正不作為犯の場合は、この点はあまり実益はないのですね。

松宮 少ないですね。未遂と既遂が仮にあっても非常に近いので。

中山 保護責任者遺棄罪については未遂がないというのは……。

松宮 218条が基本犯で、219条はその結果的加重犯という関係になっていますから、218条の成否ということで正面から論ずれば足ります。

中山 219条は、真正不作為犯から結果が出た時に結果的加重犯をみとめる、唯一の規定ですね。

第1章　未遂犯論

松宮　刑法上はそうです。

浅田　不保護罪の場合、実質的客観説で考えて、不保護罪の法益は人の生命であり、生命に対する危険犯だと考えた場合、生命に対する具体的危険が発生する時点と不保護を開始した時点とは、ずれるのですね。その時、どこから未遂にするかと同じような問題として不保護罪が成立するかどうかが問題になります。

松宮　これも要件上は、生存に必要な保護をしないのであって、保護をしなかった結果、生存に危険が生じた、ではないのですよ。

浅田　生命に対する具体的危険犯とは考えられませんか。

松宮　ですからこれをいわゆる具体的危険犯というのではなくて、その保護の不作為自体が生命に危険な状態を放置するような不作為だったらどうか、という風に、行為の中に読み込む方がやりやすい解釈だと。

中山　解釈論的にはね。

浅田　そうすれば、ずれないということですね。

松宮　ええ。例えば2時間おきに授乳するというううちの1回ぐらい飛ばしても、たしかに保護はしなかったけれども、まだ生命に危険な状態じゃないから、生存に必要な保護をしなかったとは言えない、という風に言えます。

中山　例えば保護責任者遺棄罪には遺棄致死罪がついていますから、そういう場合にのみ真正不作為犯から結果が出たときを処罰するのであって、それ以外の場合は真正不作為犯からは結果加重犯は一切成立しないという解釈は不可能でしょうか。例えば、道交法上の救護義務違反の結果として、遺棄すれば遺棄罪、死亡すれば遺棄致死罪、さらには不作為の殺人罪にまで拡大して行くのは問題だと思うのですが。

松宮　ちょっと難しいですね。救護義務違反は真正不作為犯で、非結果犯ですね。保護責任者遺棄罪は致死を含めば、真正不作為犯で結果犯。どちらも真正不作為犯ですね。

中山　法律が218条で遺棄罪を定めているのだから、それ以外の場合は処罰しないのだというようには解釈できないでしょうか。

松宮　不作為による殺人罪との関係でそういう主張はありうるのですが、

79

より抽象的危険犯的な、一般的な保護義務違反犯罪については……。

中山 最近、松宮さんの不作為犯論を読んで感じたのですが、不作為犯論が真正不作為犯をすっ飛ばして、不真正不作為犯の方に議論が集中し、それがあたかも本命であるかのごとく取り上げられているのがおかしいので、もっと行政規定などを充実して、きちんとした予防的な軽い真正不作為犯を独立に規定することによって、行政とか民事との接点を探るべきでしょうね。

松宮 結局それは218条の解釈の問題で、いったん218条にあたるようなひき逃げとなれば、刑が重いですから、やはりそちらを優先します。だから、一応従来の議論通りに、道交法違反よりもより重い形態のひき逃げですね、いったん保護を引き受けたのにという、そういう形態を218条にもっていくという解釈は、ここはあまり動かせないと思うのですが。むしろ問題は、そこからさらに不作為の殺人までもっていくとすれば、どうやって線が引けるかということでしょう。

浅田 むしろに殺人に限って言えば、不真正不作為犯を認める必要はなくて、真正不作為犯である本罪で十分だと思います。

中山 そうしないと、保護義務で区別するというのは難しいのですよ。

松宮 難しいですね。保護するべき義務自体は同じなのですから。平野先生のように、義務違反の程度に差が、と言われてもわからない。

浅田 従来も言われているように生存に必要な保護をしなければ死ぬわけで、殺人の未必の故意は当然に否定できないですね。

松宮 殺意での区別と言っても、その殺意をもう少し限定解釈しないと、未必の故意まで含むという意味では使えません。

Ⅲ．手放し説と具体的危険

松宮 先ほどの報告でちょっと修正が。手放し説の一つの問題点を忘れていました。手放しの時点で、具体的危険がまだ発生していない場合でも、ロクシンは未遂は認めるというのですが、それは私の未遂の考え方からいうと、例えば赤ん坊がまだ元気だというのであれば、保護責任者遺棄にはなり

ますが、不作為の殺人未遂にはまだならない。つまり問題状況としての、生命の危険があるというような問題状況には至っていないので、その点の手放し説には問題が残っています。

浅田 不真正不作為犯自体にあまり賛成ではないのですが、それを一応前提にして議論しますと、ここでも不作為の実行行為と未遂発生の実行の着手時期というのはずれてくるのではないですか。

松宮 そう思いますね。

浅田 そこで、先ほど着手未遂と実行未遂をどう区別するかの基準点について、結果発生の阻止が可能な最後の時点までが着手未遂で、それ以後が実行未遂だと言われましたが、着手未遂の開始時点は、やはり結果発生を想定して、その結果発生の具体的危険が発生した時点とすべきだと思います。これは必ずしも結果発生阻止が可能な最後の時点と同じではなく、もっと前という場合もありますね。実質的客観説で考える以上は、結果発生の具体的危険が発生した時点から着手未遂になり、結果発生阻止が不可能になる時点からは実行未遂になるということになりますか？

松宮 阻止が可能か不可能かという判断も、実は行為者の立場での判断であって、例えば行為者が立ち去っても隣の人はまだ病院に連れて行って助けられるという事態がありますから、立ち去れば終了未遂、実行未遂と考えていいわけですが、それでも結果は防止されることはあると。そうしないとみんな既遂になってしまいますから。今さっき申し上げたのは、その具体的危険ですね、社会的に問題とすべき時点が立ち去り後に生ずることがあるわけです。

浅田 立ち去り後に具体的危険が生じた時には、不作為犯の実行行為自体は立ち去り行為だけれども、未遂になる時点はまた別であるということですね。結果発生の危険はまだ残っている……。

松宮 そういうことで考えればいいと思います。

浅田 これは実行の着手と実行行為を分けるかどうかという議論につながっていくわけですが。

松宮 ええ。過失犯でも同じですが、不作為犯の場合は作為義務を尽くす

べき能力を自分で奪うという形態ですね、いなくなってしまうというのは。それを早い段階でやった場合はどうかという問題でいえば、それでも着手は後の時点でいいという趣旨です。

Ⅳ．不退去罪の未遂

浅田 不退去罪の未遂ですが、これはやはり退去に必要な時間が経った時点で、不退去罪が成立すると同時に既遂になるので、未遂はないと思いますが。
中山 私はこの点については、判例はなく、学説も一般に否定的であるとしたうえで、作為義務の発生では早く、作為が具体的に可能となる時点までは着手はないとしていました。
浅田 未遂は無理ですよ、大急ぎで立ち去らなければならないことになります。
松宮 いや、それは相当な時間ですからいいのです。ただ、どう考えても、これは絶対にできかねないなとわかるのなら、その経過以前にわかりますから。
浅田 わかったとしても、まだ未遂ではない。
松宮 未遂じゃないですか？
浅田 ええ。退去に必要な時間が経って初めて成立と同時に既遂になるので、未遂はないと考えるのが適当と思いますが。
松宮 例えば玄関まで5分もかかる大邸宅で、もう4分経過したけど、ここにいるというような時。
浅田 その時点でもまだ未遂にする必要はなくて、5分経ってから既遂とするというのではいけませんか。
松宮 1分で玄関に行けないですよ。そうすると、もうはっきりしたと。1分で玄関に行けないし、本人も行く気はないようだ、だから捕まえて追い出すとか警察に突き出すという防衛行為ないし逮捕行為を、その時点でやるということが違法かどうかということになる。

そうすると、私なんかは、もうはっきりしたとして不退去罪未遂で捕まえて警察に突き出した人を、悪いとは言えないですね。

浅田　退去に必要な時間というのは、大邸宅で5分かかるという場合に、どうなるのかなあ。退去に必要な時間が5分で2分経ったという時点では、もう退去に可能な時間は過ぎているから不退去罪は成立する、とも言える。退去に可能な時間が経過しているにもかかわらずまだ居残っているのは不退去罪の既遂ということになりませんか。

中山　無罪か未遂か既遂かという三つの選択肢があるわけです。それをどこで線引きできるかですね。

松宮　だけど5分かかるということは、言われて素直に出て行って5分なのであって、強情張って今ここにいると、今からさらに5分なので、計7分かかることは間違いない。で、これは絶対出ていかない。

浅田　その場合には成立している。

松宮　2分で既遂ですか。逆に早いんじゃないですか？

浅田　いずれにしても退去要求に応じて退去しようとしている場合に、完全に退去するまでの5分間が未遂というわけではありませんね。

松宮　そうです。5分たったら未遂と既遂が同時に成立するのではなく、もうすでに5分以内に退去できないことが確実な場合に未遂が成立すると。

浅田　それはすでに既遂だとすると、やはり未遂はない。

松宮　そうではないのです。それは私が未遂だと言っているのを、既遂にしているだけで。

浅田　そうなるとしかし、不退去罪の既遂はどの時点かがさらに問題になります。

中山　退去に必要で可能な時間が5分間だとしたとき、5分経てば既遂になることは明らかでしょうが、その経過中の5分間のうち、さらに未遂としての危険性と可罰性が考えられるような余地があるのかという問題ですね。退去しようとしているような場合は、もちろん問題にならないと思います。

7 ◆不能犯に対する立法政策と処罰根拠

本項の問題提起

中山 不能犯に対する立法政策と処罰根拠について簡単にご説明いたします。

不能犯の学説・判例等については、後ほどまた項目をあらためて、各論的な議論をする予定ですが、その前提として、不能犯論全体を歴史的に眺めて現状をどう見るかという風な形で立法政策、処罰根拠といった問題について少し概観しておきたいと思います。

まず最初は不能犯についての立法・判例・学説の歴史ということで、少し歴史的な検討がこの問題について必要ではないか。これまでも日本や外国も含めて、ある程度歴史的研究がなされておりますけれど、まだまだわからないところもいくつかあるように思いました。

(1) 外国法の場合

まず外国法ですが、ごく簡単に言いますと、ドイツ法では、古くは、1808年にフォイエルバッハの作った草案に不能犯不処罰のいわば先例がありましたが、これが否定されたあと、19世紀以来の各ラントの立法は、不能犯の不処罰規定は全部見送るという形でずっときていたようです。1871年の帝国刑法典の43条も、それにならっていたということなのですが、その後、20世紀になってからの改正草案の中で注目されるのは、ワイマール期の1925年草案が、不能犯規定を復活して、不処罰規定を置いているという点です。しかし、1962年草案は逆に不能犯を原則処罰するという方向での規定、つまりぜんぜん触れないというのではなくてむしろ不能犯は原則として処罰するという方向に逆転した規定を置くことになり、それが、1975年施行の現在のドイツ刑法の23条3項に規定されたといわれております。その間1966年の代案が、この規定にクレームをつけて、修正をする規定を置いたのですが、結局見送られ、無視されて、原則処罰、ただし免除もしくは減軽の規定を置くということがドイツ刑法に定着しました。ドイツではしたがって不能犯を処罰する可能性は、立法上もう確立されていると見てよいでしょう。これに対して学説は、現在でも原則的な反対論というのはあまり目立っては主張されていなくて、むしろいわゆる印象説が通説的に支配しています。これは一方で

は意思を強調する迷信犯をも処罰すべきだと考える主観説と、他方では行為の危険を重視する客観説に立つ考え方との二元論的な発想から、いわばその中間的な印象説によって代表されていて、ドイツの学説の現状はそういう形になっている。つまりフォイエルバッハや、ミッターマイヤーやツァハリエなどの絶対不能・相対不能区別説は、現在では、古い考え方という風に考えられていると思います。

　フランス法ですが、これは、旧法である古いナポレオン刑法が長く続いておりまして、その各則の301条、317条、318条、それから新法の221条の5が不能犯に関わる規定だといわれています。これらは殺人と毒物罪、それから堕胎に関わる条文なのですけれども、旧法の301条、317条、318条、特に301条が今度の新法の221条の5に当たるもので、これが絶対不能を認めたものだと解釈されております。まだわからないところもあるのですが、旧法の317条、318条に当たるものは、新法には見当たらないのです。かつての絶対不能を認めた判例が2、3あったようですけれども、判例もこれを認めなくなってきていますし、法律や学説も、不能犯を積極的に認めるという方向には動いていないといわれております。

　英米法ですが、イギリスでは古く、不能犯を認めた判例、特に法律的不能、ここで法律的不能といっておりますのは、いわゆる手段の不能とか客体の不能というよりは、むしろ贓物であると錯覚したとか、他人の物を自分の物と思ったとかいう法律判断に関わる不能のケースですが、これについていくつかの無罪例がありました。それを巡って、激論の末、1981年に刑事未遂法ができ、その1条に原則として不能犯を認めないという立法者意思が明示されました。その後若干判例が抵抗を示したようですけれども、今日では、少なくともイギリスでは絶対不能を認めるという方向には動いていません。

　アメリカの方も、よくはわからないのですが、模範刑法典を見ますと、これはきわめて主観的未遂論にふさわしいように、行為者の信ずるところによればという風な書き方を最初からしております。これは西村説の紹介もあるのですけれども、不能犯論の入る余地は無いという風に考えられてきました。

(2)　日本法の場合

　そこで日本法ですけれども、不思議なことに諸外国の不能犯立法と比べると、日本の古い、旧刑法のできる前の日本帝国刑法草案とか日本刑法草案、これは明治の10年代だと思いますが、その中には、不能犯の規定が置かれて

いました。明治40年の現行刑法は、不能犯規定は置きませんでしたが、予備草案の23条、仮案の22条、それから戦後の準備草案、改正刑法草案は、いずれも積極的に、およそ結果の発生が不能の場合は、処罰しないという規定を、はっきり置いています。立法者の側にも積極的にそういうものに反対する意見というのは表立って出ていません。判例は御承知のように、古く不能犯を認めた判例がいくつかありました。けれども最近ではむしろ具体的危険説の方に近付いてあまり積極的に認めようとしない。ただし学説では、主観説というのもあまり主張されなくて、むしろ客観説が優位に立っています。外国に比べて、これは形だけかもしれませんが、客観説の中身の問題なのですけども、かなり、不能犯成立の余地を残すような、そういう余地を日本法は立法、判例、学説ともずっと認めてきたような感じがします。

(3) 学説の概観

以上のような概観を前提として、学説の分かれ方、考え方の分かれ方が典型的に出ている点を少しひろって、その主張の根拠、背景、ルーツといったものについてちょっと考察しておきます。まず日本の学説について考えますと、主観説の中では宮本説が純粋主観説といわれておりまして、意思の危険性というものを主体に考えるとしています。ただしこれも迷信犯は除くとなっておりますが、この除きかたも、結局危険がないからというのではなくて、むしろ政策的な配慮から考えられているので、故意が無いと見ているのかと思います。一方、牧野説は、犯罪徴表説といわれておりまして、因果関係では条件説の中に社会心理的な観点を入れるというところもあって、主観説とはいうものの外部的な行為の中に犯意が徴表されるという形で考えますので、純粋主観説というよりは、かなり行為の持っている外部的な、社会心理的な状況を考えているのではないかと思われます。問題は、このようないわゆる主観的未遂論が、因果関係の条件説とつながっているのではないのか、という指摘です。主観説を前提として、もし因果関係論を取り上げるとすれば、これは共犯論と関係があるのですけれども、客観的な因果関係では区別がつかないので主観で区別をする、そうしますと、未遂と既遂の区別も、主観的には共通していますが、結果が無いだけだという形での発想に近付くと、結果を重んじなければ、未遂は主観的に既遂と同一であるというのです。因果関係も実はあるかないかのどちらかであって、その蓋然性や偶然性というものは考えないとしますと、そこに一種の親和感というものがあるのかもしれません。

次に、抽象的危険説、もしくは主観的客観説といわれるものがありまして、これは木村説の考え方ですが、その中身を見ますと、行為者の計画が持つ法秩序に対する危険というものが、未遂犯の処罰根拠であるというのです。そうしますと、不能犯というものは、行為者の計画が法秩序に対する危険をもつ限りにおいては認められないということになってしまい、迷信犯は除くが、ほかは処罰するという方向になります。主観説との関係ですが、理論的にいいますと、主観説は意思の危険をいい、抽象的危険説の方はむしろ行為の危険をいうという風に分かれるように見えますけれども、実は、ここで意思と行為とは合体しておりまして、必ずしも主観説との間に明確な一線を画するというようにはなっておりません。むしろ、計画の危険説は究極的には、主観的な未遂論に帰一するという意味で、抽象的危険説の方は、主観説からのいわば一種の折衷説とこれまで考えられておりました。したがって、純粋主観説は迷信犯を含み、抽象的危険犯説は迷信犯を除くという程度の理解だったと思います。ところで具体的危険説と抽象的危険説はどこに違いがあるのかという観点から見ますと、これはよくわからないのです。というのは、抽象的危険説の方は、主観説の一種、具体的危険説の方は、客観説の一つに数えられておりますので、一線画するように見えるのですけれども、あえて言えば、行為者の意思に優位を持たせるのが抽象的危険説で、行為の危険性の方に優位を持たせるのが具体的危険説として位置付けることができるのではないか。ただし両者は、実は案外親近感がある。例えば、西原説は、最初木村説と同じように、計画の危険説・抽象的危険説を取っておられたのですが、その後、具体的危険説に改説されている。しかし基本的にはやはり計画の危険説ですから、そんなに変わらないはずなのに具体的危険説と融合できるという意味で、両者の関係について一方を主観説、他方を客観説という限界設定は必ずしもはっきりしないものをもっているように思われます。

(4) 具体的危険説

ところで、現在の通説は、具体的危険説なのですけれども、具体的危険説は今日では行為無価値の事前判断を行為の危険の基準とするという意味で、広い意味で印象説といわれているものに帰一するのではないか。これはフォイエルバッハなどの旧客観説に対して新客観説といわれて、ドイツではリストの発想、考え方という風に考えられてきているのですが、リスト自身は条件説の論者だといわれております。因果関係論が相当因果関係説に移行する

につれて、具体的危険説が現われるという関係があるのかどうかが一つの問題ではなかろうかと思いますが、そういう風に因果関係論の動きによって不能犯論が動いたというような関係は、必ずしも立証されていないのではないかと思います。

問題は主観説との関係なのですが、具体的危険説も、実は、行為者の主観、特に行為者が知っていた事情を前提と致しますので、その意味では、主観説とのつながりをもっていますし、それから、行為時の社会の一般人の印象という風に考えますと、これは抽象的危険説との接点も同時に持っている。つまり、具体的危険という具体的とは一体どういう意味なのかということが実は問われるわけですけれども、この肝心の点がはっきりしない。結果発生の具体的危険という風に普通は言われるのですが、その実体が主観を前提とした一般的認識だとすると、それは広い意味の法秩序に対する危険と紙一重になる可能性がある。そういう意味では、抽象的危険説と具体的危険説とは、結論において、明確な相違があるかというと、実はこれも怪しい。つまり、迷信犯を除くという点ははっきりしていますけれども、それ以外に、抽象的危険説以上に不能犯をどういう場合に具体的に認めるかということについては、はっきりしないのです。

ただし、この同じ具体的危険説の中に、実は二つの方向があるのではないかと考えられます。一つの方向は、抽象的危険説に近付く考え方で、主観を重視し、一般的認識、事前の認識を主張する事前判断と主観というものにウェートを置くような具体的危険説、つまり行為無価値論的な具体的危険説と、他の方向は、例えば平野さんとか、大沼さんなどのように、ドイツではシュペンデルがそうだといわれていますが、むしろ主観的なものは、ここでは抑制的に考え、むしろこれを、積極的に考慮しない。しかし、具体的危険としては、一般人の認識を考えるとしますので、例えば、部分的に客体の不存在の場合とか、例のフランスレース事件等を初めとする法律的不能、それから、例えば、本人が贓物だと思ったからといって贓物になるわけではないといったような形で、これに一定の歯止めをかけようとする。もう一つは、行為の平穏性ということで、平野説でも、コーヒーに青酸カリと間違えて砂糖を入れるのは、行為形態がいわば平穏だから、これは不能犯にするとか、そういったように具体的危険説の中で具体的な結論における相違が存在することも事実ではないかと思います。それが、なぜ、どういう形で分かれるのかという点を検討すべきではないかと思います。

(5) 客観的危険説

　最後は客観的危険説といわれるもので、これが今日結果無価値の事後的判断として、比較的日本では有力に主張されるようになったわけですが、そのルーツは、かつての絶対不能・相対不能説にあった。これはドイツのミッターマイヤーが主張したものだといわれておりますが、これに対しては非常に批判が強いのですね。恣意的であるとか、区別の基準が定かではないといった形で反対されておりますけれども、しかし、私個人は、案外これが現実的な妥当性を持つのではないかと思っています。ともかく、これが旧客観説であって、それをいわばモデルにして今日客観的危険説というものが主張されるようになった。

　問題は、具体的危険説との関係でありますが、これを徹底できないという一つの壁のようなものが実は意識されております。なぜかといいますと、あらゆる因果的な判断を事後的に判断していけば、すべての未遂は不能犯であるという、例の常套的な批判に耐えられなくなり、したがって若干でも何らかの抽象化、といいますか修正を施さないと未遂犯というものの出てくる余地がないのではないかというのです。つまり不能犯と可罰未遂と区別するためには、何らかの抽象化がいるとし、例えば山口説が、それを修正された客観的危険説として提案するようになりました。これは結論的には、具体的危険説に接近し、場合によっては、基準がいまだはっきりしませんが、一種の仮定的事情を入れることによって、処罰される場合と処罰されない場合を区別しようとしている。どこに決定的な相違があるのかという事なのですが、私は相対的不能・絶対的不能、というものによる区別を、もっと徹底して論議するべきであって、それを離れて仮定的事情によって抽象化していくという方向を取りますと、これは具体的危険説の帰結とほとんど結論的には変わらなくなってしまうと考えます。

(6) 不能犯処罰の要求

　最後に、なぜ、消しても消しても不能犯処罰の要求が出てくるのかという問題なのですが、一つは行為主義の問題と、それから謙抑主義の問題があると思います。もちろんご承知のように不能犯をなぜ処罰しなければならないのかというのは、いろいろ理由があるようですが、一つは一般予防でして、こういうものを放置しておくと国民感情が納得しないというような、そういう不処罰に対する一般感情の反発、法秩序の維持とか、社会不安の除去といったような一般予防の観点、それから、反復の危険、迷信犯で失敗した者は

またやるかもしれないというような、特別予防の必要性といったような、不能犯を否定すべき一般的な雰囲気というものが、歴史的に形成されておりまして、それが外国法を含めて不能犯を否定してしまうという考え方の基本となっているわけです。逆に不能犯を部分的にでも肯定するという根拠を求めるとすれば、一つは行為主義で、やはり意思なり主観による処罰というのは避けるべきであり、その場合の行為が単に外部に現れた行為だけではなくて、危険のある行為でなければいけないのではないか、結果に対して危険のある行為のみが処罰されるのが本来の行為主義ではないかという、行為主義の見直しですね。もう一つは、謙抑主義で、結果が出なくて、しかもそれが非常に偶然極まりない、しかもおよそ結果発生が不可能であるような場合は、やはり処罰を控えるべきであるというそういう発想ですね、ドイツでもおそらくそういう考え方を取る人は、印象説の中でも、やはり迷信犯を除くべきであるという議論が出てくるのは、そういう発想があるからではないかと思います。

(7) その他の問題点

そのほか、いくつか問題を出しておきたいと思います。まず、例の構成要件欠缺論というのがありまして、これは、実は形式的客観説の産物だといわれて、今はほとんどかえりみられないのですけれども、構成要件の要素のうち、因果関係以外の部分について欠けていれば未遂はないのだということを主張する、いわば不能犯を認める一つのきっかけにもなった議論でもあるので、この議論の理論的・実践的な役割についても検討しておくべきではないかという問題提起をしておきます。

それから、先ほど言いました因果関係と不能犯論の関係ですが、これが、よくわかりません。最後にわからないところは、客観的事後予測という言葉が使われるのですが、この意味がかつてからよくわからないのです。具体的危険説が客観的事後予測に立つといわれるといかにも何か事後判断が入っているような印象を受けるのですが、結果的には事前判断で処罰をするということになっています。率直に言いますと、この考え方だと結果の発生しなかった理由は問う必要がないということになって、行為時の一般人の印象だけで可罰性が決まってしまうということになる。なぜそれを客観的事後予測というような言葉で説明するのかという点がわからないのです。

〔討　　論〕

Ⅰ．フランスの不能犯論

浅田　歴史のところは議論しづらいのですが、日本の法案には不能犯規定が定着していたのに、法律にはならなかったという点です。法案に定着していたというところを探っていくと、結局ボアソナードにさかのぼるということになるのでしょうか？

中山　そうなのです。ところが肝心のボアソナードの本国のフランス刑法は不能犯規定をもっていないのです。

浅田　ボアソナード自身が日本では自己の折衷主義的な立場から、フランスのナポレオン刑法典から離れた規定を考えたということになりますか。

中山　むしろフランス刑法の未遂規定の仕方が客観的にできていて、不能犯を入れる素地があったのではないかという風に思いますが……。

松宮　ところが、本国フランスでは特に19世紀後半にターニングポイントがありまして、一橋の青木さんの研究によりますと、判例はナポレオン刑法典に基づいて相対的不能・絶対的不能説よりさらに徹底した客観的危険説を採っていた時期があって、それが相対的不能・絶対的不能区別説に変わって、それがミッターマイヤーなどに影響を与えたと思うのです。ところが19世紀の終わりごろになるとこれが主観説に変わる。

中山　なるほど。

松宮　そのきっかけの一つとして、第1項（⇒ 11頁）でも触れた堕胎の不能未遂の処罰がある。それがフランスの人口政策、特に対プロイセンですね。つまり、ドイツとの戦争を意識した人口政策を反映していると青木さんはいうのですが。

　ですからフランスの場合は総則の簡潔な未遂の定義規定を巡って180度純粋客観説的な見解からぐっと主観説的な見解に変わっていく、判例で転回し

ていくというのが歴史だと彼はいうのです。

浅田 日本の判例について、野村説は、判例は絶対不能・相対不能区別説だといわれているけれども実態は具体的危険説だと言っています。このように、判例も具体的危険説だという評価は強くなっていると思うのですが、具体的危険説の場合にはなぜ結果が発生しなかったかという結果不発生の理由は本来はいらないという点が重要だと思います。事前判断である行為時の一般人の印象でいいわけですから。それにもかかわらず日本の判例は、やはりなぜ結果が発生しなかったかについて鑑定等を用いて克明に判断しています。その点からすると私は、日本の判例は具体的危険説だといってしまうのは、結論だけを見ればたしかにそういう傾向はありますけれども、やはり違うのではないかと思っています。

II．客観的事後予測

中山 具体的危険説の解釈にもよりますけれども、私が最後に少し触れましたように、「客観的事後予測」という言葉が使われるからには、やはり事後から眺めてそのときの一般人の判断がどうだったかというのを考えるのではないでしょうか。

浅田 客観的事後予測という表現は、客観的危険説の立場からも使うことはできませんか。私は、客観的事後予測というのは、なぜ結果が発生しなかったかという事情を、事後的に明らかにしたうえで、行為時にまた戻って、結果発生の可能性がどの程度あったということを予測するというように理解すべきだと考えているのですが。

松宮 いや、ちょうどこの時期、19世紀の終わりから今世紀の初めに相当因果関係説が出てきますね。提唱者はクリースですけれども、クリースの論文は実は、既遂の場合の因果関係の相当性だけではなくて、客観的可能性概念、これをまず提唱する。そういう未遂の危険性判断のやり方をまず主張して、それで相当性判断をやるという風に両方言っていたはずなのです。この客観的可能性判断ということが、実はブーリーやライヒスゲリヒトが採って

いる条件説を前提にしつつ、それを何らかの形で全条件のうちの一部分を抜き出さなければならない、抜き出すためには行為者の立場でわかっているものだけ抜き出すのだと、当初はいわゆる主観説を採ったわけですね。行為者が認識していた事情、そして徐々にその認識できた事情というように変えていきますけれども、それをもってこのあとどうなるかを予測するのだが、予測主体は行為者ではない。本人は希望的観測でやるかもしれないけど、予測主体は客観的な人間なのだと。こういう主張だったと思うのですけど。だから、客観的事後予測という議論はやはりあくまで行為の時点に立って、でも予測する人間は行為者ではないですよ……。

中 山 そういう意味で客観的というのですか。

浅 田 事後的予測ではないわけですね。

松 宮 後を予測、事後を予測するのです。事後的な判断ではないのです。

中 山 そこが非常に大事なことなのですね。

III．因果関係論と未遂・不能犯論

松 宮 これはブーリーなどがいうように、条件はすべて等価であって、条件によって重い軽いがない、だから結果もあるかないかであって、一定の条件だけが重い危険な条件だということはないという主張に対して、条件はそうかもしれないが、それを見る行為者の側から見れば条件を絞ることで、可能性判断が可能だ、という反論の仕方をしたのだと思うのです。

中 山 だから、可能性判断が出てくるというのは、やはり因果関係と関係があって、条件の一本化ではなくて、そこに一定の濃淡とか幅を、蓋然性という形で認めてくるという考え方が、未遂論に波及すると、危険の有るものと無いものとを区別するという基準の方へ影響してくるというわけですね。

浅 田 以前は、危険は事前判断、因果関係は事後判断といわれていました。その場合、先ほど言われたように因果関係論自体が、正犯行為を探すための道具と考えられていて、結果が発生した場合にさかのぼっていって正犯行為を探し、その中に重要なものを見つけるという判断だったわけですか

ら、それを逆にいえば、重要なものというのは結果発生の危険のあるものだということで、因果関係の判断と危険判断とはつながっていたように思います。だから、相当因果関係説が出てきた当初は相当因果関係説と連動して具体的危険説、印象説が出てくるということになるのではないでしょうか。ただそれが客観的危険説でははたしてどうなるのか、どういう親近性があるのか。一応客観的危険説を採る人はほとんど客観的相当因果関係説を採るということであれば、判断基底の部分が共通するという形でつながってくるということでしょうか。

松宮 いや、相対的に、因果関係の問題と未遂・不能犯との問題は別だった時代がありまして、ところが、そういう条件説との対抗の中で出てきた相当説はむしろ両者は裏腹の関係だとして、両者をくっつけたのではないかと思います。だから具体的危険説と相当因果関係説は双子の関係だと。

浅田 ただ折衷的相当因果関係説だとその親近性が残るのですけれども、客観的相当因果関係説を採り、客観的危険説を採った場合に、両方とも事後判断ですね。そこをどう考えるかというのが、客観的危険説に立つ場合の今後の課題だとは思うのですが。

IV. 事後予測の主体

松宮 もう一つの問題は、そのときにクリースなんかは、おそらく事後予測の主体は、実はかなり科学的な人間を考えていたと思うのです。これはエンギッシュもそうでして、彼の説は相当因果関係説の折衷説だといわれているのですが、判断基底についても行為者の立場に置かれた、しかし慎重な人間を基準にし、判断基準もまた非常に専門知識に通じた人間で、今でいうところの科学的一般人ですね。したがっていわゆる相当説、あるいは具体的危険説的な思考の中に、科学的な一般人を基準に入れるのか、迷信深い素人を基準に入れるのかという議論がここで起きたのだと思います。今ちょうど日本でも同じことをやっていまして、平野先生は科学的一般人ですけれども、大谷先生は素人的一般人だと。

中山　素人的一般人だと、単なる印象になってしまう。

松宮　そうです。いわゆる印象、一般人の印象というのは素人的一般人を判断基準に置くということです。

中山　この点で、木村説は抽象的危険説といわれながら、科学的一般人という言葉を入れてきたおかげで、硫黄事例を不能犯にするのです。

松宮　そうですね。科学法則についてはむしろ科学的一般人でいいというのです。

浅田　先ほど、抽象的危険説について主観説との関係で、意思の危険と行為の危険ということを言われ、具体的危険説との関係で、行為者の意思の問題を言われたのですが、抽象的危険説と具体的危険説との違いは、行為者の生の意思が基準になるのか、一般人の意思が問題になるのか、という点にあって、通常の場合行為者が考えていることがよほど突飛でなければ、一般人の意思と共通すると思いますが。

中山　だから、ほとんどの場合は重なるのです。

浅田　そこが重なると抽象的危険説と具体的危険説との違いは無いので、かなり突飛なものしか除かれないということになると思います。

中山　だからそれが、いわゆる迷信犯的な場合なのです。変わってくるのは。それ以外はほとんどありませんね。

浅田　計画の危険性説では、計画がまさに迷信犯的なものであるという場合しか除けない。いずれにしても中心は生の意思です。それに対して具体的危険説や客観的危険説は、行為者の生の意思ではなくて、一般人の印象あるいは科学的な判断ということになりますか。

中山　いや、それはしかし、抽象的危険説の場合でも、行為者の計画を、科学的一般人の観点から見るというのであれば、結論は変わらないように思いますが……。

浅田　しかし処罰の対象は意思ですね。

中山　たしかに、計画通りに行われたならば危険かという形をとっており、意思や計画に対する判断という形をとっていませんが、計画の迷信性を問題にすれば、結局同じ事になるように思いますが。

松宮　そうしますと、具体的危険説との違いは、現実が計画とずれていることに一般人なら気がつくという場合に出るのですね。
中山　だから、中説では、こんなものを見たらみんな笑うだろうという、ナンセンスな場合だけが除かれるのであって、その点では、両方とも結論はそんなに変わらないことを認められています。
浅田　主観説、客観説といいながらですね。
松宮　むしろ、逆に判断基準に科学的一般人を持ってくるか、素人を持ってくるかに、実際的な違いがあります。
中山　そちらの方が実際には決定的なのですね。
松宮　むしろ、判断基準に素人をもってくることで、具体的危険説の方が可罰未遂の範囲が広くなるということもあるのです。

Ⅴ．絶対不能・相対不能

中山　絶対不能・相対不能という考え方に対しては、抽象化の度合いとか、場合によって恣意的になるという反論がよく見られるのですが、ミッターマイヤーは、客体の不存在の場合が絶対不能だというところは、譲らなかったのです。これは質的な問題ですから。しかし、手段の面では、むしろ量的なものが入る可能性があるので、その部分は、相対化して考えるというのが元々の発想だった。ところが、毒物でも極めて少量になってくれば絶対不能になるではないかという議論もあるのですね。私もそう思います。100ccが致死量の場合、1ccだったら、どんなに弱い人であれ、どんな条件であれ、絶対不能だといってもいい場合がありうるのではないかと思います。その点を、ミッターマイヤーは少量の場合でも相対不能だといったおかげで議論が混乱してしまったと言われているのです。そこさえ復元させれば、十分今でも使えるのではないかと、私は思っているのですが。
浅田　そうですね、私も賛成なのですけれども、科学的な進歩というのは時代によって違っていて、同じような状況が、科学が進歩することによって、絶対不能になることもあるように思います。

中山　つまり、発生することが、およそ不可能という場合と、およそではない不可能の場合との区別がはっきりしているのかという問題なのです。

浅田　その区別は、時代の影響を受けて当然だと思うのです。科学的知識が蔓延してくれば、それに応じて不能犯の範囲が本来広がっていっていいはずです。その時代の科学的一般人を想定して、それが危険と感ずるかどうかという判断が必要で、そのためには、問題は、なぜ結果が発生しなかったのかということを事後的に裁判で明らかにして、結果の発生する確率がどのくらいだったかという判断をせざるをえません。ところが、この確率論のはっきりしないところが一番の問題で、確率論自体に主観が入るという説もあります。この問題を何とか解決して、客観的に結果発生の確率がどれくらいだったのかという判断さえできれば、後はそれをどこで切るかについては法的判断が必要だと思います。1％と100％であれば明らかですが、30％の時、50％の時どうするか、この判断は法的判断ということになります。

中山　不能犯というのは、およそ結果が発生しないことが明白な場合が落とされるのであって、ある程度の危険が予測される場合は、それは未遂とせざると得ないのではないかと私は思っていますけれど。そもそもは、例外規定ですから。

浅田　弾の入ったピストルで撃って当たらなかった場合、どうせ最初から狙いがずれてるのだから、当たるはずはないから絶対不能だなどと、客観的危険説は別にそういうことをいっているわけではありません。弾の入っていないピストルを弾が入っていると思って撃った、これは絶対不能ですが。

中山　やはり絶対不能でしょうね。

VI．不能の意味

松宮　ちょっと話を戻しますが、判断基準に素人的一般人か科学的一般人か、おそらく具体的危険説のルーツは科学的一般人、クリースは多分そうだと思っているのですが、大谷先生が素人的一般人にする、それは素人に対して刑法は行為規範を示すからだ、とおっしゃるのは意味が無い。というの

は、先ほどいいましたように、そもそも未遂自体が行為規範とは関係がない。というのも、未遂処罰規定のない器物損壊罪だってやってはいけないという点では一緒ですから、論拠にならない。これに対して、絶対不能・相対不能区別説が失敗をした理由、つまり既遂に至らなかった根拠によって考えましょうという見解だとすると、それは非常に面白いし、ある意味で当然のことを言っていると思うのです。例えばきわめて優秀なSP、ボディーガードがついているから、この狙撃は失敗する、あるいはこの暗殺計画は失敗する、成功する確率はきわめて0に近い、では不能犯かという問題がありまして、これは誰も認めないと思うのです。それはなぜかというと、SP、ボディーガードによる犯行の既遂を止める行為が入るから確率が0だと言っているのであって、止めなければ0ではない。だから、どこかに約束事がありましてね。既遂を意識的に止めるような活動、あるいは、具体的にではなくても、犯罪を予期して、既遂にならないように防犯装置を施している、これが効いて既遂にいかないという場合は、客観的危険説によっても、やはり未遂だと思います。この点は具体的危険説でも同じで、とても優秀なSP、ボディーガードが付いていて、失敗したことは一度もないし、警備体制は万全だということが事前にわかっていて危険判断をしてくださいといえば、客観的危険説でも具体的危険説でも不能犯でないとする結論は一緒ですよ。

中山　事情が全部わかっているというのなら同じでしょうね。

松宮　同じです、どちらも。では不能犯かという問題が出てきます。その時に具体的危険説が、客観的危険説に対して、未遂をすべて不能犯にしてしまうというのであれば、あなた方もこの場合には、公式通りなら、SPが完璧だから不能犯にするでしょう、と反論することになるのです。でもそんな結論は絶対あり得ないと思う。

中山　防弾チョッキの例でも、みんなが知っていたとすれば同じでしょうか。

松宮　私はそう思います。防弾チョッキにしたって、それは防弾チョッキを着けているから失敗するのであって、防弾チョッキを着けなければいけないということ自体が、着けなければ危険ということを意味しているわけです

から。当該犯行を見て、防弾チョッキのおかげで阻止できたというものはやはり殺人未遂だと思いますが。

中山 しかし、これまでは一般人には知られていない場合が念頭におかれていたので、そういう場合には、結論が分かれていたのではないですか。

浅田 では防弾チョッキをもうちょっと広げて、絶対に弾が通らないガラスの箱の中に入っているような場合はどうですか。

松宮 防弾ガラスですよね。

浅田 防弾ガラスの中に入っている人に対して、当たると思って撃った。これは不能犯になりますか。

中山 その事情を全員が知っていても、松宮説では不能犯でなく、未遂だというのですか。

松宮 わざわざ防弾ガラスの中に入らなければならないということ自体が問題なのです。なぜこんなことを言うかというと、つまり、そういう殺人未遂行為が不能犯ではなく未遂だと、そうでないと犯罪になりませんから、未遂だということになってはじめて、実は、例えば、正当防衛とか現行犯逮捕というのが許容されるわけですね。だからもし未遂をそういう活動の許容性と裏腹の問題だという風にとれば、やはり、防弾ガラスを含めて、意識的に犯罪を阻止する行動が計算に入って不能犯になるというのは、それがなければ危険という風に見るという約束になっているということだと思います。

浅田 しかし、それは行為時で考えなければならないのでは。行為時に完全に防弾ガラスの中に入っていて、弾は絶対通らないというとき、姿が見えるからといってピストルを撃っても、これは客観的に不能なのではないですか。それに対して、現行犯逮捕ができるか、正当防衛ができるかというのは、事後判断でいいわけで、場合によっては誤想防衛と同じことになる。

松宮 では、それを現行犯逮捕したときはどうなります？

浅田 違法性阻却事由の錯誤で誤想防衛と同じです。

松宮 逮捕が誤想であって……。

浅田 まあ予備で捕まえられるから逮捕が違法にはならないという問題は置いておくとしますと。

松 宮　いや、予備だって、不能予備がありますからね。
浅 田　たしかにそうですね。不能犯だとしますと、それは後から裁判の段階で、あれは実は逮捕できなかったのだということになりますね。
松 宮　いや、ですから、逮捕した人間を処罰することになりませんか？
浅 田　だからそれは錯誤で処理し、過失逮捕だから処罰しないということにできませんか。
松 宮　いや、逮捕した人間は防弾ガラスがあることを知っていて逮捕するわけですから、錯誤にはなりません。錯誤しているのは逮捕された人間ですよ。この場合、現行犯逮捕は成立するのであって、逮捕された人間は殺人未遂だというわけにはいきませんか。
浅 田　いや、未遂ではないでしょう。

VII. 絶対不能とは

中 山　では、松宮説では、絶対不能の典型は何ですか。それでは絶対不能はなにもないということですか。
松 宮　いや、出てきます。絶対不能の典型は、やはりそういう犯行を阻止するような活動なり設備なりがまったくなくても、いずれにせよ既遂にならない場合です。
中 山　例えば偶然空ベッドにピストルを撃ったり、空ポケットに手を入れたという場合は絶対不能ですか。
松 宮　例えばピストルの弾がなくて引き金を引く、これ絶対不能ですね。でも、ベッドの場合は二つに分かれると思うのです。つまり、襲撃を予想して、その晩だけ抜けていたという場合がありますからね。これはそうすると未遂になる。
中 山　状況によっては未遂になるということですか。
浅 田　どうしてですか。同じ状況でしょう、客観的に見れば。
松 宮　いや、同じとは見ないのです。意識的に既遂を阻止する活動が入っていると見るのです。

中山　それが区別の明確な基準となるのでしょうか。

浅田　不能犯の問題は、客観的行為状況、行為者がまさに行為する時（実行行為の時）の状況を基準に考えるべきであって、その状況に、違いは無いのではないですか。

中山　防御のために防弾チョッキを着けるとかいうことは、やってはいけないことではないので、当然やりますね。

松宮　ええ。防弾チョッキを着ける方はね。

中山　ピストルを撃つ方は。

松宮　防弾チョッキを着けていたけれども、ピストルに弾が入っていなかったらこれは不能犯です。弾が飛んで、防弾チョッキに当たって阻止されたら未遂です。

浅田　ただ防弾チョッキじゃなくて顔に当たるということもある。防弾チョッキだけでは完全に防げないので、危険だということはできる。

松宮　もちろんです。

浅田　そうじゃない場合は。

松宮　全面を防弾してもいいのです。

浅田　そうすると先ほどの完全に防弾ガラスの中にいる人に向かってこれは撃つ場合に戻ることになる。

中山　そうすると、そういう人為的な犯罪予防のための何らかの手段を施したかどうかというところまで判断をしたシチュエーションで危険を考えるということですか。

松宮　そうです。そういう人為的な措置がなければ危険というのは、誰もが認めますから、また、わざわざそんな意識的な防御措置をしなければいけないというのは問題だという風に誰もが考えるでしょうから。それは先ほど私が言いました、いわゆる社会的な問題状況が発生しているという基準で判断しているわけです。

中山　従来の線引きとの関係が、今一つわかりにくいですね。

松宮　難しいと思います。ですから、アイデア、発想の転換が必要でして。でも、これはいわゆる具体的危険説対客観的危険説というパラダイムと

はもはや違うと思います。

中山　具体的危険説にもインパクトがありそうですね。

松宮　単なる判断基底をめぐる事前判断だけを強調する人に対しては、例えばSPが完璧だということが一般人に認識可能だという前提で危険判断をしてくださいという問題提起ができます。

中山　しかし、そういうときは具体的危険説の人は、どういう判断をしますかね。

松宮　SPは完璧だ。失敗は一度もない。警備計画は万全だ。しかもそれは一般人に認識可能だ。したがって、結果発生は不能で、拳銃を発射した人間を現行犯逮捕してはいけない、とは絶対言いませんよ。

浅田　それはやはり一般人から見れば危険だからでしょう。具体的危険説からいえば、ピストルで弾を撃つ行為自体が危険なのですから。

松宮　いや、そうなると、危険判断の対象が、具体的な状況を捨象したピストル発射一般に抽象化されてしまって、「具体的」危険説でなくなってしまいます。

Ⅷ. 青酸カリと砂糖のとり違え

浅田　そうすると、例えば、コーヒーに青酸カリだと思って砂糖を入れたら不能犯だとして、例えば誰かが、青酸カリが入ったビンの中味を結果が発生しないように砂糖に替えておいた。それで犯人は、青酸カリだと思って入れたという場合、これは松宮さんの考えからいくと未遂になりますか。

松宮　可能性はありますね。

浅田　砂糖を入れて未遂というのはどうも納得がいきませんが。

松宮　それは砂糖を入れてという場面だけに視野を限るからです。

浅田　視野を限るというよりも、客観的に判断するということです。事前判断か事後判断かがまず問題になりますが。

松宮　全体を見れば、たしかに砂糖を入れた。しかしなぜ砂糖が入ったかというと計画を察知して取り替えた人間がいたからでしょう。

浅田　だからそれをいうと、殺意を罰することになる。
中山　たまたま本人は幸運に恵まれたわけだから、そういう人は処罰しなくてもよいとはいえませんか。
松宮　でも、被害者は幸運に恵まれましたが、砂糖に取り替えた人間は運で行動したわけではないですから。
中山　いや、被害者ではなく、行為者が幸運にめぐまれたといっているのです。青酸カリを砂糖にとりかえた行為が介入していますが、結果的には危険がなくなっているのですから……。
浅田　客観的行為が砂糖を入れたという時に、全体を見て未遂になるというのはやはり意思を処罰していることになるのではないですか。
松宮　そう言えますか？　そういう風に実際の行動がつながっていますし、それを失敗させる行動が間に入ってきているのに。
中山　中説のなかにもそういう発想があるのですよ。取り替えるときの状況を考え、その状況を含めて考えれば危険なのだといわれるのです。
松宮　ただ、犯人が勝手に間違った場合とは違うと思います。
浅田　例えば、警察官の空ピストルの例、あれは実際の事件もそうですけれども、弾を最初から抜いてあったわけですね。それで、犯人がピストルに弾が入っていると思って撃った場合、これは未遂ですか。
松宮　これは不能犯ですね。
浅田　どこで区別しているのですか。
松宮　というのも、普通は弾は入れないんですよ、警察は。
浅田　そうなんですが、弾をなぜ入れないかというと、結果が発生する可能性があるから、危ないから、ということですか。
松宮　そうです。不慮の事故に備えて一般的にです。むしろ具体的な必要性がない限り、弾は入れないはずです。
浅田　そこで区別するわけですか。
中山　そうすると、これまで客体の不能、手段の不能といわれた場合を、そういうシチュエーションで区分した線引きをして下さればね。あなたの教科書に触れていますか。

松宮　ごく軽いアイデアとして書いています。完璧なボディーガードであった場合に誰も不能犯とはいわない、という風に。
浅田　それは不能犯とはいわないと思いますが。
中山　しかし、不能犯だといえないことも無いのではないですか。

IX．不能犯に対する正当防衛

松宮　いや、不能犯なのだというと、そのボディーガードが襲撃した人間を捕まえるとか、あるいは、実際に対抗して正当防衛のために相手を撃ち殺すという行為が、なぜ正当なのだという問題が出てきます。
浅田　その点について中山先生は、以前に事前判断だといわれたことがありますね。現行犯逮捕と正当防衛。私は事後判断にすべきだと思いますが。
中山　ええ、今ではそう思います。
浅田　事後判断とすると、誤想防衛で処理することになりますね。
松宮　いや、誤想にもならないですよ、自分の腕の良さを意識していたら。しかも、襲ってきたから防衛するのですよ。
浅田　でも不能犯だとすれば、違法じゃないものに対して防衛するのは誤想防衛です。
中山　いや、今の場合にですね、SPの例ですよ、これが一番大事な例なんだけど、それも、不能犯だという主張だってあり得ると思うのですけれど。
浅田　SPの場合はないと思いますが。
中山　でも絶対に不可能なら……。
松宮　問題はやはり、普通の腕の悪いボディーガードであれば危険があるので、問題なく、違法な急迫不正の侵害に対する正当防衛になりますよね。例えば、相手に対抗して撃ち殺せばね。腕のいいボディーガードだと、彼は腕がいいから完璧で、危険がないから、彼は誤想防衛だという話になりますか？
浅田　そうはならない。それはSPの場合は不能犯ではないからで、結果

発生を不可能にするのが人の場合か物の場合かで区別しなければならないかもしれませんね。

松宮　人の阻止行為か否かという区別基準は立つと思います。

中山　人の行為が関与する場合の確実性にも差がありえますね。

松宮　完全に自動化されている防衛装置は除いて、人の意識的な行動に限るという線引きもあるかもしれません。

8 ◆不能犯の類型

本項の問題提起

浅田　不能犯の具体的類型について報告します。
(1)　構成要件要素との関係
　まず構成要件要素と不能犯の関係を見ておきたいと思います。構成要件要素は、通常、主体、客体、行為、結果・因果関係、構成要件的状況に分けられます。従来の議論では、客体について客体の不能、行為について方法の不能ないし手段の不能が問題になり、主体についても主体の不能という問題があるといわれてきました。結果・因果関係については、それらが欠けていても未遂になるとされ、構成要件的状況については、これも一種の不能犯ですが、構成要件の欠缺として扱われてきました。
　構成要件要素との関係では、主として実行行為と不能犯の関係が問題になると思います。通常、実行行為は実行の着手の問題として扱われていますが、不能犯は実行行為が欠ける場合であるという人もいます。ただ、客体の不能がその場合どう位置づけられるのかという問題が生じますが、不能犯の場合には結局客体の不能によって同時に実行行為性も欠けるというような位置づけになるのかなと思います。以上のような、客体の不能、方法の不能、主体の不能という類型それぞれについて前回も議論になりました、絶対不能と相対不能の区別が問題になりますが、絶対不能と相対不能の区別というのはかなり微妙であります。後に申しますように、客体の不能と方法の不能の区別もそれほどはっきりしない場合があります。
(2)　客体の不能
　客体の不能の典型例として従来挙げられていたのは、死体に対する殺人とかマネキンを人と間違って射撃したとか、あるいは死胎に対する堕胎、想像妊娠で胎児がいない場合の堕胎行為などです。これらは、客体がおよそ存在しないという場合です。したがって、客観的危険説では、絶対不能の典型例として、不能犯になりますが、具体的危険説では、状況によって未遂になりうるという違いがはっきりしています。
　似たような例で空ポケットのスリも問題になりますが、この場合については、懐中無一物でなにも持っていない場合には絶対不能だけれども、例えば

右のポケットに手を入れたところ何も入っていなかったが、左のポケットには財布が入っていたという場合、左のポケットの財布について危険があるとしますと、相対不能ということにもなり得ます。その場合、さらにポケットには何も入ってなかったが、持っていたカバンに現金が入っていたとか、あるいは近くに置いてあった自転車に財物があった、というように離れていきますと、だんだん絶対不能に近付いていくということになり、その限界がどこかということが問題になります。もう一つ、現金を取ろうとして金庫を破った、しかし現金は無くて株券のみだったからやめたという場合、これも取ろうとした物がなかったので不能犯といえるかという問題がありますが、客観的危険説でもここまでいきますと未遂ということになりそうです。どうもその限界がはっきりしないという問題が残るということであります。

同様の例が空ベッドの射撃です。ベッドに人が寝てると思って射撃したけれどもいなかったという場合、およそ、その部屋にも家にもいないという長期出張のような場合には絶対不能ではないかと思われます。しかし、例えばベッドにいたのですが、ベッドからずり落ちていたという場合とか、たまたまその間にトイレに行っていたという場合、客体がないから絶対不能なのか、あるいは客体はあるけれども、たまたまそこにいなかったのだから相対不能なのかという問題があります。

これらは、客体自体はあるのですが、行為がそれに及ばなかったという場合で、客観的危険説をとっても必ずしも全部不能犯になるとは限りません。それから、前項で扱われた防弾チョッキを着ている人に対する射撃の場合、通常は相対不能とされていますが、確実に死なないという状況であればどうかという問題は残っています。

(3) 方法の不能

次に、典型的な方法の不能、手段の不能といわれているものは、迷信犯が典型で、丑の刻参りとか、あるいは、砂糖に人を殺傷する能力があると誤解して飲ませたという場合であり、これらは手段の絶対不能の場合です。この場合に砂糖を毒薬ないし青酸カリと間違えて、青酸カリだと思って砂糖を投与した場合はどうかということになりますと、学説は分かれます。客観的にみれば砂糖で人は死なないわけですから、絶対不能ということになりますが、例えば青酸カリと表示のあるビンにたまたま砂糖が入っていた場合はどうか、あるいは、重症糖尿病患者に砂糖を投与した場合、これは危険なわけですが、この場合はどうか、それを知っていてやった場合と知らずにやった

場合とでどうなるのかという問題があります。

　それから、空ピストルによる射撃の場合、ピストルに最初から弾が入っていないわけですから、絶対不能と考えられますが、相対不能であるという主張もあります。たまたま弾丸が入っていなかっただけだというと、相対不能とも考えられます。この場合、警官の使っているピストルを奪って撃った場合と、展示品で通常弾が入っていないという状況にあるピストルをとって撃った場合とで違うのかという問題です。およそ最初から弾が入っていないのだから絶対不能だといえば、わかりやすい解決になりますが、ご承知のように、この場合については、客観的危険説から未遂を認めようとする説も有力です。模造拳銃を模造と知らずに普通のピストルだと思って使用した場合も似たような例です。

　問題は、ピストルに弾丸が入っていて射撃したが、頭の横をかすって当たらなかった場合、結論的には、相対不能で未遂というのが学説の一致するところですが、周知の批判があります。つまり、客観的・事後的にみれば、射撃の角度がずれているわけですから、弾は当たるはずがないのであって、絶対不能ではないかという批判です。この場合も、例えば銃身が曲がっていて、最初から当たるはずがない場合はどうか、弾が入っていない場合と状況は違いますが、当たるはずがないという点では絶対不能に近い状況になりうるわけです。同じ問題は、致死量に至らない毒を飲ませた場合、あるいは、空気注射の例も同じですが、この場合、致死量におよそ達しない場合と、わずかに達しない場合とで違うのではないか、通常は相対不能といわれてますが、はるかに達しないという場合には絶対不能ではないか、そうすると、その限界はどこかという問題が残ることになります。

　(4)　客体の不能と方法の不能

　客体の不能と方法の不能との違いは、通常ははっきりしているのですが、例えば着弾距離外に人がいて、それに向かってピストルを発射した場合、射程内に人がいないと考えると、客体の不能のように見えますが、ピストルの射程が短すぎたと考えると方法の不能のように見えます。この場合、人がいるということを前提に考えるか、現に用いられた手段を前提に考えるかが問題になります。人がいることを前提にすると方法の不能、用いられた手段を前提にすると客体の不能ということになり得ます。同じようなことは、およそ弾丸が通過しない超強化ガラスの中にいる人に向かってピストルを発射した場合にも生じます。客体のおかれた状況から結果発生は不能と考えると客

体の不能のように見えますし、銃の破壊力が及ばなかったと考えると方法の不能のように見えます。私は、客体の不能の方に近付けて考えた方がいいのではないかと考えています。

(5) 主体の不能

主体の不能については、公務員でない者が公務員であると誤信して、賄賂を受け取ったといった例が挙げられるのですが、この場合は未遂犯の規定がないので結局、実益がない議論ということになります。宣誓していない証人が偽証したという場合も未遂規定がないので同じです。しかし、背任罪には未遂規定があります。他人の事務処理者でない者が事務処理者であると誤信して（例えば会社の取締役でないものが取締役であると誤信して）、背任行為を行った場合、背任罪（特別背任罪）が成立し得るかが問題になります。主体の不能については、結論的にはこれを処罰しないのが通説と思いますが、その理由としては、構成要件の欠缺、すなわち主体が欠けている以上は構成要件に該当しないとされ、あるいは幻覚犯であると説明されています。幻覚犯とは何かということは、学説上はっきりしているわけではありません。通常、幻覚犯は、違法でないのに違法だと思った場合であり、違法性の錯誤の裏返しであると説明されています。つまり、事実の錯誤の裏返しは不能犯ないし未遂、違法性の錯誤の裏返しは幻覚犯というわけです。もともと犯罪構成要件が存在しないのに存在すると思ったという場合も、幻覚犯といわれています。例えば、姦通罪の規定はないのに、姦通行為を行って犯罪になると思っていたという場合です。主体の不能については、単純に考えて構成要件に該当しないから処罰しないといえば足りるように思います。

(6) 判例 ── 客体の不能・未遂 ──

判例で不能犯を認めた例は必ずしも多くはありません。客体の不能から見ていきますと、これを認めた判例として、よく引用されるのは、昭和2年の大審院判決（大判昭2・6・17刑集6巻208頁）で、死胎に対する堕胎は不能犯にあたるとしたものです。判決は、「胎児が既に死亡しありたりとすれば堕胎罪の対象たるを得ずこれに堕胎手術を施すも犯罪を構成せざるや論無し」と述べていますが、実際の事件は、堕胎行為の当時胎児が生きていたと認定された事件で、この判旨は傍論に過ぎません。そこで、本当に死亡していたときにはたして不能犯にしたかどうかは疑問だといわれています。

客体の不能が問題になり、不能犯ではなく未遂であるとした判例は、多数あります。代表的なものは、大正3年の大審院判決（大判大3・7・24刑録20

輯1546頁)で、懐中物を所持していない者に対してスリ行為を行ったという事案で、「通行人が懐中物を所持するが如きは普通予想し得べき事実なれば之を奪取せんとする行為は其結果を発生する可能性を有するものにして実害を生ずる危険」があると述べています。「普通予想し得べき事実」というところを強調していきますと具体的危険説的だという気がしますが、結果発生の可能性の存否を問題にしているところからすると、客観的危険説的にも解釈できます。古い判例ですので、その点ははっきりしませんが、懐中無一物でも未遂になるという方向の判例といえます。

それから、著名なのは昭和36年の広島高裁判決(広島高判昭36・7・10高刑集14巻5号310頁)で、ピストルですでに死亡していた死体にとどめをさすために日本刀で刺したという事案です。日本刀で刺した当時、はたして死亡していたのかどうかは、判例の表現によれば、「専門家の間においても見解が分かれる程医学的にも生死の限界が微妙な案件である」とし、被告人に有利に判断して死体であると認定したものと思われます。そのうえで、単に被告人が「加害当時被害者の生存を信じていたというだけでなく、一般人もまた当時その死亡を知り得なかった」といって未遂を認めた例です。被告人だけでなく一般人も死亡を知りえなかったといっていることから、具体的危険説を採用したのといわれているわけですが、後にも申しますように、もし具体的危険説であれば、実際に死亡していたのか否かを医学的に明らかにすることが必要であったのかが問題になります。具体的危険説によるかぎり、この点は、未遂か既遂かの議論にはなりますが、未遂か不能犯かの議論としては基準にならないと思うからです。

(7) 判例——方法の不能・未遂——

次に、方法の不能についてはかなり多くの判例の集積があります。方法の不能について不能犯を肯定した判例として著名なのは、大正6年の大審院判決(大判大6・9・10刑録23輯999頁)で、硫黄で殺そうとしたけれども、臭いがきつかったので殺人にいたらなかったという事例です。判決では、この方法では殺害結果の惹起は絶対に不能とされ、いわゆる絶対不能・相対不能区別説の表現が用いられています。もっとも、この事件は、実際には硫黄で殺そうとしたのですが、うまく行かなくて絞殺したというものです。傷害と殺人で有罪になったのに対し、弁護人が、前者はむしろ殺人未遂であり、殺人未遂と殺人既遂の連続犯であるから、併合罪ではなく科刑上一罪だと主張したのに対して、判例は、前者は殺人未遂ではなく傷害であり、したがって

併合罪だとしたものですので、必ずしも不能犯が被告人に有利に働くという状況ではありませんでした。

　次に、昭和2年の大審院判決（大判昭2・6・20刑集6巻216頁）は、競売を免れるために変造した受取証を裁判書に提出したことが詐欺になるかが問題になった事件ですが、法律上そのような変造受取証を提出しても、およそ競売を免れることはできないことから、判決は、詐欺未遂も成立しないという判断をしました。さらに、昭和29年の東京高裁判決（東京高判昭29・9・16東高刑時報5巻6号236頁）は、手榴弾を投擲したことが爆発物取締法罰則違反と殺人未遂で起訴された事案について、地中に長く埋没していたためにおよそ爆発しない状態になっていたという理由で、爆取法違反、殺人未遂を否定しました。それから覚醒剤製造についての昭和37年の東京高裁判決（東京高判昭37・4・24高刑集15巻4号210頁）、これは主原料が真正の原料でなかったので、およそ覚醒剤は作れなかったという事案で不能犯としました。

　他方、方法の不能を否定して未遂を認めたいくつかの判例があります。最初は、昭和28年の福岡高裁判決（福岡高判昭28・11・10高刑判特26号58頁）で、巡査から奪ったピストルでその巡査を撃ったのですが、弾が入っていなかったという事件です。判決は、制服警官の所持する拳銃に「常時弾が装てんされているべきものであることは一般社会に認められていることである」といって、不能犯ではなくて未遂であるとしています。この場合、巡査自体は危険を感じなかったのではないかという問題があります。巡査は自分のピストルに弾が入っていないことは知っているわけですから、およそ危険は感じない、しかも客観的に危険もないという状況をどう考えるかということであります。一般人をその場において考えますと、危ないという感じを持つのは確かですので、この点の判断は具体的危険説、客観的危険説で分かれると思います。

　次に、昭和35年の最高裁決定（最決昭35・10・18刑集14巻12号1559頁）ですが、これは覚醒剤製造に関するものです。不能犯ではなく未遂だとされていますが、この事件では薬品の量が十分でなかったので製造できなかったことが問題になりました。製造方法自体は科学的根拠を有しており、その量が2倍ないし3倍の量であれば、十分に覚醒剤ができたということから、不能犯ではなくて未遂とされたものです。

　第三に昭和37年の最高裁判決（最判昭37・3・23刑集16巻3号305頁）、これは空気を静脈に注射して殺そうとしたけれども死ななかったという事件で

す。判決は、注射された者の「身体的条件その他の事情の如何によっては死の結果発生の危険が絶対にないとはいえない」という控訴審の判断を認めたのですが、そこでは絶対不能ではなく相対不能であるということが、不能犯ではなく未遂だという理由にされています。

　第四に、昭和58年の東京高裁判決（東京高判昭58・8・23判時1106号158頁）、これは、懐炉灰を使って時限発火装置を作った事件で、懐炉の灰が一定時間たちますと温度が上がって、自然に周りの物に火が燃え移るという装置を作り放火しようとしたものです。一つの懐炉灰は壁と壁の隙間に入れたのですが、その壁の隙間の状態は密閉状態で通風がきわめて悪く、そのまま置いておいても燃え上がる可能性はおよそ無かった、という状態でした。これについて東京高裁は、被告人は燃焼の結果を発生させ得るものと信じていたし、一般人を被告人がその行為の際におかれた立場に立たせてみても燃える危険性があったと認識するのが当然だといって、未遂としています。被告人の立場に一般人をおいてみてどうかという判断はまさに具体的危険説的な判断だと思います。この事件ではもう一つ別の懐炉灰を床の上に置いたという事件も加わっています。これについて、判決は、それを置いた時点ですでに立ち消えになっていた可能性があるとし、もし置いた時点で消えていたとすると実行の着手が無いので予備であるとしています。この二つの判断ですが、前者では、一般人を行為当時の被告人の立場において危険があるかという具体的危険説的な判断をしているのに対して、後者の実行の着手については実質的客観説の基準に従っていると思われます。つまり、結果発生の危険が客観的にあるかないかということで、予備か実行の着手かを判断しているわけです。しかし、もし一般人をそこに置いたとしますと、段階としては着手段階に至っているわけで、その段階、つまり懐炉灰を置いた時点でそこに一般人がいたとすれば危険を感じるということであれば、これは実行の着手を本来認める方向で判断されるはずではないかと、具体的危険説から批判されています。他方、客観的危険説に立ちますと、前者はおよそ燃える可能性がなかったとすれば不能犯であり、床の上に置いたものについても消えていたのであればせいぜい予備であって、前者を未遂、後者を予備とするのは理論的に矛盾しているという批判がなされています。ここでも、客観的危険説と実質的客観説、具体的危険説と形式的客観説が親近性があるというように思われますが、このような関係はもう一つはっきりしません。

　最後に、昭和62年の岐阜地裁判決（岐阜地判昭62・10・15判夕654号261頁）

ですが、これは中毒死させようとして都市ガス（天然ガス）を充満させたという事件です。判決は、都市ガスでは中毒死しないということを認定したうえで、しかしガス爆発とか酸素欠乏による死の危険がある、一般人は危険な行為と認識しているということで、不能犯ではないとしました。

　以上が主な判例ですが、これらからみて、判例が客観的危険説、つまり古い客観説で、絶対不能・相対不能区別説なのか、それとも具体的危険説なのかということは必ずしもはっきりしません。最高裁の判決は、表現の上では絶対に不能とはいえないという表現をしていて、客観的危険説的ですが、下級審判例では、一般人を基準に置いた具体的危険説的な説明が多いという状況です。問題は、具体的危険説であれば、なぜ結果が発生しなかったのかということを、鑑定等で科学的に解明するという必要性がそもそもないはずだという点です。この点はすでに内藤先生が指摘しているところですが、私もそう思います。つまり具体的危険説と客観的危険説の違いは、なぜ結果が発生しなかったかを事後的に科学的に明らかにしたうえで、結果発生の危険性ないしその確率がどの程度であったのかを判断するのが客観的危険説、理論的には、その点を明らかにする必要はなく、行為時にたって事前判断するのが具体的危険説という違いであるように思います。このように考えますと、若干我田引水ですが、ほとんどの判例が、なぜ結果が発生しなかったのかをかなり克明に解明したうえで判断しているという意味で、必ずしも具体的危険説ではなく、むしろ客観的危険説の発想に近いのではないかと思います。

〔討　　論〕

I．偶然・確率・印象

中山　一般的な問題としてですが、「たまたま」という言葉が時々出てきて、これがかなり広い意味で使われるのですね。一般的な結果発生の可能性

があるのだけれど、たまたま発生しなかったのだという言葉によって、絶対不能か相対不能かを分けていくという方法がよく使われるのですが、その場合の「たまたま」というのは、結果発生の蓋然性、つまり危険性がほとんどないという場合を言うとしますと偶然ということになるわけです。そうすると、その程度が、その行為から事前に、一般人もしくは本人が感ずる危険感というものによって判断されてくると具体的危険説の方に流れますし、結果発生の確率という風にして客観化して考えますと、確率が非常にわずかのときはそれはもう不能だということで客観的危険説の方向に流れることになります。その線引きの仕方が、どこで分かれるのかということが問題ですね。この点で、具体的危険説の人々も鑑定がいらないということを言っているわけではなく、いったんはどんな理由で結果が発生しなかったかを見るために、参考資料として鑑定意見ももちろん参照するが、しかし結論的には事前に行為者がどう感じ、そして一般人ならどう危険を感じたかという、そこを結局は決め手にするということなので、材料としては確率とか危険というものを無視しているわけではないと思うのです。

浅田 たしかに結果発生の可能性が極めて少ない場合には、およそ結果は発生しないとされるのに対し、結果発生の危険が高くなってくると、たまたま結果が発生しなかったということになるわけですが、限界がはっきりしないというのはまさにその通りだと思います。具体的危険説の場合にもなぜ結果が発生しなかったかを明らかにしたうえで判断するという枠組みが否定されているわけではないというのは先生の言われる通りですが、その後に、行為時点に戻ってきたときに、一般人の印象で判断する、確率ではなく印象で判断するという点が決定的に違うと思っているのですが。

中山 通常は、確率と印象は対応してるのですね。つまり確率が非常に低い場合は、印象も低いはずなのです。ところが、不能犯の場合は特別で、外観というか印象が強烈で、非常に危険だと感じられるにもかかわらず、中身がおよそ何も無いという場合には両方は矛盾するので、その矛盾したときにどちらを優先的に考慮するかということになるのだと思います。

II. 一般人の判断と行為者の判断

浅田 その点、具体的危険説は、判断材料として行為者が特に知っていた事情と、一般人に認識可能な事情とを、ちょうど折衷的相当因果関係説と同様に、入れています。因果関係の場合は、客観的に存在する事情を行為者が知っていれば判断基底に入れるわけですが、不能犯の場合には、客観的に存在しない事情を行為者が存在すると思ったという状況です。行為者の主観と一般人の印象とは普通人であればほとんど変わりません。そうすると結局一般人の印象といいながら、行為者の主観が基準になっていて、やはり主観を罰しているのではないかという印象が強いのです。行為者が弾が入っていると思うような状況であれば、一般人も大体弾が入っているだろうと思う、そういう状況なわけです。

中山 それはそうなのです。ところが、具体的危険説が排除しようとしている迷信犯の場合は、具体的危険説といえども、やはり一般人を基準とすれば、行為者がいかに危険があると思っていてもそれはないのだという判断を下しますからね。迷信犯のところにくると、両者の矛盾は一般人の方に優越権が与えられ、これが主観説との違いなのだと強調されているのです。だから、迷信犯を除いてしまいますと、私は浅田さんのいわれるように、一般人の判断と行為者の判断はほとんど変わらない。だから、結果的には具体的危険説は、何が不能犯かということを例示できないほど少なくなってしまうと思います。

松宮 二つほど問題があると思います。一つは、一般人の判断と行為者の思い込みですね。広島高裁の死体に対する殺人未遂の事件、福岡高裁の空ピストルの事件、いずれもそうなのですが、例えば死体ですと、単に行為者が被害者の生存を信じていたというだけでなく一般人もまた当時その死亡を知り得なかったという両者の判断が一致する限度で判断しているということですね。福岡高裁の事案も同じで、常時弾が装填されているべきものであるということは社会一般に認められているということで、行為者が思い込みをし

ているだけではなくて、一般人の判断と重なる、一致する限りで、判断基底に入れてくるという方法を取っているのではないかと思うのです。最近の学説では前田先生がそう言っていますね。ただし、彼は客観的危険説だといっていますけれども、これが一点です。

III. 科学的一般人と素人的一般人

松宮 それからもう一つ具体的危険説は、相当因果関係の折衷説と発想がほぼ同じだと思うのですけれども、そうしますと判断基底と判断基準では相当説は方法が違いまして、判断基準の時は科学的一般人を持ってくることがあるわけです。例えば平野説がそうです。ドイツではクリースもそうですし、エンギッシュもそうです。平均人ではないのです。ですから、科学的な法則からみて、その事実からは結果が起きない、にもかかわらず行為者は起きると思い込んでいたというときには、具体的危険説でも不能犯になりやすい。逆に、法則に関する無知とか錯誤ではなくて、事実判断、ある事実があるかないかという判断になってくると、一般人も同じ判断に至る可能性があるとなる限りは、基本的には行為者の思ったことでもって判断していくと不能犯になりにくいという傾向があると思うのです。そのうえで、もう一度判例を見ていただくと、実は、例えば硫黄による殺人とか、あるいは変造受取証と競売の阻止ですね、こういうのは全部法則なり法律なりの内容に関する錯誤です。こういうのは比較的容易に不能犯にされていますね。それで、事実判断についていえば、やはり一般人の判断と一致するかどうかで今度は結論が分かれるという傾向が見てとれるのではないかと思うのです。ですから話は具体的危険説一般では収まらなくて、具体的危険説の中で判断基準をそういう科学的一般人ではなくて、素人的一般人でいいのだという見解、代表は大谷説ですが、実はこの2つでも大きく違うのだということです。素人でいいのだということになると素人が迷信深い場合は、かなりの迷信犯が未遂ということになると思うのですが、そういう風にさらに学説は分かれてくるように思います。

中山 今言われたことは、私も、具体的危険説の中で、さらに見解の分かれる、単に考え方だけでなくて結論的にも分かれるところがあるという点で、重要な指摘だと思います。

松宮 そうしますとね。内藤先生がいわれるように、具体的危険説なら鑑定がいらないではないかということは実はいえなくて、やはり鑑定で科学法則からみればどうだったか、法則的にみて不能だったのかどうかは科学的一般人を基準にする具体的危険説にとっては、きわめて重要なことになります。そこからくるもう一つの問題は、科学的一般人を判断基準にもってくる平野説は具体的危険説と自称するわけですが、同じような構造を持つ前田説は客観的危険説と自称するわけです。この客観的危険説と、科学的一般人基準の具体的危険説はどこが違うのかという問題がもう一つあります。

浅田 違わないですね。だから前田説がはたして客観的危険説なのかということが問題になるのです。

松宮 逆にいえば、客観的危険説の純粋型は何なのかということなのです。

浅田 そうですね。

松宮 その点では、実は山口説もどうなるのかという問題が出てきます。

浅田 山口説も事前判断が入っているといえないことはありません。

中山 それから、少し話がずれますが、私が危ないと思っているのは、絶対不能といわれる硫黄の殺人についても、学説には異論がありまして、一般人なら硫黄によって人が死ぬかも知れないということがかなりの程度一般化しているとすれば、硫黄の殺人も不能犯ではないと考えられるわけです。団藤説がそうです。

松宮 判断基準に素人をもってこようというのが団藤先生ですね。

中山 それから、もう一つは、硫黄による場合は体調によって人が死ぬかもしれないという相対化もありえないのか、硫黄の場合はどんな弱い人でも死ぬ危険はないのかという点です。

浅田 具体的な事件で用いた手段を前提にすれば、そういう手段で人が死なないということはほぼ明らかなのですが。

中山　量にはよらないのですか？

松宮　量にはよらないのです。

浅田　例えば大量の硫黄を上手に飲ませたということになるとわかりませんが。

松宮　可能性があるとすれば、本当に瀕死の病人にそういう腹下しを起こして、より弱らせるというぐらいではないでしょうか。

Ⅳ．具体的危険説の判断基準

浅田　先ほどの松宮さんの疑問のところに戻りたいのですが、一般人と本人の法則に対する理解がずれている場合に、具体的危険説で、本人がたとえそう思っていても不能犯になる場合があるというのは確かにそうです。先ほど私がいったのは、実際にはほとんどずれないという問題です。他方、具体的危険説が科学的一般人あるいは科学法則を前提にしているということは必ずしもはっきりしません。その法則が専門家には知られているが、一般人には知られていないという場合、やはり具体的危険説の発想では一般人が基準になるので、一般人の法則理解が広がってその科学的な法則が常識になってくると具体的危険説でも不能犯とされることになりますが、一般人がまったく科学的知識を持っていないという状況で、はたして科学法則に従って判断するかというと私にはどうも疑問です。

中山　それは、印象説といわれるものの基本的考え方でしょうね。

浅田　平野説が科学的一般人を基準にしつつ具体的危険説だといっているのは、事実についての判断が事前判断、行為時の判断であるといっているのであって、その部分では共通するのですが、一般の具体的危険説ではやはり一般人が認識している程度の科学的知識を基準にしているのではないでしょうか？

松宮　具体的危険説とは何かという問題なのですけど、これは研究を要するところなのですが、いわゆる自然主義時代の19世紀末から今世紀初めの具体的危険説は現在の日本のものとは私は違うと思うのです。自然主義の時代

の具体的危険説はやはり科学的一般人を立てていたのであって、むしろ1930年代のメツガーなどが、あえてそれに素人ということで印象説を立ててきたのだという風にみた方がいいのではないかと思うのです。

浅田 その点で、相当因果関係説における相当性判断の場合に、経験則を基準にもってくる場合、これは確かに科学的経験則であって、折衷説と客観説と主観説が違うのは判断基底だけだと考えられてきました。しかし、例えば中先生は、判断主体も違うといわれていたように思います。折衷説の場合の判断主体は一般人であり、基準になるのは一般人が認識する法則性であって、客観説になってはじめて科学的法則が適用されるという理解です。それを不能犯にもってきたときにどうなるかということなのですが。

松宮 そういう中先生の理解は、少なくともエンギッシュの相当説とは違いますよ。エンギッシュは平均人ではないとはっきり書いていますから。だから何らかのかたちで30年代以降の自然主義ではない、より規範主義的な発想が入ってきて中身が変わったと考えるべきではないかと思うのです。

浅田 相当因果関係説における判断基準、用いられる法則が何かという問題と、不能犯において、具体的危険説が用いる判断基準は何かという問題とは一応別個の問題です。単なる裏返しの関係ではない。

松宮 そうでしょうか。因果関係の時にはやはり事実のつながりが重要ですから、どちらかといえばやはり両方とも科学的にやると思うのですけど。

浅田 不能犯の印象説はやはりそういう科学的判断ではないのではないですか。

松宮 そうです。ドイツなどでも言われているのは、スイスの判例が最初にそういう素人の迷信を判断基準に取りこんできて、それで論争が起こったということのようです。

浅田 もう一つ前にさかのぼりますが、中山先生が言われた主観説と具体的危険説の違いとは迷信犯についての理解の違いだという点です。迷信犯というのはごくまれな場合であって、具体的危険説が不能犯を認めるのは結局ごくまれな場合だということの証みたいな感じがします。

中山 具体的危険説の論者の間でも、不能犯を認めてきた判例を一切認め

ず、具体的危険説でいけば全部未遂だという考え方と、むしろ、具体的危険説の立場からみても不能犯とした判例の結論を妥当だとする考え方との差ははっきりしていますか。

浅田 はっきりしませんね。

松宮 一ついえることは、素人の常識と実際の科学的知見とが食い違っている硫黄のような場合ですね。ああいう場合には団藤先生のように未遂にすべきだという意見が出てきますね。ですからそういう見解の背後には、やはり刑法は素人を相手にした行為規範を立てるものであるから、素人が危険があるという風に思っている行為はやはり禁止するべきだという行為規範を立てるという発想が多分背景にあるんじゃないかと思うのですけど。もっとも、殺人罪で禁止されているのは「他人を殺すこと」であって、「硫黄を入れること」ではありませんが。

V．不能犯の類型

中山 私が言いたいのは、具体的危険説の立場から従来の不能犯の判例が批判されていくという傾向はよくわかるのですが、それなら、迷信犯以外の不能犯を全部否定したとしたら、自己の物に対する窃盗未遂というのはどうなるのか、主体の不能も結局は論理一貫して全部認めないということになるのかということです。そうなると、具体的危険説の中でも議論が割れて、やはり自己の物に対する窃盗というのは未遂とはいえないのだという考え方もかなり強いし、大谷説でも結局主体の不能を除くし、最近では構成要件段階では未遂だけれども違法阻却のレベルで可罰性がなくなるという風な形で調整することが可能だということになってきているのです。その見解と論理がすっきりしないのですよ。

浅田 報告の最初のところで触れましたが、主体の不能と構成要件的状況の欠如の問題と客体の不能、方法の不能の問題とを区別して、不能犯は客体の不能、方法の不能の問題、主体の不能と構成要件的状況の欠如は構成要件欠缺の問題という風に分けて考えることができるかという問題です。平野先

生がこれを区別できないといい、最近では山中説がやはり主体の不能も他と区別できないと言っています。もう一つは、方法の不能で不能犯を肯定した判例がいくつかありますが、そのうち法律上ないし制度上不可能だという例は、むしろ幻覚犯に近い。そうなると具体的危険説の人も、結論的には未遂にしなくても良いということになりそうな感じがします。

松宮 でも幻覚犯という定義がですね、これは一応詐欺をやろうとしたわけですね。これをやって裁判所をだませると思った、その通りだったら詐欺になるわけで、そういうのは犯罪ではないのだとか違法じゃないんだ、それなのに思い違いをしたんだという意味での幻覚犯とはやはり違うのでは……。

中山 違いますね。

浅田 違うのは違うのですが、法律上、制度上およそ不可能だという場合と、事実上不可能だという場合とでは区別があるのではないかという感じがするのですが。

松宮 それはしかし、広い意味で法則の不知の問題ではないでしょうか。法則、ルールの不知ですね。

中山 そうするとやっぱり迷信犯に近い。

浅田 むしろ迷信犯に近いと考えた方がいいですか。

松宮 硫黄で人が殺せる、あるいは牛の刻参りで人が殺せる、同じことだと思います。

VI. 主体の不能

松宮 法則の不知の方はそうだと思います。ただし、素人がそういう迷信を信じている場合にどうするかで意見が分かれる。それで、主体の不能ですけど、たしかに山中先生が言われていましたが、もともとはドイツでは特に身分犯については規範の名宛人が身分者に制限されていると考えていますので、その規範に違反することの未遂も規範の名宛人に制限されている。したがってここでは主体の不能の問題は、不能未遂の問題とは違うというのが通

説だったのですけど、むしろ戦後は逆になって身分犯の既遂としては確かに規範の名宛人が制限されていますが、未遂については主体も含めて構成要件の要素はすべて同価値ではないかという説が有力になってきたのです。おそらくそれは、単に理屈の問題ではなくて、そういう事例が実務上問題になってきたのだと思います。実際に必ずしも身分を持っていないのだけど、一見身分があるように見える状態で、何か問題を起こしたのだと。それがあって、議論が変わるということであって、そういう必要性みたいなものと無関係に議論してもあまり意味がないという印象をもちますけど。それからもう一つだけ、収賄についてなんですが、確かに日本では収賄の未遂というのがなくて、かわりに要求、約束ですよね。ところが、実は大審院時代の判例で、例えば市役所の臨時雇いみたいな、正式には公務員（官吏）ではないという者が正式な公務員と共にリベートを受け取ったというケースをすべて共同正犯で処理していますね、65条1項で。だから主体の不能の問題は、真の身分者との共同正犯という別の形で処理されているという風に見たほうがいいのではないかと思います。

中 山 つまり主体の不能の問題は、共同正犯の問題として処理されていて、問題が明らかになってこないということですか。

松 宮 表面化してこないと。たいてい臨時雇いだけがリベートをもらうなんてことでは収まらないわけですから。

浅 田 具体的な事件ではそうですね。

中 山 しかし、もし紛らわしい人が単独でもらったということが仮に問題になれば。

松 宮 それはもう適用する未遂規定がないですから、不能犯の問題にもならない。

浅 田 表面化してこないということですね。

中 山 背任についても判例はないでしょう。

浅 田 ありません。

Ⅶ．客観的危険説の徹底

中山 客観的危険説の内部からいろいろ修正が出てきて、やはりこれを貫徹することはできないのだという考え方が強いのですね。客観的危険説を徹底するとすべての未遂は不能犯になるというドグマが支配しきっていますから。ただこれを何とか打ち破る論理を考えないと、どこかで妥協し修正するという考え方がどうしても出てきます。私はこの前、問題になったボディーガードの事件だけはまだひっかかっていますけれど。

松宮 少なくとも正当防衛行為で完全に阻止できるから不能だという理屈はないでしょうね。

中山 その他の事例でも、青酸カリと砂糖を間違えたときに、間違え方とか、誰でも間違うかとか、そういうことを条件にして線引きをするというのは、かえって不能犯の範囲を不明確にするので、やはり砂糖では人は死なないのだということを、およそ不能という風にすべきではないかと私は思っています。相対化の限界について私は、すれすれという言葉をよく使うのですけれど、当たりそうで当たらなかったというのと、およそ当たらなかったというのとを同じ論理で説明することは、実体にも反しているし、やはり客観的にみても当たりそこないとまったく弾が入っていないのとは、当然危険の段階で区別できるというように思うのですが。それを否定してしまったら、すべての未遂は全部不能犯だという論理に屈服することになるだろうと思います。

浅田 その点については、二つ問題があると思います。一つは、不能犯の判断時点はいつかという問題で、これは実行の着手時点あるいは実行行為の時点ということになると思いますが、山中説は不能犯の判断の場合にはそこだけでは決められなくて、さかのぼってなぜそうなったのかということを考慮したうえでないと判断できないということで、判断時点を少し広げています。私は、判断時点は実行行為の時点だと考えています。そのうえで、もう一つは、その時点での判断材料として行為者の主観を入れるかどうかという

問題です。例えば青酸カリで人を殺そうとして青酸カリ入りのビンを置いておいたところ、その事情を知った第三者がその青酸カリを砂糖に変えておいたため、行為者は青酸カリが入っていると思ってそのビンからとって投与したが、客観的には砂糖だったという場合です。判断時点をさかのぼらせていくとどうも危険だという感じがします。それから判断材料に行為者の主観を入れるときわめて危険だということになります。この両方をはずして、判断時点を実行行為の時点にし、判断材料から行為者の主観をはずせば、客観的にはまったく危険ではないという事が明らかになります。客観的危険説はそのように判断するものだと思いますが。

松宮 さかのぼってもいい代わりに、殺人予備罪だということになりますよね。

浅田 それはそうです。

松宮 だからその段階で、勝手に壺の中身を砂糖に入れかえる人にもまた、阻止行為がある。他人の青酸カリですからね、勝手に入れ替えたら泥棒になってしまうのです。それはある種の防衛行為なんですが、その予備罪に対する一種の予備的な防衛行為であって、まあバランスが取れている、と言うことができると思うのです。そうすると予備罪としては危険だという以上は、判断時点を遡らせているわけです。

浅田 たしかに予備罪は残っています。ただ予備をどの段階で認めるかは問題ですが。

中山 砂糖事例は、一方は不能犯、一方は不能犯ではないということで、平野説と中説が対立しているのですが、これは中説が本人の主観と間違え方を問題にするのに対し、平野説は行為の平穏性、つまりコーヒーに砂糖を入れるというのは一般人の印象からみても危険でないという点を問題にしていて、対立点がはっきりしないのですね。そこをもう一度整理し直すということが必要ではないかと思います。

Ⅷ．客体の不能と方法の不能

浅田 着弾距離外にいる人にピストルを発射したときとか、超強化ガラスの中にいる人への射撃は、客体の不能か方法の不能かという点も、それに関連するように思いますが。

中山 これはしかし、客体の不能にするか方法の不能にするかによって結果が違えばもちろん意味がありますけれども、どちらも同じであれば、あまり議論する必要がないように思いますが。

浅田 しかし、客観的危険説の人は、客体の絶対不能についてはかなり簡単に不能犯を認めますが、方法の不能についてははっきりしません。

中山 たしかに、方法の不能は相対化されやすいという問題はありますね。

浅田 そういう観点からいくと、着弾距離外の人についても客体は着弾内にいないということで客体の不能にし、超強化ガラスの場合にも客体の不能にした方が客観的危険説からは不能犯を認めやすいという感じがするのですが。

中山 それはそうでしょう。

浅田 なぜ客体だと認めやすくて、方法だと認めづらいのでしょうか。

中山 客体は存否という形で把握しやすいのです。ところが方法には幅があるという考え方ですね。だからおそらく質と量という、客体は質であって方法は量的なものを含んでいるのだというのが前提があるのではないでしょうか。しかし客体もどこに客体があるのかによって、シチュエーションによっては相対化されるのだということになってくると、たまたまベッドにいなかった場合は危険があるのだけれども、1週間いなかった場合は危険がないのだという形になる可能性もあるのですね。

松宮 それはそうなんですけど、客体の不能か方法の不能かという分類の時に、行為者はどう考えたのかということは重要な基準になりませんか？

中山 両方とも行為者はもちろん客体でも方法でも可能だと思っていた。

松　宮　いや、ですからね。例えば射程距離外の人に向かってピストルを撃つ場合に、大体どの距離にいるかはわかっているわけでしょう。その距離に客体があることはわかっているのであって、普通はそこまで弾が届かないことがわからなかったんじゃないかと思うんですよ。

中　山　だから幼稚だということになれば、迷信犯の方へいくわけです。

松　宮　そうですね。法則の問題ですから。射程に関する法則知識の問題として。

中　山　でもどちらともいえる場合がありますからね。

松　宮　その場合はまた危険だという話が出てきますけれども。どちらかというとピストルは方法の不能で法則の不知の問題じゃないかと思うんですけれど。

IX. 残された問題

浅　田　確かに結論がどちらにしようと変わらないというのであればそれほど問題ではないのですが、どうも気になるのは、事実の錯誤のときに客体の錯誤と方法の錯誤で具体的符合説を取ると結論が違います。その議論が、裏返しの不能犯のときにも影響するのではないかという気がするものですから。まだその点ははっきり解明されていません。つまり一つは事実の錯誤と不能犯との関係、もう一つは相当因果関係説と不能犯の関係、このあたりをもう少し有機的に関連づけて考えなければならないと思います。

中　山　これまでも相当因果関係説の折衷説と具体的危険説とは、同じ構造だということで、文句なしに連結されており、問題なかったわけです。ところが平野説は、一方は（因果関係）存在する事実を問題とし、他方は（不能犯）存在すると思った事実を問題とする点で違うのだということを初めて明らかにしたわけですが、本当にどこが違うのかがいまだはっきりしない。今浅田さんがいわれた錯誤論との関係でも、客体の錯誤、方法の錯誤といわれているものと、客体の不能、方法の不能といわれているものとがはたして、何らかの関連があるのかという問題も今後の課題ですね。

松宮　錯誤しているから行為者は結果が起きると思っているわけですから。

浅田　そうそう、一種の錯誤なんです。

松宮　そこに錯誤がからんでいるのは間違いないのです。

中山　しかし外国の状況をみると、不能犯はほとんど無視されてしまいそうですね。

松宮　不能犯になるかどうかの問題と不能犯の一部を処罰すべきかどうかという問題が別になっているのです。

中山　不能犯をむしろ処罰するという方向が強いのですね。そこが日本とかなり違う。

松宮　だから比較法をするときに注意しなければいけないところがそこですね。

9 ◆ 中止犯の刑減免の根拠とその体系的地位

本項の問題提起

　松宮　それでは、中止犯の刑減免の根拠とその体系的地位というところに入ります。

(1) 中止犯規定の変遷

　ここではまず中止犯の規定の変遷、沿革というものを問題にしてみようと思います。現行刑法の前の明治13年の旧刑法は、可罰未遂の定義自体が「意外の障害または舛錯」によって結果が発生しなかったという規定になっております。この規定によると、実は自分の意思で犯罪を中止したという、いわゆる中止犯はそもそも可罰未遂でないということになります。この規定のモデルは1810年のフランス刑法2条の未遂規定です。そこで、これと比較して、明治40年に成立した現行刑法ですが、ここでは中止もまた可罰未遂ではあるけれども、一般の未遂とは異なって刑は必要的に減免されるというように変わっています。

　旧刑法と比べて現行法には三つほどの特徴がみられます。第一が中止犯もまた可罰的な未遂である、つまり犯罪としての未遂自体が成立していることは否定されないということです。これがまず旧刑法との大きな違いであります。それから、2番目に中止の動機に限定がない、「自己の意思」でありさえすれば、どうして中止の意思を生じたかという理由は問わないということが特徴です。それから3番目に、その効果ですが、これは似たような中止犯規定を持つドイツ刑法と比較すれば明らかになるのですが、ドイツでは中止未遂は未遂としては処罰しないというのがその効果ですけれども、日本刑法の場合は刑の必要的減免にとどまるというところが大きな違いです。

　実はここで加重的未遂と言われているものが問題になるのですが、どういうことかといいますと、例えば殺人未遂で人に切りつけ、被害者に傷害を負わせたような場合に、ドイツ刑法ではこの場合に殺人行為を中止いたしますと、殺人未遂としては処罰されませんが、既遂となっている傷害罪として処罰される可能性が出てきます。この既遂となっている傷害罪のことを俗に加重的未遂と呼んでいるわけです。わが国でも実は旧刑法の時代には、中止未遂を加重的未遂として処罰できるかという議論がされていまして、現行刑法

の立案過程でも議論されていたのですが、最終的に未遂として刑の減免にとどまるというようにすることで、加重的未遂問題をどうするかは解決の必要がなくなった、つまり、いずれにしろ殺人未遂として必要があれば減軽して処罰できるということになりますので、議論の外に置かれてしまったということです。これもドイツ刑法との大きな違いになります。

そういうように見ていきますと、現行刑法典の中止規定ですが、規定の体裁はフランス刑法流ではなくて、ドイツ刑法流となっています。しかし、その法効果において、刑の減免にとどまるということ、したがって、加重的未遂を論ずる必要がないという点で、ドイツ刑法を超える独特の内容のものになっているということに注意が必要です。

現行法の提案理由を見ますと、なぜ効果を刑の減免というように抑えてしまったのかということですが、それは中止の動機に刑の免除にふさわしくない場合が含まれるということがその立法理由、提案理由であったということです。したがって、ここからこういう推測ができます。現行刑法の立法者は、刑の免除に限れば、免除にふさわしいような中止動機による中止を要求している、これは実は19世紀初期のフォイエルバッハ等によって唱えられた中止動機を限定するという意味での「限定主観説」に親和性をもった考え方であったと言うことができます。しかし、現行刑法では、中止未遂全体の成立要件には、実はこの限定はかかっていないわけです。刑の減免の対象、減軽をも含めた対象と言えば、ともかく自己の意思で中止すればそれでいいという考え方を採っていたと言えます。

(2) 学説分類の視点

この中止犯の刑の減免の根拠、あるいはその体系的地位をめぐって様々な学説が従来議論されてきました。ここでは伝統的には「刑事政策説」ないし「政策説」対「法律説」という大きな二つの考え方が対立していると言われています。「法律説」というのは、中止未遂の違法性や責任といった犯罪性自体が、障害未遂とは違うのだという考え方です。しかし、現行刑法は中止犯の場合でも「可罰的未遂」の成立自体は否定していないわけですから、その点において、厳密な意味で「法律説」は成り立ちうるかという問題がございます。これは、いったん実行の着手に入って可罰未遂が成立したという事実は峻厳であって、事後的に覆すということはできないのだというようにドイツでは言われているのですが、そういうスローガンが象徴的に意味していることであります。

そこで次に、「政策説」と言われているものは、本来どういうものだったのかということが問題になります。「政策説」ということで教科書類であげられているのは、リストの「後戻りのための黄金の橋」というスローガンです。これは実は、当該犯罪の既遂を阻止するために処罰しない、あるいは刑を必要的に減免するという、そういう「政策」を根拠とするものです。つまり、当該犯罪の既遂を阻止するという特殊な政策を根拠にした考え方が政策説であるというわけですから、これとは違う政策的な理由を根拠とする考え方は、実は伝統的には政策説というネーミングでは呼ばれて来なかったのではないかという問題が出てくるわけです。もちろん、この政策説に対しては、中止減免規定を知らない一般の犯罪者にとってはフィクションにすぎないという批判がありますし、また最近では「法律説」は体系的説明にウエイトを置いたものであり、「政策説」は刑の減免の根拠の説明にウエイトを置いたものであるとする見解もあります。しかし、いずれも以上のように現実に成立する未遂の、例えば違法性とか責任が本当に事後的に減るのかとか、あるいは政策というのは当該犯罪の既遂阻止という政策ではないのかという点で疑問を免れないわけで、その意味で伝統的な法律説でも、あるいは伝統的な政策説でもない考え方がありえないかということが問題になります。

　ここでドイツ刑法の現在の学説に目を転じてみますと、ドイツ刑法では減免根拠としてはむしろ最近はリスト流の政策説よりも、「報奨説」（または「褒賞説」）あるいは「刑罰目的説」と言われる考え方が有力になっているというのが、どのコンメンタールにも出てくることです。それから、この中止犯規定の体系的位置づけとしては、多数説は一身的な刑罰消滅事由だというように述べています。もちろんこれは、ドイツにおいては、未遂としては処罰しないので消滅事由でありまして、日本の場合は減少事由ということになります。その理由は結局のところはこういうことです。現行法では未遂自体は成立しているのであって、その未遂の違法や責任が事後的に消滅するわけではない。普通の違法阻却事由や責任阻却事由の場合は、当該行為自体が始めから違法でないとか責任がないことになります。しかし、中止犯の場合はいったん可罰未遂があり、そのあと中止行為があるわけですから、最初に成立した可罰未遂の違法や責任が始めからないとか減少しているとかいうわけではない、違法や責任の阻却事由の場合とは質的に違うのだ、ということになるわけです。したがって、現行法で言いますと、例えば任意減免である自首と同じく、中止もまた犯罪成立後のある特殊な情状を意味しているという

第1章 未遂犯論

ように位置づけるべきではないかということです。

そうしますと、自首とかあるいは公訴時効とかいうようなものが現在の刑法学では刑罰消滅事由、犯罪行為後の刑罰権消滅事由と言った方がいいですが、そういうように位置づけられていますので、ドイツでも中止行為、中止犯は刑罰消滅事由だという説明が通説になっているわけです。

しかし、そのドイツでも現在、責任（あるいは答責性）阻却（あるいは埋め合わせ）事由だという見解もいくつかございます。これはどういうことかといいますと、責任があくまでも量刑の基礎であるとし、単なる上限ではなく基礎であるとするいわゆる積極的責任主義を信奉する学説の場合には、それにもかかわらず自首とかあるいは中止行為とかで法律では刑の減免を書いているわけですから、したがって、そこに言う責任というのは犯行時の責任ではなく、犯行後の情状も含んだ「量刑責任」のことだ、それだったら中止行為というのはその「量刑責任」を阻却したり、減少したりする事由だとこういうように説明しているわけです。したがって、あくまで行為時の未遂に対する責任を阻却するのとは違うというように理解していただく必要があります。

そこで、こういう学説分類のポイントは、結局のところ、法律説でなければリスト流の政策説しかないというように考えるのではなくて、リスト流の政策説というのは当該犯罪の既遂を阻止するという特殊な「政策」を意味するものというように解する、言いかえればそれ以外の刑事政策的、あるいは刑罰目的からみた処罰の必要性が減少するという説明が別にあるというように理解することです。それから、さらに「法律説」とは、1810年フランス刑法やあるいは日本の旧刑法のように、あくまで可罰未遂の成立自体を否定する、あるいは部分否定するという、そういう見解なのだ、そこにルーツを持っているのだというように理解するということに、そのポイントがございます。

実際、1851年のプロイセン刑法が1810年のフランス刑法と同じような規定で、フランス刑法をモデルにしたのですけれども、その時には法律説がドイツで有力になっているのですね。ところが、1871年刑法典時代になると、実は判例において政策説が有力になって通説化するという関係がありますから、これらの学説と立法の規定の仕方には密接な関係があるということに注目する必要があると思います。

(3) 刑の減免根拠

次に、刑の減免根拠と体系的地位に入っていきますが、まず減免根拠ですけれども、リスト流の政策説は当該犯罪の既遂阻止のために有利な扱いを掲げておくことに意味を持つわけですので、現実の行為者がいかなる動機で中止したかは問わない、ともかく自己の意思で中止すればよいのだということになります。これは1871年のドイツの中止犯規定、私流に言えば「無限定主観説」ですが、これに親和性を持ちます。

これに対して「報奨説」または「褒賞説」というのは、いわば「応報刑論」の裏返しで、悪いことをすれば刑罰を、よいことをすればそれに対する報奨をという考え方でして、中止行為によって合法性に回帰する、そういう善行に対する報いとして刑をまけてやるという説明になると思います。

そして「刑罰目的説」は、それをもう少し合理的に説明しようということで、本来犯罪あるいは未遂が処罰される理由として、一般予防ないし特別予防という刑罰目的を掲げるのであれば、逆に中止犯の場合にはそういう一般予防ないし特別予防の必要から見た処罰の必要性が減少、ないし消滅するのだとし、ロクシンなどの言い方によると中止行為をする人は実は刑罰を必要とするほど悪い人ではなかったのだという説明になります。そういう形で中止犯の刑の減免根拠を説明していくわけです。しかし、「報奨説」や「刑罰目的説」の場合には、いかなる動機であろうと自己の意思で中止すればいいのだという「無限定主観説」にはいかないことになります。むしろそうではなく、報奨に値するような動機、あるいは刑罰目的から見て処罰の必要性を減少させるような動機という形で一定の動機の限定を伴わざるをえない。誤解を恐れずにいえば、この学説は中止動機について広い意味での限定主観説、どう限定するかはまた別にして、そちらに親和性を持つと思います。

(4) 体系的地位

次に体系的地位ですけれども、これは先ほど申しましたように、可罰未遂成立要件としての「構成要件」「違法」「責任」に、現行刑法上、中止行為が影響を与えるという形では、少なくともありえないということは間違いないと思います。むしろそうではなく、可罰未遂成立後の有利な情状としての刑罰消滅、ないし減少事由というように見るのが、体系的には一番素直な見方であって、それはわが国の場合には広い意味での量刑規定、なぜなら減軽にとどまる場合がございますから、量刑規定だと言わざるをえないというように思います。ただし、中止の要件は、一般的な有利な情状というのであれば

情状酌量で酌量減軽すればいいわけですから、そうではなくて特別に規定が設けられている以上、いったん成立した未遂の可罰価値、処罰価値を否定する方向でのものでないといけないというように言うことはできます。そこで最近では、中止行為というのは未遂行為の持つ、一種の「構成要件該当性」、「違法性」、「責任」を価値的に裏返したようなそういう行為でなければならない、それによって、いったん成立した未遂の可罰性を埋め合わせていくことが必要なのだという見解が唱えられています。ヤコブス説とか、あるいは塩見説などがそういう見解を採っています。その意味で中止行為の内容に価値的に見て、未遂の違法性の埋め合わせ、ないし責任の埋め合わせになるものが必要だとすることが妥当なように思えます。ただし、これは、繰り返しになりますが、未遂行為自体の違法減少、ないし責任減少を意味しているわけではございません。なぜなら未遂自体の違法性や責任はすでに確定しているのであって、事後的に減少するというものではないからです。なお、この点で保安処分制度をかかえるドイツでは、違法性を中止行為でもって埋め合わせるということは、中止犯について保安処分を課す必要がないという効果を導くためにどうしても必要であるということを付け加えておきます。

さらに、体系的地位の中で違法減少説というものを採りますと、未遂犯に対する共犯が存在した場合に、その違法減少は共犯の従属性から見て共犯にも影響するということになってしまいまして、中止効果が一身専属的であるということを説明できないという難点を持っています。ただ、以上のようなドイツ、特にヤコブスの議論の中で、一つわが国への応用において注意が必要なのは、わが国では効果が刑の減免にとどまるということです。したがって、実は、中止行為は未遂行為の持つ可罰性を完全に埋め合わせるものでなければいけないというように述べる必然性は乏しいということになります。

以上のように、整理をしていきますと、現行法の中止犯規定は、いったん成立した未遂の可罰価値を否定するような方向のものでないといけない、それは一番素直には犯罪成立方向で要求される刑罰目的から見て、逆に処罰の必要性がなくなる、マイナスの刑罰目的ですね、そういうことを示す内容のものである必要があるだろうと、体系的には犯罪成立後の情状と言いますか、犯罪成立後の刑罰権を消滅させたり、縮小させたりする、刑罰消滅縮小事由として理解する必要があるというように考えることができます。従来のわが国の議論は、そういう意味で本来法律説が何を意味していたのか、法律説でない見解としてはリスト流の政策説しかなかったのかという点で非常に

> 混乱を生じていたと言えるのではないかと思います。
> 具体的な中止要件への反映については、次項で議論をしたいと思います。

〔討　論〕

Ⅰ．旧刑法における中止犯の扱い

中山　フランス刑法をモデルにした旧刑法では、中止犯に当たるケースがあった場合、どういう処理になっていたのでしょうか。

松宮　おそらくフランスでも同じですが、いわゆる加重的未遂ですね、それだけですでに既遂になってしまうような傷害罪などがあれば、それが成立することになります。

中山　規定がなくて、そういう処理になっていたということですか。傷害罪の規定はあるけれども、中止犯の規定はないわけですね。

松宮　ないです。だから、可罰未遂の定義に当てはまるかどうかなんですが、自分の意思でやめたのだとなれば、旧刑法ではそもそも可罰未遂でもない。したがって、およそ未遂犯は成立しないし、共犯も成立しません。

中山　わかりました。では次に、加重的未遂の「加重的」とはどういうことですか。

松宮　ドイツ語の「qualifiziert」という言葉、結果的加重犯の「加重」ですね、あれも「qualifiziert」ですから、これをそのように訳しただけで、この訳語はあまりよくないですね。意味は未遂行為の中に含まれている既遂犯ということです。

中山　それでわかりましたけれども、現行法の下でも植松説などは、いわゆるこの加重的未遂が成立しうるという解釈論を展開しておられるわけです

第1章　未遂犯論

が、これは誤りでしょうか。

松宮　少なくとも、現行法制定過程での議論を見ると、そういう議論をしなくてすむように刑の減免にしたと言われていますので、不必要な議論だと思います。

中山　判例には一切この説は現われていませんか。

松宮　現行法以降はでていません。

II．法律説の意味

浅田　今の点は、刑の減免の根拠についての法律説、政策説に関わっているように思います。立法者が刑を減免すると言ったのはたしかに政策的に一身的な刑罰減免ということを考えていたわけで、それで十分だという判断をしたのだと思います。しかし、伝統的な法律説ですと、やはり何罪が成立するかということが問題になって、殺人未遂は中止犯で法律説的見地から成立しない場合があるということになれば残った傷害が成立するという余地が出てきます。だから、政策説的に考えれば、先ほどの説明になりますが、法律説では議論の余地があります。

松宮　あります。ただし、法律説自体が旧刑法やフランス刑法の規定と不可分の関係ですので、現行刑法になってからはそういう意味での法律説は主張されていないと思います。

浅田　先ほど松宮さんは新しい政策説を主張されましたが、伝統的な法律説は私の理解では、すでに成立した未遂、これはまさに峻厳なのですが、それを前提にしつつ、責任減少説の場合、後で放棄するような故意というのは最初からそれほど強くなかったのではないかという形で、実行の着手時点ですでに責任が減少しているというように評価し直しているのではないでしょうか。違法が事後的に減少するとは思わないのですが、責任は評価し直して、こういう責任であれば最初から少なかったから可罰的責任と言えない、あるいはそれが減少するという説明だったように思います。

中山　そこはしかし、必ずしもはっきりしていませんね。厳密に言います

135

と、責任といえども、行為責任と行為後の責任はやはり分けられるべきだとしますと、やはりいったんは犯罪行為として違法、責任が成立した後、処罰する段階になって事後的にいったん成立した責任が処罰するに値しないということで減少していくという方が言いやすいわけですね。そういうこともあって、責任の方が事後的な減少が説明しやすいということがあったのではないかという感じがします。

そこで、そのことの関連で、特に日本で佐伯説が法律説を犯罪論的に展開されたと私は思うのです。それまでは、一身的刑罰阻却・減少事由という考え方が支配的だったと思います。犯罪は成立しているけれども、事後的な処罰が一身的に減少し、もしくは消滅するのだという考え方の方が、小野・団藤説として主張されていました。ところが佐伯説はそうではなくて、なぜ刑が事後的にも減免されるのか、なぜ一身的に刑罰が減免されるのかという視点から、やはり犯罪要件のかかわりでしか説明しえないのではないかという方向で、責任減少説という形におさまったと思います。平野説もそのラインを今度は違法減少説という形で拡大したということになります。佐伯説にも違法減少という考え方が少し出ていますが、しかし主眼は限定主観説ですから、責任減少ということですね。平野説はむしろ故意の放棄というところで違法減少に持っていくのですが、このように一時法律説が、かなり有力になったと思うのです。

松宮　我々が学生の時は、むしろ法律説が通説であって、政策説はもはやないと……。

中山　しかし、よく考えてみると、中止犯というのはやはり他の違法・責任阻却事由とは性格を異にすると認めざるをえないのです。自首とか時効とかのような事後的な問題とも、必ずしも一致はしませんけども、かといって、完全に犯罪の成立要件に解消することにも無理があるのですね。

松宮　そうです。

III．未遂の埋め合わせとしての中止

中山 そうすると、自首や時効とは違って、事後的減少とか、事後的消滅という場合でも、事後の「事」との連結性というものが残るので、これを完全に分断することはできないことになります。

松宮 できません。それを指摘したのがヤコブスなんですね。つまり、確かに可罰未遂は成立している、しかし、ドイツの場合特に未遂としては不処罰ですから、単なる犯行後の情状とは違うのだ、まさに未遂の可罰価値を埋め合わせて、否定するような内容のものでないといけない、そういう点で言えば、違法性の裏返しであり、責任の裏返しというものを中止行為自体が持っていないといけない。

中山 しかし、そうすると、裏返しという意味では、普通の犯罪でも、犯罪が既遂に終わってから反省して、やはり悪かったというのは埋め合わせをしているのではないのですか。

松宮 いや、そうは言わないのです。そこで言われるのが、例の既遂に至る危険性を自らが打ち消すということなのですね。他人によって止められれば普通の障害未遂ですが、自分の行為で作り出した危険を自分の行為で消すと、しかもそれが犯罪の故意ないしその動機の裏返しとして、良き故意、良き動機ですね……。

中山 そうすると、既遂になってから埋め合わすというのは……。

松宮 もはや埋め合わせできないですね。実質的な既遂時点がいつかという問題は別にして。その意味で、やはり未遂は「未完成な」犯罪なのですね。

中山 未遂の段階では埋め合わせの可能性が残されているとすると、それは単なる量刑事情とは言えないことになりますね。

松宮 単純な量刑事情ではないですね。そういう意味で中止行為の要件は未遂行為のもつ違法性や責任と関連しているのですね。でも裏返しという形で関連している。ですから、実は私は佐伯先生がおっしゃったことをこう理

解しているんですが、中止行為なるものはやはり、責任減少に値するような、非難可能性の減少に値するような行為でなければならない、そういう意味で犯罪体系論、犯罪成立要件と関連するのだということに、佐伯説のウエイトがあったのだと。

Ⅳ．責任の評価変更としての中止

浅田 私は少し理解がちがいます。一つは行為後に、つまり実行の着手後に、違法性、責任が事後的に修正されるのだとする鈴木説がありますが、こういう体系はやはり採れないので、実行の着手時点が決定的だと思います。その上で法律説で言っている責任減少というのは、放棄するような故意しか持っていなかったというように実行の着手時点での責任が低かったという評価のしなおしととらえないと、違法、責任の決定的な時点は実行の着手時点であるという出発点が崩れてしまいます。そこで政策説に行くのならいいのですが、法律説に立つ以上はそのようにしか考えられません。

中山 未遂は実行の着手から終了までですから、その間の責任、要するに、実行の着手時での責任と終了時での責任があって、それを途中で放棄しますと、そこから低くなると……。

浅田 いえ、実は低かったのだという評価がえをしない限りは難しい。

中山 しかし、実は低かったのではなくて、途中で放棄したから結果的に低くなったのであって、最初から低かったというふうに埋め合わせできますか。

浅田 そこが法律説だというように、理解しているのですが。もう一つだけ言いますと、故意の体系的位置づけの点で、未遂の場合には故意は主観的違法要素だから違法減少説に至るとすると、責任減少説と、内容的には変わりません。

　故意の放棄という点では、故意が責任要素か違法要素かで、責任減少か違法減少かという割りふりだと思います。しかし、実行の着手時点で完全に未遂としての構成要件該当性、違法、責任があると言ってしまうと、それがな

ぜなくなるのかは政策説でないと説明できないですね。

中山 最初は故意があり、途中で結果が発生するまでの間に自分の意思で故意を放棄したときは、最初から故意があって最後まで放棄しない場合と比較すると、途中から故意がなくなっていますから、その分だけ埋め合わせしているだけで、完全に埋め合わせできていないのではないか。

浅田 いえ、なぜ最初の未遂を処罰できないのかという問題です。政策説だったら処罰しなくていいと言えるのですけれども、法律説からは処罰しない理由はそのままでは出てこないのではないでしょうか。

V．埋め合わせの方法

中山 では、松宮さんにうかがいますが、最初故意があって、違法も責任も完璧に出発しながら、途中で思い直して自分の意思で止めますね、この時にこの部分はいったいどうやって埋め合わせることになるのですか。

松宮 阻却事由と違うのは、普通の違法、責任阻却事由は最初から違法でない、例えば正当防衛ですね、ですからあとで埋め合わせるという言い方の時は刑罰消滅事由、ドイツ語では Strafaufhebungsgrund という言い方しかできないんです。埋め合わせというのも同じもので埋め合わせるということは絶対にできないので、価値として同じもので埋め合わせるしかないということですね。

中山 やはりそうすると、全部は埋められないのですね。

松宮 はい、ここまですでに起こった未遂の可罰価値は誰も否定できません。しかしそれを埋め合わせるだけの善行があったから、刑罰目的から見て処罰の必要性がなくなるという説明になります。

浅田 それはまさに政策説です。

中山 それを理論的に説明できるかということですね。

松宮 だから、法律説は破綻していると私は申し上げているのです。もっとも、この説明は、リスト流の政策説ではなくて、非法律説の一つである刑罰目的説ですが。

Ⅵ．責任減少・違法減少の意味

浅田 私は法律説にこだわりたいですね。もう一つの問題ですが、ロクシン説では、実質的責任がそもそも可罰性すなわち一般予防、特別予防です。そうなると責任減少といっても、中身が違っていることになってきます。

松宮 我々が言う量刑責任に近いですね。

浅田 そこは注意しなければならないですね。例えば、山中説が可罰的責任減少という時の「責任」というのは、非難可能性という意味での「責任」なのか、ロクシンの可罰性という意味での「責任」なのかは注意が必要ですね。

松宮 山中説はロクシン説をベースにしているという限りで言うと、あれは量刑責任ですね。だけど山中先生は必ずしもそういう理解で主張されているかどうかはわかりません。

浅田 私は、法律説になんとかこだわって解釈したいというのが出発点なので、やはり最初から責任が低かったと言わないと無理だと思います。

松宮 ロクシンも、途中から放棄するような人は最初からあまり犯罪性が強くないのだから、処罰の必要がないのだという説明をしています。その説明をしたうえで、でも未遂は成立しており、未遂行為の責任がなかったとはいえないので、刑罰目的という説明しかないわけです。

中山 平野説ではこの問題についてはどう理解していますか。

松宮 混乱しているのではないかと思います。リストを出してみたり、あるいは違法減少説を出してみたり、でも犯意を放棄するまでの未遂の成立、あるいはその違法性ということが後で消えるというのと阻却事由というのは違いますからね。やはり、その段階では阻却事由と刑罰消滅事由の質的な違いというものがあまり意識されていなかったのではないかと思います。

中山 あまり、厳密ではなかったということですね。その他の、例えば親族相盗などについて、刑罰阻却事由から法律説にひきあげてくるという佐伯説の発想には、私は基本的に賛成ですが、中止犯についてはこれを完全に法

律説的に説明できるかについてはかつてから疑問には思っていました。どうしても、何か残る、事後措置の問題としてね。だから、法律説を主体にしながら政策説がどうしても必要になるのではないかと思っていたのですが、浅田さんはむしろ法律説で徹底すべきといわれます。しかし、よく考えてみると、結論としてはそんなに変わらないですね。

Ⅶ．刑罰阻却事由と刑罰消滅事由

浅田 この問題は客観的処罰条件、一身的処罰阻却事由をそもそも認めるのかという議論ですので、中止犯については別だと言うか、あるいは中止犯についても減免になっている以上は同じ議論であって、なんとか犯罪の成立要件の中で説明すべきだと考えるか、その出発点の違いだと思います。

松宮 それも違うのですよ。刑罰消滅事由と刑罰阻却事由もまた質的に違いまして、19世紀の終わりごろまでは、刑罰阻却事由というのは違法阻却事由と責任阻却事由を混合した、そもそも最初から犯罪にならない事由だけれども、両方混ざったものだったのですね。それと刑罰消滅事由とは違っていたのです。自首減免がまさにそうですけれども。何が違うかというと、犯罪行為後の事情なのか、行為時の事情なのかなのですね。

中山 だから、小野・団藤説でも、自首と一身的処罰阻却事由とを分けていたのですね。

松宮 ですから、いわゆる一身的処罰阻却事由を違法阻却、責任阻却に解消していくということを言ったとしても、刑罰消滅事由はまだ残るのです。

中山 もちろんそうです。だから、私は中止犯というのは両面あるのではないかというように思っていました。いったんじゅうたんを広げておいて、また元に戻したからすべてなくなるというようには考えにくいですね。

浅田 なくなるのではなくて減少です。減少したものをさらに評価して処罰に値しないという判断をするか、あるいは刑を減軽するかということだと思います。

Ⅷ. 非法律説の分類

松宮 もう一つは、政策説という名前で一括されていた非法律説ですね。それに対する批判が、リスト流の黄金の橋説に対する批判なのか、非法律説一般に対する批判なのか、これも分けておくべきですね。

中山 政策説はしかし、その内容が大分具体化されてきているのではないですか。

松宮 いや、日本の議論ではまだまだわからないですね。例えば山口先生の『問題探究』などでも、リスト流の政策説であったり、報奨説であったり、刑罰目的説であったり、いろんな論拠が全部出ています。

中山 私には、報奨説が一番わかりやすいのですが、そのほかに、一般予防目的や特別予防目的などがいわれるので、その関係はどうなっているのでしょうか。

松宮 報奨説はいわば応報刑論の裏返しですので、いわゆる応報刑論は絶対的刑罰論ですよね。目的を持たない刑罰論だとすれば、なぜ褒美をあげなければいけないかの説明がないのです。ちょうど応報刑論がなぜ罰を与えなければいけないのかという説明がないのと同じです。

中山 報奨というのは、結局「合法性への回帰」に対する褒美ですね。

松宮 一応、そうなのですね。

中山 そういう意味では非常に単純なのですね。元へ戻ってきたから褒美をあげようということでしょう。

松宮 それは悪いことをしたから応報として刑罰をあげるのだというのと同じ説明です。

中山 裏返しにすぎないということですか。

松宮 でも、現代の刑罰論はそれでは満足しないのではないですか。

中山 しかし、それ以外になぜ一般予防、特別予防というような政策を掲げないといけないのでしょうか。

松宮 応報刑論で満足していない人はそうなります。応報刑論自体に満足

していない人は目的刑論をいうわけでしょう。だから、中止未遂の場合だけ報奨説で満足するわけにはいかないように思います。

中山 たしかに、それは刑罰論の問題だとは思いますが、私はむしろ一般予防、特別予防での説明の仕方では、かえって一般的にすぎて、予防を可罰的違法性や可罰的責任に還元したり、還元しきれないものもあって、かえって不明確ではないかと思うのです。したがって、自信はないのですが、政策説としては、報奨説で応報刑の裏返しにして説明するという事の方がすっきりすると思うのですが……。

浅田 減免の根拠の問題と体系的地位の問題はたしかに関連はしますが、前者は立法論ですし、後者は解釈論ですので、必ずしも一致はしません。私は減免の根拠自体はかなり広く捉えて、報奨もその一つだろうと思いますが、体系的地位として解釈する時には先ほど言いましたように、法律説にこだわって解釈すべきではないかと思っています。

IX．違法減少の連帯性

浅田 あと一つ少し細かい点ですが、違法減少説の場合には違法の連帯性が働くといわれましたが、故意の放棄という意味での違法減少と言った場合、それでもやっぱり連帯的に作用しますか。

松宮 制限従属形式を公式どおりに理解すれば、違法の阻却的方向ではすべて連帯します。

浅田 それは故意は除くということでは。

松宮 いや、それはありません。日本独自の議論です、それは。

浅田 たとえば平野説がそう考えているのかどうかということですが。

松宮 平野先生は防衛の意思のところでそのような事を書かれていますけれども。例えば、正犯とされる直接行為者に防衛の意思があって、完全に適法行為だというときに、それに教唆行為を成立させるということは、制限従属形式ではありえません。正犯の違法行為がないのですから。

中山 しかし、これを一身的違法身分という形で、相対化する可能性はあ

りませんか。

松宮 それは違法を積極的に根拠づける方向です。制限従属形式は根拠づける方向では連帯しません。しかも、それでは、不法でないものに加担しても共犯が成立することになって、共犯の従属性ないしは、正犯不法からの刑罰拡張事由という本質に反してしまいます。

中山 私はあなたの意見に賛成なのですけれども、一般にはそういう形で説明されるということです。

松宮 しかし、プラスマイナス両方とも連動するということはありません。共犯成立の必要条件だということはそういうことです。共犯成立のために正犯に必要だということは、正犯にないか、少ない場合に共犯に連動するということです。

中山 そうだとすると、違法減少説に立つと、他の共犯にも有利に働くはずですね。

松宮 だけど、中止犯の場合はそういうものだという理解はないですね。

浅田 連帯するという理解はないですね。

松宮 むしろ、それこそが、フランス流の法律説の弱点だったのだと考えられるのです。

中山 しかし、偶然に誰かが中止してくれれば、行為そのものの違法性が減少するのだから、その恩恵は共犯にも及ぶと考えても、何も不思議なことはないと思うのですが、違法減少説を採る人でも、これはやはり採れないのかな。

松宮 他の共犯者や、あるいは共同正犯者に効果が及ぶとは考えないですね。例えば、佐伯先生ですとね、非難可能性の減少だと言う時に責任は個別的なので、そこから当然に効果が一身的だというのが出てきますから、そう考えると佐伯説のような考え方が他の共犯者でも恩恵をというように言ったら自己矛盾に陥ってしまいます。

中山 いや、そうではなくて、違法減少説の人から、その効果が共犯者にも及ぶのだというように、被告人に有利に考える考え方がなぜ出てこないのかと思うのです。

浅田 違法減少説の人は、例えば義務違反という要件を入れて、義務違反は一身専属的であるからという説明をします。

松宮 それも違法を構成する方向では一身専属的ですが、阻却・減少の方向では、やはり、共犯に連動することを否定できないでしょう。

10 ◆ 中止行為と中止の任意性

> **本項の問題提起**

　松宮　中止行為と中止の任意性ということで、主に中止未遂の成立要件にかかわってくるところを報告させていただきます。
　(1)　基本的視座
　まず、その基本的視座ですけれども、先ほどの第9項でご報告しましたように、中止未遂に関する刑の必要的減免の根拠と中止要件との間には実は密接な関係があるように思われます。例えば、当該犯罪の既遂を阻止するための黄金の橋だというリスト流の政策説によりますと、任意性の要件については中止の動機を問わず自己の意思であればよいという「無限定主観説」に至ることになります。また、中止行為自身も、ともかく自己の行為によって既遂にならなかったということであれば、それでよいという結論になりそうに思います。ドイツの判例を見てもそうですが、そういう意味でリスト流の政策説は非常に広い範囲で中止未遂の成立を認める考え方であるというように言えるかと思います。
　しかし、わが国の場合には、中止の効果が刑の必要的減免にとどまります。また、その理由は立法者の立法時の議論によれば、そういう無限定な主観説では、中止動機が刑の免除にふさわしくないものも入ってしまうというところにございましたので、そういう意味で免除という限りは一定の限定主観説が予定されていたというように考えることができます。さらに、わが国の実務はそれ以上に、そもそも中止犯になる要件自体に一定の限定主観説、どういう意味で限定かはいろいろあるとは思いますが、一定の限定主観説を採用していると見られるところから、リスト流の政策説がそのまま支持されるという土壌はわが国にはないように思われます。
　そこで、報奨説の場合ですが、これはいわゆる応報刑論の裏返しですので、逆に刑事政策的な説得力がないのではないかという批判を受けるわけで、最終的にはロクシンなどが唱えているような刑罰目的説ですね。犯罪成立および処罰の時に立てた刑罰目的と同じものでもって、処罰の必要がないというように説明するというのが一番説得力があるかと思います。もちろん、論者が刑罰目的をどのように措定するかによってその内容は色々と多様

になってくるかと思います。この場合、中止要件ですが、そういった措定された刑罰目的から見て何らかの意味で処罰の必要性を否定し、または減少させるものでなければならないという結論が出てきます。そこから、任意性要件については、刑罰の基礎になります責任、これを非難可能性ととらえれば、そのいったん成立した未遂の非難可能性を中止行為でもって減少させるような中止動機が要求されることになります。ここから「限定主観説」というものが出てくることになります。それから、中止行為自身にしても、未遂行為によって自らが生み出した既遂に至る危険性、それが未遂の違法性の中心かと思いますが、その危険性を中止行為でもって埋め合わせる、つまり危険性を打ち消すということが要求されるということになってくるわけです。ただし、先ほども述べましたように、わが国では中止未遂の効果が単に刑の必要的減免にとどまりますので、完全な埋め合わせまで要求するというのは説得力がないということになります。

(2)「自己の意思により」

さて、そこでまず最初の要件として、「自己の意思により」という要件ですが、立法者意思から言えば、中止の動機を問わない、いわゆる「無限定主観説」が妥当ということになります。ここではフランクの公式である「やろうと思えばやれたけれども中止した」というだけで「自己の意思により」という要件は満たされたと解することができます。ただし、そうしますと、例えば「被害者がお金をくれるから」あるいは「戸外ではいやだが屋内では応ずるといったので」強姦行為を中止したという場合のように、必ずしも非難可能性を減少させないような中止動機の場合にも、中止未遂の「自己の意思により」という要件が満たされるということを甘受せねばならないということになります。しかし、ドイツの判例でこういうケースがあったわけですが、わが国でこのような結論をこのまま支持するという学説は、ほとんどないように思われます。

さらに、犯罪の遂行を目指す犯人というものを基準にして、そういう犯人から見て「不合理な決断」であると言えるときには、「自己の意思により」の要件が満たされるとする「不合理決断説」という、山中教授の見解がございます。これは一種の客観説かと思います。しかし、これにも不明確な部分が残ります。一つは、刑罰論との関係が明らかでないということです。それから次に「合理的な犯罪者」ということ自体が形容矛盾なのではないか、むしろ合理的な人間は（少なくとも重大な）犯罪はしないというように解する

べきではないかと思います。さらに不合理な決断ではあるけれども、しかし、決して非難可能性を減少させるような動機でないという場合にどうするかということがございます。例えば、今日、たまたま空き巣に入ろうとしたときに前を黒猫が走った、家には入ったけれどもやっぱり不吉だから窃盗は物色途中でやめたような場合、不合理ではありますが決して褒められた動機ではないですね。そのような場合にもすべて中止未遂である「自己の意思により」中止したのであるとして刑の減免という効果をもたらしてよいのかという疑問はどうしても残るように思います。

　そういうように考えますと、わが国の学説は何らかの形で限定主観説を採っているということになります。誤解を避けるために申しますが、限定主観説の限定の方法は人によって多様です。例えば、佐伯先生のように「広義の後悔」という限定をされる場合もありますし、フォイエルバッハが言っていますように、それに加えて「処罰の恐れ」を動機として中止した場合も含む、これは統一前のバイエルンの刑法典にも条文化されましたが、この場合も含むと考えるかは、やはり論者の措定する刑罰目的に左右されます。規範的な予防論をとるか威嚇的な予防論をとるかによるのですが、その点でフォイエルバッハが「処罰の恐れ」というのを出したのは、心理強制説からすれば、理論的にはまさに一貫しているわけです。

　そこで、限定主観説に関する一つの問題は、中止者の動機、中止動機の解明が困難な場合にどう扱えばいいのかということです。それから、立法者意思は、中止犯になるための要件としては、むしろ無限定主観説を採っていたわけで必ずしも限定主観説を予定していなかったと言われているのですが、それと調和するのかという問題もあります。まだまだ検討の余地はあると思いますが、「免除」にするには「限定主観説」、減軽で処罰するなら、普通の未遂とほぼ同じように処罰できるのだから中止未遂と言って構わないのではないかというのが、一つの解決策だと思います。そういう意味で中止未遂になるためには無限定主観説、しかし免除になるためには限定主観説という二段階の構えをとるということが考えられます。

(3)「中止した」

　次に「中止した」という要件ですが、ここでは中止未遂はあくまで未遂の可罰性を埋め合わせる、未遂内部での制度なのだというのが前提です。既遂になってしまえばだめで、未遂であることが前提となります。しかし、未遂でありさえすれば、法律上は既遂に至らなかった原因が中止行為にあるこ

と、つまり中止の因果関係は必ずしも要求されていないように思われます。この点、山口説などいくつかの学説は、中止行為と結果不発生との間の因果関係を要すると述べています。しかし、ドイツでならともかく、わが国では効果が刑の減免ですから、必ずしも「完全な埋め合わせ」は要求されていないと解するべきで、その意味では未遂にさえとどまれば中止犯適用の余地はあると考えたほうが合理的だと考えます。

　それから、中止行為自体は未遂行為によってもたらされた危険、既遂に至る危険を自ら除去したことが必要です。単に危険を除去するというように述べる場合も多いのですが、当然自分がやったということが前提ですね。他人に止められて未遂に終わったというのは単なる未遂ですから。もっとも、危険が小さい場合には、失敗に終わる高いリスクを意識しつつ、それ以上の行為をしなかったというのも、中止減免に値するでしょう。そこから、いわゆる「着手中止」と「実行中止」とで中止の要件に違いが出てまいります。前者の場合には、結果にいたるまでにさらになすべきことが残されているわけですから、後の行為を放棄すればいいわけですが、後者の場合にはそのままでも結果発生の可能性があるわけですから、結果防止の積極的努力を要するということになります。なお、これにさらに錯誤が絡んだ時にどうなるかという、ややこしい問題がありますけれども、それはまた後で議論の時にでも扱おうかと思っております。

　この「着手未遂」か「実行未遂」かの区別の時に、従来から、行為者の犯行計画が一つの基準になると言われてまいりました。例えば、6連発の拳銃を持っているが、被害者を1発でしとめるという計画であった場合に、1発目が外れたとしたならば、これで本来計画していた殺人の実行行為は終了しているのだから、「実行未遂」であるということになります。そうすると、中止未遂になるためには結果を防止する努力をしなければならないのだけれども、当たらなかったのだから努力の余地がない、いわゆる「欠効未遂」であるということになります。したがって、中止未遂の成立の余地がないのではないかと言われたことがございます。

　しかし、これは実は昔のドイツの判例や多数説がそういうことを言ってたのですが、最近のドイツの判例は、そういう言い方はしません。たとえ1発目が外れても、なお発射が可能であるという段階でもう一度改めて考えてみようと言っておりますので、その段階で任意に犯行の続行を中止したのであれば、中止の余地があるというように考えるべきだと思います。ただし、そ

のような考え方と先ほどの「自己の意思により」に関する「無限定主観説」を結合させますと、中止未遂の成立範囲がきわめて広くなりますので、そういう傾向のあるドイツの判例に対して、ドイツの学説は、目的不達成でもはや中止の余地がないという、いわゆる「欠効未遂」を広く認めることによって中止犯の成立を否定、限定していくという傾向にあります。具体的に申しますと、最近こんな判例があったのですが、警察官が泥棒を追跡し、泥棒の側が追跡を止めるために殺害の可能性を認容して、警官に向けピストルを発射したけれども、弾は当たりませんでした。しかし、警官がピストルを恐れたために追跡を止めたので、追跡阻止という主たる目的を達成できたという事案です。このような場合には未必的な故意があるので殺人未遂なのですが、自己の意思でやめたのだから中止犯かという問題が出てきます。これを認めるというBGHの判例があったのですが、学説の中にはこれに対して、主たる目的が達成されてしまった以上、追跡阻止という主たる目的の達成のために人を殺すことはもはや不可能になったのだから「欠効未遂」である、と述べて中止未遂の適用を否定する、そういう見解がございました。

　しかし、このような議論も、刑の必要的減免ということで処罰の余地を残している日本刑法では、実はあまり必要ではないと思います。

（4）　共犯と中止

　最後に、共犯の場合の中止ですが、既に『レヴィジオン刑法1共犯論』の中で浅田先生が共犯の離脱と中止の問題として扱われていますので、ごく基本的な枠組みだけ申し上げます。ここで問題になりますのは、中止行為の要件として既遂に至る危険を除去するためにはどうしなければいけないかということです。共犯、特に共同正犯者がいる場合には他の共同正犯者によって、犯行が既遂に至る危険性がなお残りますので、未遂の場合には基本的には単独犯の実行未遂の場合と同じく結果発生阻止の努力が必要とされるわけです。しかし、その阻止行為によって共犯関係が解消したと見られる場合、俗に言えば「仲間割れ」を起こしたと見られる場合は、共犯関係解消後の他の共犯者の行為に対して、阻止行為者は共犯としての罪責を負わないと見るべきだと思われます。そうでないと、一生懸命努力したけれども殴り倒されて気を失っている間に共犯者が犯罪を既遂にしてしまったという時に、既遂の罪責を、殴り倒された阻止行為者に対しても問うというのはきわめて酷な結果になるからです。その際分けておくべきことは、「共犯関係の解消」ないし「離脱」というのは、効果として共犯の関係を解消するというだけのも

ので、刑の必要的減免という中止未遂の効果はその「離脱」によって単独で評価されることが可能になった行為者の行為が、単独で評価した時に中止要件に該当するかどうかによって判断されるという、これが筋だということです（なお、みずから犯罪の実行に着手するものでない教唆犯などの共犯者の場合には、たとえ正犯の犯行を阻止したとしても43条但書の直接適用は不可能で、せいぜいその類推しかないという問題があります）。

　そういうことで、中止の刑の減免根拠および体系的地位と個々の中止要件との整合性を、もう一度きちんと確立して議論していくことが必要だと思います。

〔討　　論〕

Ⅰ．報奨説・刑罰目的説と中止要件

中山　一つ私の方から、先ほどもありました報奨説、これは応報刑論だといわれたわけですが、それと、一般予防、特別予防を考慮に入れた刑罰目的というものを背後に置く政策説というものとで、具体的に中止要件の解釈になんらかの違いが出てくるのでしょうか。

松宮　報奨説において、先ほどの限定主観説を採る時にですね、中止動機をどう限定するかはわかりません。

浅田　先ほども出ましたが、刑罰目的説がロクシン説だとすると、ロクシンは非難可能性を実質的責任とは考えていません。

松宮　そうですね。

浅田　そういう観点から限定主観説を導くというのは、無理があるような気がするのですが。

松宮　いや、ロクシンはドイツですから。ドイツは条文上無限定主観説で

すから、限定主観説をそもそも採りにくいのです。

浅田 そうすると、刑罰目的を措定するという場合、ドイツと日本とではズレが出てくるということですか。つまり、非難可能性を減少させるような中止動機が日本の刑罰目的説では必要だということにつながるという説明をするわけですか。

松宮 そうですね、佐伯先生のように規範的な責任論につなげて中止要件を考えればそうなります。

浅田 法律説で責任減少説をとる場合には、非難可能性の減少というのはそのまま出てくるのですが、刑罰目的説で非難可能性を減少させるというのは無理があるように思います。

中山 日本での場合はね。

松宮 刑罰目的説でも、非難可能な行為に対して非難をすることによって一般予防ないし特別予防の効果を目指すと、連結するというか……。

浅田 だから、今のような説明が必要になるので、ドイツの議論とそこが異なります。

松宮 逆にその非難可能性を減少させるような動機で中止したのであれば、それだけ非難をして予防を目指すという必要が減るわけです。

中山 しかし、非難可能性が減少したら特例予防の必要性も減るという形だと、説明してもつながるわけですが、両者が齟齬してくる場合はありませんか。とくに非難可能性と一般予防との関係がわかりません。単に、非難可能性が減少すれば予防の必要性も減少すると説明しているにすぎないようにも思えるのです。一般予防や特別予防の考慮が、中止犯の拡大につながるのか、それとも限定に作用するのかという点も検討を要するところだと思います。

浅田 この点は一般予防、特別予防の中身をどう考えるか、それに従って動機が限定されるかという順序で整理しなければなりませんね。

松宮 だからこそ、威嚇的予防論であれば非難可能性とは違う「処罰の恐れ」が出てくるわけですね。

中山 この「処罰の恐れ」というのは、牧野説や木村説がかつてから、一

般予防の観点から問題にしていた点ですね。例えば、「恐ろしくなってやめた」、つまり「見つかりそうだからやめた」とか、あるいは「驚いてやめた」とかいう時に、牧野説と木村説とでは、限界付けの基礎と結論がかなり違うのですね。判例はそういう場合は中止犯を一切認めません。しかし、それも、認めていこうという考え方の方が最近は強いように思います。そうすると、そういう場合を「自己の意思によって」やめたのだと言うためには、「広義の後悔」プラスアルファがいることになりますね。

松 宮　そうですね。これは「広義の後悔」またはプラスアルファですね。

中 山　その場合のプラスアルファとは何でしょうか。

松 宮　結局、それは牧野先生や木村先生が措定されている刑罰目的論がそういう倫理的な反省みたいなものではなくて、もっとドライな、とにかく刑罰によって犯罪が防止できること、それが怖くてやめるという場合も含めていいのだというものだからではないですか。

浅 田　新派の理論は、違法は主観化し責任は客観化します。一般人基準に従って一般人ならやめない時に本人がやめた場合は危険ではない、悪性格がないという説明になるわけです。だから、その点では山中説も関連するのですが、先ほど言われたように山中説が一種の客観説だとすると、新派の責任が客観化するのと近いような気がします。不合理決断と言うのは、一般人なら中止しない時に中止したという基準だと思います。そうだとすると、これと今度は報奨説とがうまく結びつくのかという感じがします。

中 山　しかし、その場合にも、一般人ならやめないのに、本人がやめたのだから報奨を与えるという理屈も成り立つのでは……。

松 宮　それは成り立たないこともないですね。ただ、合理的な一般人は犯罪をしませんが……。

II．不合理決断説

中 山　山中説の不合理な決断というとき、合理か不合理かの判断は難しいのですが、ここで彼が言おうとしている、その限界付けの基準というような

ものはどのようなものでしょうか。

松宮 おそらく、不合理というのは犯罪者として不合理なということですね。この言葉はたぶんロクシンも使っていたように思うのです。ただし、ロクシンはそれを刑罰目的、予防から説明しているのではないか、それをわかりやすく言うために、犯罪者としては不合理な決断だけれど、と言ったのではないかと思うのです。

中山 これは不利益だという意味ではないのですか。つまり、自分にとって、退くことは不利益、前に行くことの方が利益だということです。そうすると「ちょっと待ってくれ」と言われて待つ方は次の期待がありますから、利益なのですね。けれども、自分の力で、意思で退くのは、行きたいのをやめるのだから不利益になるのだということでしょうか。

松宮 犯罪者にとって不利益という意味なら、そうですね。

浅田 説明としては、「合法性への回帰」ということになると思いますが。

松宮 「合法性への回帰」だから、犯罪者としては不合理だと、これは言えるのですね。利益がないのに突然善人になるのは犯罪者としては不合理だということです。ところが、山中説で妙なのは、犯罪者として不合理な決断はすべて合法性への回帰とは言えない、つまり「逆は真ではない」のに、それでも中止の任意性を認めるところです。

浅田 私もそこは疑問ですね。

松宮 ロクシンの使っている文脈は、最初の文脈であって、「合法性への回帰」は犯罪者としては不合理な決断だという、この方向であって、逆は言っていないのではないかと思います。

III. 中止動機の限定

中山 「広義の後悔」という形では狭すぎる。やめればいいという無限定なものでは広すぎるということになると、その中間にどういう基準で線引きすることが妥当かということになりますね。

松宮 もし、中間に線を引くとすれば、何らかの形での「合法性への回

帰」ですね。何らかの形で犯罪から遠ざかろうとする動機……。
中山 しかし、それは必ずしも倫理的なものでなくても構わない。
松宮 もう少し、お金が絡んだものでもいいかもしれないですね。
中山 ということは、例えばどんな例が考えられますか。
松宮 例えばですか。「被害者が金をくれるので」という例には抵抗がありますが、例えばここで自分を助けてくれたら、将来就職を世話してくれるとかね。こういうような形であれば「まっとうな生活ができる」と思って犯罪者をやめるのですから、予防目的にかなう動機だと思います。
浅田 後悔である必要はないわけですね。
松宮 そういう意味で、後悔という言葉が持つような、そういう狭い意味は必要ないと思います。それは結局世俗の刑法ですから、世俗の刑法が犯罪の予防のための手段であるとすれば、どのレベルで満足すべきなのかという問題ですね。
中山 「処罰の恐れ」はどうでしょう。
松宮 それは威嚇予防なら入りますけれども、どうでしょうか。
中山 それは刑罰目的の中には入りませんか。
松宮 フォイエルバッハならもちろん入ります。
浅田 いや、「合法性への回帰」と言えばまさに「処罰の恐れ」でやめるのはそれにあたるのではないですか。
松宮 ただ、逆に言えば、例えば「発覚して処罰されるからやめる」というのは、発覚の恐れがない限り続けるということでもあるので、これでは必ずしも刑罰目的が達成されたとは言えないのだと考える刑罰目的論ならだめですね。

IV．刑の免除の要件

浅田 結論的には、それでもよさそうな気がします。ところで、松宮説で免除の場合に限定主観説というのは、現行法の解釈として可能でしょうか。
松宮 むしろ、きわめて自然ですよ。立法時の議論を見ればまさにそうな

のです。

浅田 条文上、「自己の意思により」としか書いていないのに、二様に解釈することになります。つまり、「自己の意思により」という文言自体は無限定主観説で解釈し、免除の場合にはさらに別の要件が加わるというわけですね。

松宮 そうです。減軽と免除という二つの効果が示されているのですから、当然書いていないところを読み込むしかないわけですね。どういう場合が免除なのかというように。

中山 では、盗み取る値打ちがないからやめたという場合でもやはりやめたのだから、中止にしてやってもよいということですか。しかし、それは刑の減軽をするだけ……。

松宮 免除してやるほどの価値があるとは思えない。

中山 しかし、かならず減軽するのですからね。

松宮 障害未遂でも減軽が原則であって、任意減軽になったのは大津事件があったためですから。

中山 しかし、原則は違いますからね。

松宮 ですから、立法者は任意減軽としていますけれども、減軽が原則なんですよと説明しています。

中山 そうすると、普通の未遂であっても任意減軽なのですから、減軽される可能性を残しているわけです、量刑の情状として。わざわざ中止犯の枠に入れて褒賞してやるという積極的な理由はなさそうにも思えるのですが。

松宮 ですから、実は明治の立法者に対して疑問を投げかけるとすれば、ドイツやフランスと違って不処罰じゃなくて、減軽処罰の余地を残したことで、日本の刑法の中止規定はフランス・ドイツのヨーロッパ流の、大陸流の中止規定とは全然性格を異にするものになってしまったのではないか、そこまで考えてやったのですかという点です。

中山 日本の判例には、恐怖・驚愕という例が多く、判例ではみな否定しているのですが、これを拾うためには、さらに、「なぜ、おまえはおそろしくてやめたのか」、「なぜ、驚いてやめたのか」とたずねていくと、フランク

の公式の適用で救われる場合も出てくる可能性があります。しかし、広義の後悔とか、合法性への回帰の観点を入れてくると、ちょっと狭すぎるという疑問が出てくるということですね。

松宮 しかし、現行法は限定はしなかった。でも効果は二つなのです。

浅田 その点を確認しておくのは大事ですね。そうすると刑法43条但書の「自己の意思により」の解釈としては無限定主観説だということをはっきりさせたうえで、それ以上に免除と減軽とを分けて限定する必要はないような気がしますが。

松宮 いや、それは必要ですよ。当然、法律解釈というものが裁判のコントロールをするものであれば、免除要件として準則はこうだと言っておく必要がありますよ。

中山 免除するというのは、かなりの報奨ですからね。そこはやはり積極的にある程度合法性へ回帰をしたという積極的な理由がないといけないということですか。

Ⅴ．着手中止と実行中止による区別

浅田 私はそうは思いません。「自己の意思により」だけで考えるからそうなりますが、中止には着手中止と実行中止があって、重傷を負わせて死にそうな状態にしたが、病院に入れて命を助けたという場合と、ピストルを持って狙ったけれども撃たなかったという場合とがあります。着手中止で結果が全然発生していないというような場合に免除すればいいのであって、中止行為も含めて免除か減軽か考えるべきだと思います。「自己の意思により」のところだけで分けなければならないとは思えません。「自己の意思により」はむしろ公式どおり広く解釈する方が適切と思いますが。

中山 すると、浅田さんはむしろ中止行為のところに力点を置いて……。

浅田 免除か減軽かを考えるということですね。

中山 そうすると、着手中止と実行中止とはどちらが有利になるのですか。

浅田　実行中止と着手中止をどのような基準で分けるかにもよりますが、「放っておけば結果が発生するような場合」を実行中止と呼ぶとすると、そちらの方が重いですね。
中山　ということは、実行中止でようやくなんとか命が助かったという場合は、免除にはなりにくいですね。
浅田　ええ。
松宮　いや、実行中止でも、その努力如何では大いに評価できる事案も……。

VI．日本の判例・実務

中山　これまで、判例でこういうケースは減軽、こういうケースは免除というように分類して分析したものはありますか。
浅田　ないですね。
松宮　免除例はきわめて少ないですね。
中山　ほとんど減軽ですか。
松宮　そうです。最近でも一例あったのですが、上訴されてひっくり返されました。
中山　日本の判例は倫理的な後悔で限定し、かつ減軽にとどまると。
松宮　はい。そういう点ではきわめて厳しいですね。
中山　ドイツと比べてもそうですか。
松宮　はい。ドイツは処罰しませんから。
中山　しかし、加重未遂が処罰されますから……。
松宮　それは、傷害が残ればです。
中山　いや、たいてい残るわけでしょう。そうでもないか。
松宮　そうでもありませんよ。
中山　全然処罰されない場合もでてくる……。
松宮　いろいろ問題になってますが、例えば強姦で「屋内で」と言って中止した場合なんかはそうですね。

Ⅶ. 中止行為の因果関係

中山 それから、山口説が中止行為には因果関係を要すると言っていますが、これは違法減少説を採る人はおおむね因果関係を必要とするということになりますか。

松宮 そういう感じがしますが、山口説は違法減少説ではないのです。山口説はヤコブス説・塩見説にかなり影響をされていましてね。事実は峻厳だと、すでに生じた未遂はひっくり返せないので違法減少説には難点があると言うのですね。しかし、中止行為の要件としては未遂行為で生じた危険を消滅させることが必要だ、したがって、実行未遂には因果関係が必要だという結論になります。

中山 塩見説はどうですか。

松宮 彼もだいたいそうですね。

中山 一方、責任減少説をとると、今度は因果関係はいらないということになりますね。

松宮 そうですね。責任減少説の支持者は因果関係は要らない、未遂にとどまっていればいいんだと言いますね。

浅田 既遂でもいいという説もあります。

松宮 ええ、でも現行法の解釈では難しいですけれども。

Ⅷ. 中止と錯誤

中山 あとは、錯誤との関係ですね。これはどういうことでしょうか。

松宮 もちろん、既遂の場合には適用できませんから、未遂で終わったということが前提で、一方では、実行未遂だと放っておけば結果が起きてしまうと思いつつ一生懸命努力したが、実はそんなことはなかったという場合ですね。実は軽傷なんだけれども、重傷だと思い込んで手当てしたと。これは、中止未遂にしたって、だれも文句は言わないですね。

中山　日本で欠効未遂の考え方は強いのですか。

松宮　いや、ドイツの議論が入ってきてようやくということであって……。

中山　日本の場合は、できるだけ可能性が残っている間は中止の可能性を残すという考え方がむしろ多いと思うのですが。

浅田　中止の可能性について主観的に考えるか客観的に考えるかという問題もあります。6連発だと思って1発撃って止めたが、実は1発しか入っていなかった場合、客観的には中止の可能性はないけれども主観的にはあります。山中説は、客観的に可能性がない以上、中止犯にはなりえないとしていますが、責任減少説だと、中止の効果を認めてもいいということになりますね。

松宮　そうですね。因果関係を要求する人の場合は当然、犯意の放棄と結果不発生の間には因果関係がないと、どっちにしたって結果は出ないという言い方で中止犯にはしないと。

浅田　認めないですね。

中山　判例にはないでしょう。

浅田　ええ。

松宮　日本の場合に、中止行為の要件を広くとり、欠効未遂など考えない理由は、「自己の意思」を限定するからです。

浅田　そうですね。そこはつながっていると思います。主観で限定するか、客観で限定するかということですね。

IX．中止行為重視の理由

中山　最近の議論でお聞きしたかったのは、かつてわれわれの時代には「自己の意思により」というところにウエイトを置いて、中止犯の議論をしていたわけですが、最近では中止行為と言えるかどうか、中止行為には主観面と客観面があって、中止行為と言えるだけの客観的な要件と、中止意思というか中止動機というところへ重点が移っていますが、なぜそうなったので

すか。

松宮 それはドイツ刑法学の影響です。無限定主観説が法定されているという前提で、意思ではなく中止行為でしか限定が効かないというところでの学説の展開ですので、それをそのまま持ってくればそうなります。

中山 しかし、それをそのまま論議する実質的な理由はあるのですか。

松宮 まず、効果が違いますから、そのまま議論するのはあまり意味があるとは思いません。日本では処罰できますから。そのうえで、なおかつ日本の通説や実務は、何らかの意味での限定主観説を採っていますから、中止行為だけで限定をはかるという必要もあまりないですね。ただし、今申しましたように立法の沿革を探ると、実は日本も無限定主観説だったのではないかと考えれば、やはり中止行為の方でしぼらないといけないということになります。でも、処罰は可能です。ただ、そういう意味で学説ではドイツの影響を受けて中止行為をしぼろうという議論がでてきていますけれども、実務がそのままそれに乗るとは思えないですね。前提が少し違いますから。

中山 日本の素材で議論ができていないということですか。

松宮 そういうことです。

浅田 下手をすると、両方ともしぼってほとんど成立しないということになりますか。

松宮 それは考えにくいですね。

浅田 下級審の判例で実行中止か着手中止か微妙な事案を、着手中止にした上で中止犯を認めたという例があります。そういう傾向が広がってくれば、主観の方を若干限定していても、中止犯の範囲は広がってくるということになります。いずれにしても、「自己の意思により」と中止行為とを連動させて考えなければならないということでしょうね。

中山 日本の判例にはまだそういう問題がでてきてませんね。私も限定主観説では狭すぎるとは思いますけれども、この問題に微妙にあたるようなケースで、学説が大いに議論しなければならないような材料がまだ出ていないように思えるのですが……。

松宮 ただ、公にはあまり議論になっていない微妙な事件はいくつかあり

ますけれども。

X．異常な因果経過と中止

浅田 最後に言われた共犯からの離脱によって解消した場合ですが、単独犯でもあるような気がします。単独犯で中止行為をしたけれども別の原因で結果が発生したという場合ですね。因果関係が切れればいいのですが、切れない場合でも被害者の行為とか第三者の行為とかで結果が発生したという場合に、中止は中止だという場合がありますか。

松宮 それは何らかの帰属要件なり、錯誤なりで切るしかないのではないでしょうか。

浅田 けがをさせて病院へ連れて行き、いったん治ったか病院で手当てしたけれども、別の原因で死んだという場合、これは中止犯を認めてもいいのでしょうね。

松宮 そうです。ところで、数年前の司法試験で、救急病院へ運んでやれやれと思ったら、そこの医者が遊びに行っていて助からなかったという問題が出たのですが、実はその問題には落とし穴があって、それを不作為犯だと考えると作為義務を尽くしたら中止を論ずるまでもなく終わってしまうという抜け道があったものですから、これは中止犯だと思って、不作為犯なのに答案に、作為義務が尽くされているか否かを検討しないで、延々と中止犯の要件を書いてえらい目にあった受験生がたくさんいたということがありました。

第2章 罪数論

　第2章の罪数論では、まず、①罪数論の総論、その意義と効果を論じた後に、各論として、実体法上の一罪を、②本位的一罪・法条競合と、③包括的一罪とに分けて扱い、次に、④併合罪と科刑上一罪を扱ったうえで、最後に、⑤罪数論の訴訟法的意義を検討することにします。

1 ◆罪数論の総論、その意義と効果

本項の問題提起

　中山　罪数論の総論として、その意義と効果について簡単にご説明します。これは各論の問題とも全部からみますので、あまり立ち入ってお話することができないのですが、ともかく全体を見渡して、どういう風に位置づけるかとか、押さえるべきところはどこかとか、何が問題かということを探し出すという仕事をしなければならないと思って整理してみたのです。

(1) 罪数論の体系的地位と学派の対立

　ここでは、三つほど問題があると思います。一つは犯罪論と刑罰論の関係でありまして、これはよくいわれていますが、刑法典上の位置として、併合罪をみますと、第一編総則の中ほど後ろよりに未遂犯と累犯の間に挟まって併合罪がありまして、累犯の後にまた共犯が出てくるというふうに、犯罪と刑罰に関する規定が混在しているのですね。だから併合罪というところはいったい犯罪論に属するのか、刑罰論に属するのかということを条文上確定することは難しいと思います。併合罪という第9章の中は、併合罪つまり実質上数罪の規定がまずあって、一番最後に科刑上一罪がくっついているという構造になっております。55条が連続犯の規定でしたが廃止されております。

　そこで問題は、一体この罪数論といわれているものの中で、どこまでが犯罪論でどこからが刑罰論かということです。従来から、両方に関連している

といわれているのですが、議論があったところであります。どの本でもだいたい犯罪論と刑罰論の両面に関係があるといわれてはいるのですけれども、最近大コンメンタールの中山善房さんの説明をみますと、罪数というのは、犯罪の1個数個の成立のレヴェルの問題だから、それは犯罪論であり、数罪と決まった後、それをどのように処罰するかというのが刑罰論なのだから、刑罰の適用というよりももう少し広げて、犯罪の競合の方はむしろ刑罰論であるという分類をしております。これは広い意味での罪数論は両方含むという点では間違いではないのですけれども、強いていえば犯罪の1個数個の成立が犯罪論で、犯罪が競合したときに、数罪として、どう処罰するかというのが刑罰論だという整理になっていて、これがいいかどうか、これが一つの問題点になると思います。

　次は、実体法と手続法の関係です。この点は比較的明らかで、一罪か数罪かというのと、1個の罰条か数個の罰条かというところまでは、もちろん全部含めて実体法の問題なのですけれども、手続法上の効果として、その罪数上の性格が、既判力とか一事不再理とかいう問題にからみますので、手続法とも従来関連が指摘されております。例外を認めるかどうかとかいろんな問題がここに波及してきます。一罪の場合はどうするかとか二罪の場合はどうなるかとかいう問題があります。

　それから、最近は特に可分・不可分の問題が重要で、優位法と劣位法があったときに優位法の方が時効になるとか廃止されるとか親告罪で告訴がないという場合に劣位法の方が浮かび上がって、これで処罰できるのかが問題になっています。競合して両方成立する犯罪の一方がなくなったときに他方をどうするかという問題で、運命共同体的に不可分なのか、分けて考えるべきかという問題です。犯罪の個数とか罰条との関係でどうなるのかが、手続法上の問題としても重要だと考えられています。これも実はあまりはっきりしない問題で、意見がずいぶん分かれております。

　それから、より根本的に、罪数論が犯罪論・刑罰論に関係するとすれば、犯罪論とか刑罰論の根本的な対立が一体罪数論にどのように波及するのかという問題があります。これを新派と旧派の対立との関連で考えますと、犯罪論的には主観主義と客観主義の対立ですが、明白なのは主観主義者の牧野さんが意思説を採用し、一罪性をずっと拡大していくという方向を示しましたが、これは現在では、ほとんど支持者がありません。したがってその意味では犯罪論における主観主義の主張、つまり犯罪意思というものを中心に罪数

を考えるという考え方は矛盾をはらんでいて、そういう意味では客観主義的な考え方、つまり構成要件的な行為とか結果に重点をおく考え方の方に優位がある、そういう意味では旧派の客観主義の方に親近感があるといえます。

そこで構成要件該当性説というのが通説的に支配しているといわれておりますが、これは小野・団藤説です。実は昭和40年代になって平野さんがこれに批判の目を向けるようになったわけですね。1回構成要件に該当すれば一罪というのでは何事も語っていない、単純一罪かどうかはわかるけれどもいったいどこまでを1回の判断に含むのかということにはなにも答えていないではないかという形で批判を提起したのは御承知のところですが、そこで考えられた対立がいったどういう対立なのかは、明らかではありません。団藤さんのをみても、構成要件該当性説といいながらやはり外延とか内包というような事をいい、充足という言葉を使ったりして、実質的な判断を一切拒否しているわけではありません。したがって実質主義の中に含まれている法益とか、違法とか責任とかいう問題と、形式的な構成要件該当性という問題とのからみも、はたしてここで形式主義と実質主義という形で対立があるのかどうかということも、実はあまりはっきりしてないと私は思います。つまり平野説による批判が一体なにを意味したのか、その効果は何だったのかということを考えてみる必要があるのではないかと思います。

結局、罪数論における対抗軸は何なのか、何と何の対立が罪数論を導いているのかを考えますと、この点で、中山善房さんが非常に面白いことを書いています。それは犯罪論としての罪数論、つまり犯罪の個数の方は回顧的・論理的な発想で結果を重視する、したがってこれは客観主義でいくと、しかしいったん犯罪が成立して数個の犯罪になったというときにどのような罰条で処罰するかという競合論になると目的的・展望的なアプローチがいるという風に分けているのですね。いわば犯罪論は結果を重視して謙抑的に、刑罰論、競合論の方は合目的・展望的にという風に分けていますが、はたしてそれでよいのか。私は、刑罰論の合目的・展望的の方も実は謙抑的でなければならないはずで、こういう風にはっきりいえるのかどうかが問題ではないかと思います。

むしろそれよりも田宮さんが書いておられるのですが、従来は権威主義、ここでは真実発見主義で、ともかく現れた犯罪を処罰するということに重点を置く考え方、つまり場合によっては包括して処罰してしまうという考えが支配的で、時効に半分かかった犯罪も、かからないほうに引っ張っていって

処罰するという、権威主義的な考え方が強かった。そうではなくて、むしろ被告人の法的安定とか、リベラリズムの発想から出発して罪数論を展開するという考え方があり、そういうアプローチと権威主義的アプローチとの間に対抗軸があるのではなかろうかと、そういう風にも考えています。佐伯さんとか小野さんなどの戦後の連続犯廃止についての議論などをみても、罪数論の中に被告人の地位の安定という問題を入れていて、あまり実体的真実の追求とか、健全な国民感情とかを入れないという考え方があるのではないかと思います。この点が、強いていえば対抗軸になるのではないかなと思っております。

(2) 罪数論の意義

次は罪数論の意義ですが、刑法の条文で見ますと45条から53条に併合罪の規定があります。科刑上一罪が54条にあって、連続犯は廃止されている。ここまでしか法律は規定しておりませんので、法律の解釈としては54条の科刑上一罪の解釈、限界、それから残りは併合罪としての扱いというだけの問題です。そうすると残るのは本位的一罪、つまり、併合罪でも科刑上一罪でもないような一罪として、どの範囲のものをどうやって探し出すかということが理論上の問題、罪数論の意義ということになります。

そこで従来、単純一罪と法条競合のほかに、包括的一罪というものが認められてきたわけです。このうち単純一罪は問題が少ないのですが、法条競合については、論理的関係ということで一応形式的に限界を引けるような性質を持つものの、しかしこれにも実質論を入れるべきだという議論があります。単純一罪の方に引っ張るか、それともやはり分割可能な複数の犯罪が成立してるのだから、先ほど言いました可分性、不可分性の問題で可分性のほうにいくかという問題です。このような意味で、法条競合は複数の性格をもっている、まして包括的一罪の方は、そもそも一罪か数罪かということ自体が争われています。本来包括的一罪といわれるからには一罪のはずなのですけれども、処罰として、つまり科刑上一罪の性格の方に近い一罪なのか、それとも単純一罪の方に近い一罪なのかということについて争いがあります。かつて連続犯は科刑上一罪の一つと考えられていましたけれども、これがなくなって、接続犯等の方へ入ってきますと、これも、ある意味で科刑上一罪的性格も持たざるをえないのではないかと思われます。特に平野さんがこれは数罪だということを主張し、虫明さんなどはむしろ一罪だということを主張していますので、この性格が問題になります。

そこで分類方法としては、いろいろあるのですけれども、単純一罪が一番一罪の性格がはっきりしてるもの、次に法条競合へいって、これは論理的な関係。そこまでは形式的な関係ですけれども、包括的一罪は先ほどいいましたように一罪性の実質的な根拠が争われる。接続犯や集合犯は比較的はっきりしてるのですが、連続一罪と虫明説が言っている領域、佐伯先生も言っておられますが、そういう領域をいったいどういう風に性格づけるかという問題が残っています。科刑上一罪は、それがなぜ一罪として処断されるかという議論がもちろんありますけれども、これは法律上に規定があります。最後に、併合罪と単純数罪と、そういう分類になります。

(3) 罪数論の変遷と最近の動向

以上を前提にして罪数論の変遷と最近の動向をごく大まかに眺めてみます。まず立法の変遷があります。併合罪について、旧刑法が吸収主義であったのに対して、現行刑法が加重主義に変わり、仮案は再び吸収主義になっているといった変遷。それから草案では牽連犯が除かれているとか、いろんな立法上の変遷があります。連続犯が廃止されたこともあります。

それを前提にして、次に判例の動向ですが、戦前の大審院の判例と戦後の最高裁の判例に格段の罪数に対する何か基本的な変化が見られるのかどうかという点を注目点としては挙げておきたいと思うのです。おそらくこれは連続犯が廃止されたということが大きいと思うのですけれども、訴訟法も変わりましたので、その影響がいったい判例の罪数論にどういう影響を具体的に及ぼしたのかという観点から見てみる必要があると思っています。

2番目は連続犯の廃止と判例の対応です。先ほど言いましたように、接続犯というのが昔から認められていましたが、そのほかに包括的一罪を認めるようになって、連続犯といわれていたもののうちかなりの部分かどうかわかりませんけれども、包括的一罪として扱われるようになり、戦後の判例の中にかなり大きな位置を占めるようになってきています。その功罪を考えておかなければなりません。

それから注目すべきは、昭和49年の最高裁の大法廷判決で、これは交通関係が非常に複雑な罪数問題をはらんでいることを念頭に出されたものです。この判例が、その後の最高裁なり、わが国の判例に非常に大きな影響を及ぼしてきたということは周知の事実です。ここでの問題点は、1個の行為というものを自然的に見るか、法律的に見るかという対立です。自然的・社会的に一罪をみるのが判例の立場ですけれども、それに対して特に不作為犯の問

題とからんで、少数意見として、規範の保護という観点を重視すべきだという考え方が対立しています。最近では速度違反行為の罪数関係が判例で出てきています。これらは、どうも処罰方向つまり併合罪とする方へ次第に向かっていまして、とうとう速度違反は即成犯ではないかというようなところまで判例が動いていて、いくつかの行為に分割するという方向が見えているような感じがします。他方、包括的一罪の方は、最近混合的包括的一罪というものまで認めるようになって、みたところでは拡大傾向がみられるのではないかという気がします。それから、大赦令との関係で、判例がありますけれども、包括的一罪の場合、残った犯罪については大赦令は適用されないという狭い解釈をしています。併合罪については規定があって、それに準じて包括的一罪も被告人の不利益に処理するという、一種の権威主義的な方向が、判例にも現れているということが言えると思います。

　一方、学説の方は犯罪の本質論がだんだん影を潜めてきまして、最近では個別問題に中心が動いてしまっています。あまり犯罪論の動向との関係とか、刑罰論の動向の関係ということはいわれなくなってきているような感じがいたしますので、中山善房さんの大コンメンタールの説明は、なかなか面白かったと思います。犯罪論の動向との関係では意思か行為か結果かという構成要件のなかでのウェイトの置き方では、回顧的には結果重視の発想でいくということを明言しているところに特色があるように思います。刑罰論の動向との関係では、二重処罰の禁止という考え方が強く働いておりまして、合目的的、展望的といいますけれどやはり法的安定にウェイトを置いた発想が必要になってきたのではないかと思います。

　先ほど触れました小野・団藤説と平野説との関係ですが、犯罪論における小野・団藤説と平野説との対立がはたして罪数論でどういう風に現われるのか、つまり違法論における行為無価値、結果無価値という考え方が罪数論に直結するのかという点が問題になります。特に構成要件基準説の評価が分かりません。もう一つ包括的一罪の評価についても一罪か数罪かということについて、両者に対立があります。

　それから、最近町野さんなどが問題提起しているように、法条競合の評価についても争いがあることが明らかになってきまして、特に大は小をかねる特別関係はいいのですけども、一部分交錯するという大小の円の場合ですね、これを一体どう評価するのかという事が一つの問題です。私は、虫明さんと同じですけれども、これも大は小をかねるという形で、特別関係として

法条競合として考えることがなぜいけないのかという事がよくわかりません。それから、優位法の排除と劣位法の効果というのは虫明さんの本によく出てくるのですが、これも法条競合なら不可分で、包括的一罪なら可分だという風な単純な分け方でいけるのかという問題があります。いずれにしましても学説は、全体として筋道を立てるような形ではまだ整理がされていないのではないかという感想を持ちました。個別問題では、そういう色々な問題提起がなされています。

(4) 残された問題点

最後に若干の疑問点を私なりに挙げておきます。第1番目には、連続犯が戦前になぜ判例上拡大されたのかというのがどうもわかりません。もちろん後で判例が拡大しすぎたということが、連続犯廃止の理由にされたのですが、その必要がどこにあったのか、なぜ併合罪でなくて判例がわざわざそういうものを連続犯として一罪としたのか、拡大してきた理由があるはずで、それは一体何だったのかという点です。それと連続犯廃止をめぐる歴史的な検討を、佐伯先生のものをみてもそうですけど、もう一度再確認しておくべきではないか、廃止当然という風な形での議論ではない、歴史的な観点の整理が必要ではないかと思いました。

2番目に、加重類型はいいのですが、減軽類型については、はたして法条競合論がそのまま適用されるのだろうかという疑問を持ちました。なぜかといいますと、旧200条と199条の関係と、202条と199条の関係の問題ですが、199条を基本犯としますと、200条のほうは加重類型ですから、200条が消えれば199条が残る、つまり尊属殺人罪が殺人罪を含んで成立するというのはよくわかるのですが、202条の同意殺人罪というのは、同意のある殺人なので、それを同意のない殺人にもあたるという風にいえるのかという疑問があるからです。同意殺人は殺人罪に該当して軽い減軽類型が適用されるという関係なのだろうか、逆に言いますと、202条が削除されたときに、199条で処罰できるのかという問題として出てくるのですが、それはどなたも否定するのですね。否定するということは、やはり199条には該当していなかったのではないか、もともと法条競合ではなかったのではないかという問題です。森林窃盗と通常窃盗の関係もそうで、森林窃盗の方が減軽類型とされていますが、もし森林窃盗が削除されますと、窃盗罪になるのか、これはありそうな感じもするのですね。大は小をかねるのはいいのですが、小は大をかねるということが言えるのかどうかという問題があって、私はどうも減軽類型が

独立に残ると思います。
　それとの関連で、152条にも問題があり、情を知らないで収得した偽造通貨を行使した場合、たしかに偽造通貨行使との関係はもちろん大小の問題ですけれども、詐欺罪はなぜ成立しないのかということです。普通は観念的競合になるはずなのですが、詐欺罪を認めると、何のために152条があるのか分からないということで、どの本でも、重い方が軽い方に吸収されるというのですね。詐欺罪も成立して、それが軽い152条のほうに吸収されるというのですが、そんなことは理論的にありうるのだろうか。法益も違いますし、さらにそれが包括的一罪なのか吸収一罪なのかということ、それで152条が廃止されたら一体どうなるのかというような問題とのからみで、ここがどうしてもひっかかりました。
　それから予備罪ですが、未遂と既遂は発展犯として、法条競合とすることに全く異論はないのですが、予備については、予備、未遂、既遂と発展するから、予備も吸収されるはずなのですが、これは不可罰的事前行為といわれておりまして、これは残るのですね。つまり既遂がなくなったら予備が浮かび上がってくる。こういう関係になるのはなぜかということも、疑問が残ります。
　最後にこれは言葉の問題なのですが、観念的競合という言葉は誰が作ったのか知りませんが、どこが観念的なのかということはどうもよくわからない。実在的競合というのと観念的競合というのを並べますと、何で観念的競合なのかというのがよくわかりません。

〔討　　論〕

Ⅰ．罪数が問題になる場面

中山　はじめは、罪数論における対抗軸は何かという問題です。

松宮　難しいですね。訴訟法上の効果を最後に扱いますけれども、そこでたとえば公訴時効の扱いとか、一事不再理効の範囲とか、いろんなものが出てくるのですが、一罪にしたほうがいいか数罪にしたほうがいいかというのは、その効果だけからみると、処罰に積極的な立場からみても消極的な立場からみても、両面ありうる。だから両刃の剣でして、そういう意味で言うと、理論的に一貫しますとどの立場も一長一短です。

浅田　その議論の前提として、実体法上一罪か数罪かは包括的一罪か科刑上一罪かのところで区別されますが、訴訟法上の効果については科刑上一罪か併合罪かのところで違いがあります。そこにずれがあって、犯罪論か刑罰論かという点も、どちらを念頭において考えるかによって違ってくるように思います。訴訟法上の効果を考える場合は、1回で扱うのがどこまでかという訴訟経済的な配慮も入ってきます。

中山　処罰上の一罪になってしまえば、実体法上数罪であろうと一罪であろうと同じだということですか。

浅田　判例と学説で、特に科刑上一罪をどう扱うかという点で違いがあります。

中山　しかし、可分・不可分のときに関わってきませんか。つまり訴訟法上どういう効果を持つかという問題と、それから告訴がなかったり、公訴時効になったときに下位法の方と分割できるかどうかという問題とは、数罪なら分割しやすいけれども一罪なら分割しにくいという問題があるのでは……。

浅田　一罪だと本当に分割できないのかということも問題になりますね。

承継的共犯の場合には一罪を分割して考えています。

松宮 法条競合でも分割可能という場合があります。

浅田 そうそう。具体的な犯罪ごとにみていかないとわからない。

中山 結合犯などの場合は、承継的共犯の場合でも分割しますからね、学説によっては。

浅田 はい。

松宮 ただ全般的には実際の科刑ということでいえば、科刑上一罪になるかならないかの方が大きな違いをもたらします。それで実体法上と言うときには、ちょっと注意しないといけないのですが、刑罰論も実体法ですから、実体法上の中の犯罪論上の一罪と、刑罰論にウェイトを置いた一罪というように分けないといけないのです。さらにそのうえで、訴訟法上もし科刑上数罪になったときに、さらに併合審理が可能かどうか。

中山 3段階ですか。

松宮 いや、もう一つあるのです。非併合罪で、言い渡した複数の刑をどう執行するかというのが執行法上の問題です。

中山 そうすると4段階なのですね。

II.科刑上一罪の捉え方

浅田 牧野説に触れられましたが、牧野説はたしか牽連犯は意思が連続してるから実体法上一罪としていたわけで、現在は科刑上一罪とされているところで数罪一罪を区別するという発想だったのではないでしょうか。現在は包括的一罪と科刑上一罪とで実体法上の一罪と数罪を区別するのが一般的ですが、かつては、科刑上一罪と併合罪のところで実体法上の一罪、数罪を区別する考え方もあったわけです。その後、新派が後退し、客観主義になって、科刑上一罪はすべて実体法上数罪だという考えが定着したように思います。

中山 それはたしかにそうで、牧野説は科刑上一罪というのも全然問題なく意思が1個ならば全部一罪だという非常に大まかな議論でしたから。そ

れでずいぶん批判を浴びて、それならなぜ併合罪は重くなり、連続犯はなぜ軽くなるのだということの説明がつかないということになってしまい、それで結局、牧野説も法律にそう規定されているのだからそうだというだけに終わったようです。

松宮 そういう風に科刑というか刑罰論にウェイトを置いたままでの議論というのも、現行法を整合的に説明するのは難しいですし、他方、主観主義が凋落したといっても、実は平野先生は包括一罪を科刑上一罪にひきつけて理解するわけですから、やはり刑罰論重視の発想なのですね。それに実際的な意味が実はないわけではなくて、あとで具体例が出てくると思うのですが、混合的包括一罪というのは、まさに科刑上一罪とほとんど同じではないか、でも54条が使えないから包括一罪にするという発想があるのですね。そこでは、包括一罪は科刑上一罪と本質的に同じようなものだという理解なのだと思います。

中山 そうすると、その効果も科刑上一罪の効果になりますから、最も重い刑になってくるのですか。

松宮 ええ。上限、下限とも判例では最も重い犯罪の法定刑を使うということになります。

中山 しかし、54条は適用できないでしょう。

松宮 いや、効果は違わないのですよ。科刑上一罪とした以上は同じですが、包括一罪は最も重い犯罪の構成要件ですから。法定刑はそれしか使わないという意味では一緒です。

浅田 科刑上一罪の場合は、公訴時効について実体法上数罪だから各別に時効が進行するという個別説と、全体で科刑上一罪だから一体として扱い、一番最後の結果から時効が進行するという一体説とがあって、学説では個別説が有力ですが、判例は圧倒的に一体説です。一体説を採ると、訴訟上の効果は科刑上一罪と包括一罪とで変わりません。他方、既判力については、科刑上一罪か併合罪かで違いがあるので、科刑上一罪か包括一罪かということはあまり問題になりません。

中山 それでは、実務家としては、実体法上一罪かどうかという議論には

あまり興味がないということですか。

浅田 むしろ科刑上一罪か併合罪かというところは重大な違いですから、その方に重点を置いて議論されてきたように思います。

中山 しかし実務家としても、科刑上一罪にならないような連続一罪とか、そういうものをどこまで認めるべきかということは大いに問題にしていますね。

浅田 そこを工夫しないと併合罪にいってしまうからですね。だから、併合罪は行き過ぎだという考慮が働いたときに、何とか包括一罪なり科刑上一罪に持っていこうということになるように思います。しかし、本来の議論は逆で、実体法上一罪か数罪かをはっきりさせたうえで、はじめて科刑上一罪かどうかという議論ができるわけであって、転倒した議論になっているように思います。

松宮 そうですね。ただ、犯罪論上の一罪か科刑上の一罪かというべきですが。刑法の建前からいえばそういう議論をしないといけないですね。

浅田 なぜ転倒するかというと、罪数論の基本がはっきりしていないからでしょうね。

III. 罪数論へのアプローチの仕方

中山 それでは、先ほどの中山善房さんの議論はどう思われますか。犯罪論においては回顧的・論理的な関係が支配するのだから、結果重視・法益重視の考え方をとるべきだと。そこはよろしいですか。

浅田 私はそれも少し単純化しすぎだと思いますね。

松宮 犯罪論はそんなに単純なものではありません。

浅田 犯罪論と刑罰論とをそういうかたちで対比できるかという出発点のところにまず問題があります。ところで、犯罪というのは構成要件に該当する違法で有責な行為ですから、場合によっては、責任のところまで含めて罪数に影響を及ぼすように思います。構成要件基準説が通説といわれますが、犯罪の数というからには、構成要件で解決できなければ違法、違法で解決で

きなければ責任というところまで含めて考えて、最終的に一罪か数罪かが決まるはずです。その点も単純化しすぎだと思います。

中山 主観主義を一応はずしますと、次は団藤・大塚説と、その後あらわれた平野説があるのですが、両者が描く罪数論の図式はどこが決定的に違うと思われますか？　アプローチの仕方が違うのか、結論が違うのかという点が最終的に問題になりますが。

松宮 考えられるとすれば、一つはいわゆる混合的包括一罪の成立範囲とその扱い方ですね。もう一つ訴訟法で気になっているのは、訴因と罪数の関係なのです。多数説は、本来的一罪、法条競合や包括一罪を含めて、本来的一罪が一訴因だと考えているのですね。ところが平野説、松尾説、それから田宮先生の旧説が、科刑上一罪を基準にして、科刑上一罪を一訴因だという風に考えているのです。これに対して多数説は科刑上一罪は数罪で訴因は複数であると。そうすると、まず起訴状をどう書くかが違ってくるのですね。

浅田 もう一つ、当たっているかどうかわかりませんが、アプローチの仕方として、構成要件という枠にどの程度こだわるかという点で、小野・団藤説と平野説とは違っているように思います。平野説は、共犯の成立範囲でも共謀共同正犯でもそうですが、色々なところで実質的に考えるという発想が強いように思います。

中山 やはりそれは、私が発想した形式主義か実質主義かというような対立とみていいということですか。

浅田 そういう面もあるような気がします。事実の錯誤でも、例えば覚せい剤と麻薬の錯誤について、町野説がそうですが、構成要件の言葉の枠にこだわらずにかなり実質的に考えています。

中山 ここでも、罪数論で実質説を取ったときに狭くなる方と広くなる方とあると私は思うのです。だから包括一罪の評価の仕方でも、広く考えるのは、科刑上一罪で考えるからなのか、そういう論理関係があるような気がしますね。

Ⅳ．連続犯の扱い

松宮 もう一つ実務的には、平野先生がこのように書いておられるのですが、連続犯を戦前の判例がどんどん拡大した要因の一つに、窃盗とか強盗とかでも連続犯を認め一罪とすると、訴訟法上も個々の行為の日時、被害額を個別的に認定しなくとも、いつからいつまでの間に合計どれだけの被害を与えたという認定をすれば足りるという便宜があると書いてあります。
中山 そういう便宜的な方法には、検察官も反対しなかった。
松宮 そういうことですね。
中山 つまり、検察官の便宜を裁判所が認めたということでしょうか。
松宮 そうですね。
中山 実務家が一体として連続犯の拡大に賛成したわけでしょう。それに学者が反対したのですよ。広がりすぎだといって。
浅田 ところが、連続犯廃止の理由でいわれているところは、既判力が広く及びすぎて、一部起訴してしまうと他が起訴できなくなってしまうからという理由になります。
中山 しかしそれは、かなり一生懸命になって捜査するから大丈夫だということでおさまったのです。
松宮 戦後はそうですね。実態としては、戦前の実務で広がった理由は、やはり立証する側の訴訟上の便宜だという気がしますね。
中山 現在「連続一罪」というものによって、複数の法益侵害なり複数の行為があったときでも、併合罪としないで一罪として処理するという方法があるとすれば、そのアプローチの持っている意味は訴訟上の便宜ではないのですか。
松宮 この形では出てこないのです。今これと同じ事が典型的に出ているのは、薬物（覚せい剤）の自己使用罪です。いつからいつまでの間に何回自己使用したかわからないというときに。
浅田 あれは最終行為説というのではなかったですか。薬物の場合、連続

犯にしないで、最終の薬物使用で起訴するという。
松宮 だから連続犯とか言わずに、ともかく一罪、1回使ったと、いつからいつまでの間だと。尿検査でカバーできる範囲内で1回だと。

V．混合的包括一罪の根拠

松宮 そういう意味で、連続犯の拡大の論拠は、形を変えて、罪となるべき事実の特定性の問題として一罪の中で現われていると思います。もう一つが先ほどの混合的包括一罪のことですが、あれを一罪にしますと、訴因変更しなくていいのです。典型例を挙げますと、例えば強盗致傷で起訴したところが、被告人が当初は物を盗る意思がなく暴行している段階で被害者が負傷した、という風に主張したとします。そこで、検察官もそういわれて決め手がないということで傷害は強盗の意思がまだなかった時に生じたとすると、傷害罪と強盗罪だという認定になります。これを併合罪にしますと、当初1訴因だったものを2訴因に変えなければなりませんね。ところが検察官はあくまでここを争って、強盗致傷一罪が成立するはずだとして判決を迎えるということになると、裁判所としては被告人が弁解している事実の方が認められるという心証をとった時に、1訴因のままで判決を出さなければいけないということになります。これを包括一罪にしておけば1訴因ですから、訴因変更手続なしで判決を書いても手続の法令違反といわれなくなるのです。
浅田 その場合、しかし、傷害罪と強盗罪とを併合罪ではなく（混合的）包括一罪とするためには、何らかの実体的な根拠が必要になりますね。

VI．減軽類型の扱い

中山 ところで、私の疑問のうちの、152条はいったいどういう風にみなさん考えるのですか。
浅田 先生が言われたとおりで、必ず詐欺罪は成立します。
中山 そうすると、解釈としては詐欺罪は成立するけれども152条の法定

刑以上のものは落ちてしまうと考えるのですか。

浅田 必ず成立するから、立法者としては、そんな規定を置くはずがないという説明ですね。

松宮 逆に、偽造通貨行使罪の場合は、行使罪自体が当然詐欺罪を最初から含んでいると。だから行使罪と別に詐欺罪は本来成立しないという前提で、152条の場合は、しかし偽金をつかまされた人間の期待可能性の低減を考えて刑を軽くすると。そういうことをするんだから、それは実は詐欺行為を折り込み済みの規定だと説明するのです。

中山 そうすると、国章損壊罪と器物損壊罪も同じですか。国章も器物ですからね。法定刑は国章損壊罪は2年、器物損壊罪は3年なのです。国章損壊罪は器物損壊罪にも当たるはずです。観念的競合ですと工合が悪いなら、特別関係と考えるのですか。

松宮 でも、国章の場合は他人の国章である必要がありますか？

中山 しかし、外国の国章ですから。

松宮 自分の持っている外国の国章の場合もあるでしょう。

中山 この判例では、外国の大使館に掲げてある国章の場合です。

松宮 刑法は他人性を要求しているのでしたか。

浅田 その国の国旗その他の国章を損壊し、と書いてあるだけで、所有権については規定していません。

松宮 外国の国章でも自分に所有権がある場合もあります。例えば自分がアメリカ国旗を買って、アメリカ大使館前で火をつけて燃やす。

中山 いや、器物損壊罪も成立するとしたときのことを問題にしているのです。

松宮 むしろ両方成立するといったほうが説得力があります。法益が違いますから。

中山 だから、そういう減軽類型一般について、疑問をもつのですよ。減軽類型を作ったときに、親規定は消えるのだというように考えないと減軽類型に意味がないのではないかという気がしましてね。

松宮 それは、各論的にその条文を立法したときに、例えば152条であれ

ば、詐欺は折り込み済みで作っているのかどうかという問題ではありませんか。

中山 そしたら、202条はどうですか？

松宮 202条の場合は、実はもっとややこしい問題がありまして、錯誤の場合です。被害者の側に承諾があったと殺人者が錯誤した場合にも202条だと言いますでしょう。そうすると202条の客観的構成要件は……。

中山 199条だというのですか。

松宮 そうです。被害者が同意してない場合でも202条の構成要件を充たすと。

中山 責任だけ錯誤で202条に落ちるというのですね。

松宮 ええ。そうしますとね、条文どおりに202条を解釈してはいけないので、202条は被害者が承諾している場合もあれば、被害者が承諾していると加害者が思い込んでいる場合もあるということです。

中山 たしかに、202条については複雑な問題がありますが、いずれにしても、加重類型とは違うことは確かです。

浅田 そうですね。一般法と特別法において特別法は一般法に優先するというときには、一般法に該当することが前提になっています。ところが殺人と同意殺人の場合に、同意殺人は殺人罪に該当しないということになると一般法と特別法の関係ではないということになります。

中山 そうすると錯誤論で困ることになります。

浅田 そうなのです。

松宮 だから、本当は同意殺の方を一般法にして、普通殺の方を特別法にする読み替えを実は通説は暗黙のうちにやっている。

中山 そうですね。

松宮 そのときに202条の成立要件、構成要件のいくつかを無視して読むことになります。

中山 横領罪の場合でも、占有離脱物横領から積み上げていく構成方法がありましたね。

浅田 占有離脱物横領は純粋に所有権侵害を処罰するものですから、財物

についての窃盗・強盗・詐欺・恐喝は、本権説に立てば、占有離脱物横領の特別法ということになりますね。

松宮　それは、また別の問題です。1998年のドイツの刑法改正までにさんざんドイツで議論されています。つまり、単純に、これらの犯罪を占有離脱物横領に対して特別法・一般法の関係に立つとしてしまうと、後者が前者の「基本犯」ということになってしまいます。そうすると、たとえば、窃盗犯人と盗品の故買のために彼に窃盗を教唆した者との関係が、日本刑法でいえば65条2項の「加減的身分犯」の関係になってしまいます。そのほかにも、ドイツ刑法では、重罪と軽罪の区別の基準として用いる「基本犯」の刑は何か、といった問題があります。ですから、ドイツ刑法では、わざわざ、占有離脱物横領罪は、委託物横領罪以外の他の領得罪とは、一般法・特別法の関係に立たないが、他の領得罪に当たらなかった領得行為を拾う「受け皿構成要件」だと説明されたのです。

第2章 罪数論

2 ◆ 本位的一罪・法条競合

本項の問題提起

浅田　それでは、罪数論の各論に入って、実体法上の一罪のうち本位的一罪ないし単純一罪、あるいは本来的一罪という人もいますが、それと法条競合について報告します。

(1) 本位的一罪（単純一罪）

最初に本位的一罪、単純一罪については、従来構成要件基準説に従って、構成要件を1回充足すれば一罪というのが出発点とされてきました。それで判断できる限りそれほど難しい問題はないのですが、構成要件自体が当初から複数の行為を予定している場合があり、これも本位的一罪と考えられています。

普通挙げられるのは結合犯と多行為犯です。結合犯はもともと犯罪にあたる行為を複数合わせて一つの犯罪としているもので、強盗罪が典型です。多行為犯の典型は詐欺罪で、欺罔（欺く行為）による財物取得において欺罔自体は犯罪ではないのですが、それと財物取得を合わせて、一つの犯罪としている場合です。これらの場合、手段となる行為の着手が全体の犯罪の着手になるという特徴があります。結合犯に比べて結びつきが緩いのは結果的加重犯です。通常は故意犯たる基本犯と過失犯との結合形態ですが、結合犯との違いは、基本犯の着手が結果的加重犯の着手になるわけではないという点です。これが観念的競合の一罪性を強化したものなのか、結合犯を緩和したものなのかという議論がありますが、私は結合犯を緩和したものと考えています。結果的加重犯も一罪なわけですが、加重的結果が過失犯ですので、基本犯の着手が全体の着手にはならないという点に併合罪との違いがあると考えています。

なお、結合犯については、強盗罪の起訴に対して窃盗罪のみで有罪にできるかという縮小認定の問題もありますが、それ自体は特に問題なく認められているようです。問題になったのは、強姦罪で告訴がない時に、手段たる暴行罪で起訴できるかという点です。この点については、昭和27年、28年の最高裁判例があります。当初は、職権で強姦を認定したうえで、告訴がないわけですから公訴棄却すべきであるとしていたのですが、その判決に対する非

常上告審で、暴行罪による起訴も許されるとされました（最大判昭28・12・6刑集7巻12号2550頁）。しかし強姦罪における告訴の趣旨から考えますと、暴行で起訴することは許されないと考えるべきではないかと思っています。これは訴訟法上の問題です。

　次に、当初から複数の行為が予定されているものとして継続犯が挙げられます。典型的なのは監禁罪ですが、御承知のように状態犯との違いという点で、例えば正当防衛ができるか、共犯は成立するか、あるいは公訴時効の起算点はいつかという議論があります。継続犯か状態犯かによってかなり扱いが違うわけですが、犯罪の中にはいずれかはっきりしないものもあります。例えば未成年者拐取罪の場合、継続犯説が通説ですが、例えば親の監護権が法益だという考えを徹底しますと状態犯となります。現行法が拐取罪に収受罪をおいているのは、窃盗罪と盗品罪の関係と同じような位置づけになっているわけで、立法者は状態犯と考えたのではないかと思われます。それから総論のところでも触れられた点ですが、速度違反について、最高裁の平成5年決定は、約20キロ離れた地点での速度違反を併合罪としています。しかし速度違反による運転を考えますと、継続して進行中は一罪と考えるべきであるように思います。継続犯がどこで二罪になるのかは、それぞれの法益あるいは行為との関連で個別に考えるしかないと思いますが、少なくとも速度違反については、よほどのことがない限りは、継続して進行中は一罪と考えるべきだと思います。

(2)　法条競合

　法条競合は、見せかけの数罪とも呼ばれています。見せかけでない数罪が包括一罪ないし科刑上一罪ということで区別されているわけです。通常四つの法条競合の関係といわれますが、すでに指摘されているとおり、若干問題があります。

　① **特別関係**　特別関係が法条競合の典型ですが、特別法は一般法に優先するという原則で、特に加重類型の場合、この点は明らかです。普通横領罪と業務上横領罪の場合、業務上横領罪の行為は普通横領罪にも該当しますが業務上横領罪が特別法で優先するということです。特別関係が成立するためには一般法にも該当することが前提になっていると思われますが、総論のところでご指摘がありましたように、例えば殺人罪と同意殺人罪のような減軽類型の場合に、はたして一般法である殺人罪に同意殺人も該当するのかということが問題になります。減軽類型の場合には、私は、特別法・一般法の関

係ではなく、むしろ別罪ではないかと思いますが、この点は錯誤との関係で検討を要するところです。それと関連して、堕胎罪については、不同意堕胎、同意堕胎、自己堕胎のうちどれが基本類型かという議論があります。平野説は、不同意堕胎と同意堕胎は減軽類型の関係ですが、自己堕胎は法益が違うので別罪であるとしています。大審院の判例の中に、一方で医者を教唆し、他方で妊婦を教唆して医者に堕胎行為をさせた場合について、医者に対する業務上同意堕胎教唆と、妊婦に対する自己堕胎教唆が成立して観念的競合になるとしたうえ、医者の身分はないので同意堕胎の教唆になるとしたものがあります（大判大9・6・3刑録26輯382頁）。そこでは、同意堕胎と自己堕胎とは加重・減軽の関係ではなく、法益が違うから別罪という扱いになっています。つまり何が特別関係になるかはそれぞれの犯罪の法益等を含めて考えなければならないということです。

② **補充関係**　次に補充関係ですが、これは基本法は補充法に優先するという原則で、器物損壊罪とか放火罪とかの場合、最後にそれまで挙げたもの以外の物を客体にした構成要件がおかれています。拾集的な構成要件ともいえます。特別関係と補充関係とは実は中身は違いがありません。一般的なものと特殊的なもののいずれを先に規定するかという点の違いで、いずれの場合も特殊なものが優先するという点で変わりはありません。

③ **「択一関係」**　第三に択一関係ですが、例えば横領罪と背任罪の場合、例えば銀行の貸付係が不当な貸付けをしたという場合、横領になるか背任になるかは択一的だといわれます。あるいは、だましながら脅して物をとった場合に詐欺か恐喝かが問題になり、これも択一的だといわれるわけですが、これらの場合、実は法条は競合していないという指摘があります。つまりその行為が、詐欺か恐喝か、あるいは横領か背任かは、その行為の解釈によって一方が成立するということだけであって、両方が成立するけれども競合するという関係ではありません。そういう意味では択一関係は法条競合ではない、これは解釈の問題だと割り切ったほうがいいように思います。この場合、訴訟法上は、予備的訴因として挙げておく、あるいは場合によって訴因の変更が必要になるという問題が残るだけです。

④ **吸収関係**　第四に吸収関係ですが、例えば暴行・脅迫と強盗の関係で、暴行罪、脅迫罪が強盗罪と別に成立するわけではなく、強盗罪に吸収されるのは明らかです。

ただ、従来吸収関係といわれていた不可罰的事前行為・事後行為の問題が

あります。予備、未遂、既遂について、未遂・既遂が成立すれば予備は吸収されるという意味で吸収関係といわれているわけですが、それを不可罰的事前行為と呼ぶのは適当でないというのが平野先生の主張です。むしろ予備罪も実際に成立しているわけですが、未遂・既遂が成立した場合にはそれで評価され尽くしているという意味で共罰的事前行為といわれています。窃盗後の器物損壊が不可罰的事後行為の典型ですが、器物損壊罪が存在していないわけではなく、窃盗で評価し尽くされているという意味で、すでに処罰されている共罰的事後行為というわけです。そうだとしますと、不可罰的事前行為・事後行為と呼ばれているものは、法条が競合しているわけではなくて、数罪があってそれが評価上一罪として扱われているということになり、次の包括的一罪の1種である吸収一罪ということになります。総論で問題になりましたように、包括的一罪をある意味で科刑上一罪に近づけて考えていくということかと思います。ところで、未遂が既遂に吸収されるのは明らかですが、予備が独立に成立するかは具体的にどういう場合を考えるかによります。共犯が成立するかという問題が一番大きいと思いますが、予備の共犯の問題については従属性の問題が絡んでいます。私は、吸収関係で考える方がいいのではないかと思っています。他方、窃盗後の器物損壊に第三者が関与したという場合には、器物損壊罪の共犯が残りそうです。共犯がらみで考えますと事前と事後では違うのではないかと思っています。

　ところで、不可罰的事後行為の典型として時々、窃盗後の横領罪が挙げられますが、委託物横領罪はもともと窃盗罪の犯人には成立しようがないので、これは不可罰的事後行為の問題ではそもそもないと思います。つまり、共罰的ないし不可罰的事後行為というためには、それ自体として一応構成要件に該当することが前提になるということです。

第 *2* 章 罪 数 論

〔討　　論〕

Ⅰ．不可罰的事後行為

松宮　窃盗後の横領罪といわれるのは、占有離脱物横領のことではないのですか。
浅田　どうも違うようです。
松宮　要するに窃盗した物の領得ですけれども。
中山　これを委託物横領だという学説もありますね。
浅田　ええ。今までの教科書では横領としか書いていないのです。
松宮　委託物横領ですか？
浅田　そう、だからおかしいのですよ。
中山　しかし、少なくとも占有離脱物横領だと。
浅田　ええ、それはあり得ます。
松宮　というのは、占有離脱物横領の254条の条文は横領したという書き方ですからね。条文の体裁からいえば、横領の最も単純な形は占有離脱物横領ですので、窃盗後の横領といえば当然占有離脱物横領と思っていたのですが。
中山　でも、委託物横領だという説もあるのです。
松宮　誰なんですか。
中山　阿部純二さんの考え方です。委託物横領で、占有離脱物も同様だというのです。
松宮　いや、探れば何か理由があると思いますけど。

Ⅱ．予備・未遂・既遂

中山　先ほどいわれた予備と未遂、既遂のことですが、未遂が既遂に吸収

されるように、予備はその前のもっと軽い段階だから、発展犯の一段階として吸収されるという議論にはならないのですか。

松宮 要するに予備行為というのは実行行為と別にあるという。

中山 そうすると、実行行為の未遂、既遂というのは発展犯として1個にくくれるけれども、予備罪というのはいったん成立してこれが不可罰的または共罰的事前行為だという説明ですか。

松宮 そうですね。

中山 これは消えないと。

松宮 ええ。

浅田 そこで実際に何を効果として考えているかなのですが、やはり共犯でしょうか。

中山 それから、予備の中止という問題もありますね。

浅田 予備の中止の場合には、予備が構成要件該当行為だと考えなくても準用でいけますね。

松宮 それは逆で、強盗の場合に、立法者はむしろ意識的に強盗予備に刑の免除を置かなかったのだから、着手後の強盗の中止があっても刑の免除はできないという理屈があるのですよ。それを支える一つの理由として、強盗予備は残っているというのです。

浅田 解釈論としては、被告人に有利な解釈ですから中止犯の規定を準用しても構わないはずです。もう一つは、予備の共犯を認めるかという問題です。

中山 予備の共犯を認めるという考え方が強いですね。しかし、予備の処罰範囲が無限定ではないかというところに問題があります。

浅田 従属性の問題を考えて予備の共犯は成立しないというのであれば、吸収されるといっても結論は同じことになります。

松宮 同じですけど。ただ立法趣旨から考えればそうですから。予備というのは、もともと未遂、既遂にならなかった場合を把握するということで目的犯として作られていますので、普通の目的犯とは少し違う「受け皿」的な性格をもっています。むしろ問題は、凶器準備集合罪のように、規定上の位

置づけは予備罪なのに、実質は別法益だから独立に成立するというようなものがある場合が困るのですね。

III．択一関係

中山 次は、択一関係のところで、町野説が、たしかに横領・背任、詐欺・恐喝は択一関係としなくてもよいが、未成年者誘拐と営利誘拐とはどうしても交差関係が残るというのです。しかし、営利誘拐罪の方は未成年とか成年とか書いていませんから、人を誘拐するというので、未成年を含むという解釈にすれば、両方重なっているといえないことはないわけでしょう。

松宮 はい。未成年者の営利目的誘拐は未成年者誘拐の特別類型だという意味で。

中山 そうすると、特別関係に含んでしまえば、択一関係は消せるのです。

松宮 だからそういう問題ではないと思いますけれど、やはり横領・背任のように、成立要件はそれぞれ独立していて、一方が両者を含みこむ関係ではないのだけれども、実際上はある行為が両方の要素を兼ね備えているというときに、法定刑とか保護法益から考えて、両方とも成立させることはないのだから、メインの方を成立させようと、あるいは重い方を成立させようという議論です。

中山 その場合は、両方ともいったんは成立することを前提にしているわけですか。

松宮 私はそう思いますよ。

中山 それは、択一関係とは違うものですか。

松宮 いや、だから択一関係なのです。両方ともいったん成立しうるので、例えば横領と背任ですと、どちらが重いかですが、例えば横領の方が重いと、横領になるから横領一罪で処理しましょうといっていたのが、横領が何らかの理由で成立しなくなったとき、行為がないとか責任能力がないとか、正当化されるとか何でもいいですけど。

中山　そうすると背任がうかぶということですか。

松宮　そうすると背任がうかびますよ、やはり。でもそれはたまたまその行為が両方の要件を兼ね備えていたからであって。

中山　そうすると、択一関係というのは、最終的にどちらかが択一で選ばれるという意味ではなくて、択一の前提となる現象が重なって成立するということがあるのだということを前提とすれば、そういう意味で使えば使えるということですか。

松宮　そうです。

浅田　でも、その重なっている部分は特別関係ではないですか。

松宮　いや、普通の特別関係とまた違うのは、例えば詐欺・恐喝の場合には、普通は法定刑が一緒ですから、実際の行為によって、欺罔の方がメインだったか、脅迫の方がメインだったかで決めますでしょう。だから一律にどちらかが特別法、一般法とはいえないのではないですか。

浅田　判例で、警察官だとうそを言って盗品を脅してとったのを恐喝にしたものがありますが（最判昭24・2・8刑集3巻2号83頁）、この場合、どちらがメインかという行為の解釈で詐欺か恐喝かが決まりますから、これは解釈の問題であって法条は競合しないので、両方に当てはまるということはありません。

松宮　それもおかしいです。

浅田　両方にはあてはまりませんよ。

松宮　いや、あてはまります。例えば、今のが恐喝だとした場合、脅迫の部分について、例えば脅迫のときには心神喪失になっていたとかいうようなことがあったら、今度は詐欺がうかび上がってくると。

浅田　だからその点も含めて、その行為が詐欺か恐喝かという解釈の問題になるわけでしょう。

中山　詐欺にも恐喝にもなりうるような状態がまずあって、結局どちらかが成立し、どちらかが成立しなくなるのであれば、その段階でみると択一関係のようにも見えますね。

浅田　特別関係ではなくて解釈の問題だと思います。他方、横領と背任

は、客体が財物、例えば金銭で、行為者が占有者でかつ事務処理者であるという場合には、競合して特別関係になると思います。

松宮 それも申し上げれば、横領、背任の場合でも詐欺、恐喝の場合と同じです。成立要件を抽象的に並べれば、それは本来競合するものではないのです。なぜなら、背任ではあるけど、絶対横領にならないという場合があるでしょう。

浅田 だから、重ならない場合は解釈の問題で、重なる場合は特別関係ということになります。

松宮 だから、そういう事実であれば両方の構成要件を満たす可能性が出てくるわけでしょう。それは同じです、詐欺と恐喝の場合でも。

浅田 詐欺、恐喝の場合はそうはなりません。

松宮 脅し、かつだまして物を交付させたら？

浅田 脅した行為とだました行為と二つ行為があれば、二罪成立というのが通説です。

松宮 でも、同一物を交付させるためにやったら二罪じゃないでしょう。

浅田 詐欺の手段と恐喝の手段と二つ使って一つの物を取った時には観念的競合だというのが判例だと思います。警察官だとうそを言い脅して盗品を取り上げた行為については、脅しの方がメインだから恐喝罪だということで、それと一方で詐欺の手段を用い、一方で恐喝の手段を用いるというのは別です。一罪とする考えももちろんありえますが。

松宮 でも、だましたのは事実でしょう、そのケースでも。

浅田 脅す手段としてだましてるわけであって、だまして取ったのではないから、詐欺の欺罔行為にあたらないという判断です。

中山 問題は、択一関係というものを、法条競合の一つの選択肢として残す意味があるのかどうかという観点から見て、やはり特別関係とは違うということになれば、置いておいても別に悪くはないわけです。それが単に横領と背任だけではなくて、詐欺と恐喝の場合にも認められるかという問題は残りますが、結局はどちらかの一罪しか成立しないわけです。

松宮 その場合に、単純に二罪成立させないというところに私は意味があ

ると思うのです。

IV．減軽類型の扱い

中山 ところで、同意殺人の場合に、それが殺人罪を含み、両方が成立するとはいいにくいけれども、錯誤の問題が出たときに、もしそういう関係を断ち切ってしまうと、同意殺人罪の構成要件に該当しない行為で、本人が同意殺人だと思っているというときに、その構成要件で処罰できるためには、錯誤のもとになった構成要件というものを、少なくともその場合には援用せざるをえないのではないかという問題があります。

松宮 そうなのです。その場合のみというけれど、それは一般化されるので、結局被害者が同意していなくても同意殺が成立するということになります。

中山 論理的にそうなるしかありませんか。

松宮 論理的になります。錯誤を無視して199条で処罰するなら別ですが。

浅田 今の判例からすると、38条2項の解釈では成立する犯罪と刑は一緒ですから、同意殺が成立することになります。

中山 錯誤のときの問題として、成立する犯罪はやはり202条になるのですね。

松宮 そうです。ただ202条の構成要件が満たされているといわないといけない。学説の中には、町野さんのように38条2項は軽い方の構成要件を修正する規定だという人もいますけど。

浅田 新しい構成要件を作るという説ですね。

松宮 でも、条文をよく読むと、重い犯罪が成立しないとしか書いていないのです。

中山 そうすると今度は、いったん202条も人を殺したうちの一つだとして、仮に、202条とともに199条も成立するとしたときに、減軽類型の法的効果として、錯誤の場合には重い方を軽くするのだからよいとしても、202条がなくなったときに、199条を使うという遡及の方は認めないということが

できますか。

松宮 いやありえます。つまり202条廃止のときの立法理由が、条文は変えないけれども、同意殺は一般殺人に全部包括、吸収させて後は量刑事情として扱うのだという趣旨で202条を削除したというのであればそうなります。

中山 しかし199条で処罰するということはできますかね。

松宮 実際、英米法やドイツ法はそうですよ。多くの場合、同意殺は普通殺ですから。

浅田 しかし、同意があると誤解して殺害した場合、202条の構成要件に該当するとはっきりいっていいのかという問題があります。犯罪は構成要件該当、違法、有責な行為なのであって、全体として何罪が成立するかということを考えれば、38条2項から殺人罪で処罰できないのは明らかですね。

松宮 それは38条2項に書いてあることです。しかもあれは確認規定です。

浅田 199条と202条は違う、202条は殺人罪ではないといったうえで錯誤問題を考える方がいいように思いますが。

中山 202条が廃止されたときにはどうなりますか。重い規定が削除されたときに基本法で処罰することはできる。これは誰でも認めるのですけれども。逆も可能かということです。

浅田 通常、廃止されたときは処罰しない趣旨だと解釈できませんか。

中山 202条の廃止の趣旨が結局問題となるというわけですね。

松宮 何もいわずに廃止すればそういう推定が働くのですが、絶対何もいわないわけはないのです。そういう時は。

中山 そうでしょうね。

松宮 現在はそういう解釈をしていますから、実は解釈のときには199条の構成要件も修正されていまして、単に人ではなくて、承諾のない他人になっているのですよ。

中山 そのように二つの構成要件の関係を解釈しているのですね。

松宮 我々は、202条があることで199条をそう解釈しているのです。

中山 そこで、202条がなくなれば、199条の解釈もかわるということにな

りますか。

松宮 それは、202条を廃止するときに、この構成要件は条文は変わりませんが意味は変わりますと、こういう風に説明するからです。

中山 これは、今の傷害罪と同じで、同意傷害罪の規定はないけれども、それは重い場合は傷害罪で処罰する趣旨だという風に解釈すれば入ってしまうのですね。

松宮 そうです。だからそのときに条文は一字一句変えないけど、構成要件は変わりますよと立法者がいえばそうなります。

中山 そうすると、問題は抽象的な議論ではなくて、廃止するときの立法者の趣旨によって変わりうるけれども、立法者はそういう不当なことをしてはならないということになるでしょう。

浅田 先ほどの、森林窃盗をなくしたときに窃盗罪になるかという問題ですが、可罰的違法性の点も含めて、窃盗にならないという解釈になると思います。殺人と同意殺についても同意殺をなくしたときは処罰しない趣旨だという解釈になると思います。

松宮 その逆で、世界の趨勢は逆に普通殺なのです。ですから、それはどちらもありうると思うのです。

浅田 現行法は202条があるから、199条は意思に反する場合だと解釈するわけですか。

松宮 我々は解釈します。

浅田 そうすると199条に202条は入ってないことになる。

松宮 いや逆なのです。一般法が202条で特別法が199条。

浅田 もちろんそれならわかるのですが、そうは普通は解釈していません。

松宮 いえ、暗黙のうちにしています。

浅田 それは、構成要件に該当しなければならないという点にどこまでこだわるかという問題だと思いますが。

松宮 いや、そうしないと、同意がある場合に二つの構成要件が満たされることになるでしょう。199条と202条。なぜなら、同意のある人を殺しても

199条の「人を殺した者」に当てはまりますから。そうした場合に、199条の適用を排除するためには202条を特別類型だと言えればいいですけれども、むしろ話は逆で、先ほど申し上げたように202条は被害者が実は同意していなかった場合にも適用しているわけですから、客観的構成要件は202条の方が広いのですよ。だから202条を特別類型だと言いにくくなるのです。そうしたら、199条の方を絞っておかないといけないのです。

中山 その場合、202条を基本構成要件に組みかえることができますか。

松宮 解釈で。それが先ほどの被害者は同意してないが、加害者は同意していると思い込んでいた場合です。

中山 それも含んでいるといえるとすればね。

松宮 この場合に202条が適用可能という結論が正しいならば、当然202条の構成要件は被害者が承諾してない場合の殺人も含んでいます。

中山 被害者が承諾していると錯誤している場合についても202条が適用されるとしますと、202条の方が広いわけだから、199条のほうは被害者が同意してない場合であると。

松宮 そのように絞った方が良いと思います。

中山 廃止された尊属殺は、その絞ったうえでの加重類型という位置づけになりますね。

松宮 我々が暗黙のうちにやっている論理操作をはっきり言葉に出して言うと、全部そうなるのです。

中山 そうすると、森林窃盗のうえに窃盗を積んでいってもかまわないことになり、錯誤の問題を回避できることになりますね。

浅田 ということは、一番軽いものが常に基本類型になるということですか。

松宮 実は補充関係というのは、いつも逆転させないと、錯誤のときにうまくいかないのです。もっと典型的なのは、現住建造物放火と非現住建造物放火なのです。あれも、非現住建造物だと思いこんで、現住建造物に放火したときに、条文上は非現住建造物だと書いてますから、そのままでいくと109条1項を使えないのです。ところが学説は一致して使えると言うでしょ

う。そうすると学説はみな、構成要件に書いてある、人が現に住居として使用していない、かつ人が現在していないという部分は無視しているわけですよ。実は。

浅田 この議論は、やはりおかしい。構成要件を客観的に考えるのが出発点です。客観的に考えたうえで、次に錯誤が問題になります。客観的に重い構成要件に該当しているという場合において、錯誤によって軽い犯罪が成立する場合に、その軽い犯罪の構成要件に該当していなければならないとしても、だからその軽い構成要件は重い構成要件も含んでいるのだというのは、過剰な要求だと思います。

中山 責任論のレベルにとどまるとすることもできるでしょうけれども、錯誤の結果もその構成要件で処理しないといけないというところまで含めれば、広い解釈も十分成り立つように思いますが。

松宮 109条1項はその場合も適用できたとします。しかしそれはその構成要件に該当しないのに適用できたのかと聞かれたら、いや該当したと言わないといけない。そうでなければ、109条1項も成立しないという結論しかありません。

中山 最後はその構成要件に該当すると言わざるを得ないとしますと、承諾してないのに承諾構成要件に該当するとしなければ処罰できなくなる。

松宮 そうなのです。それを処罰しなくてもいいというのであれば別ですが、もちろん故意に対応する罪の未遂として処理する手もありますけれども、しかし今のように非現住だと思い込んだ場合には軽い方のさらに未遂になるのかという問題が残ります。

V．状態犯・継続犯

中山 もう一つ、状態犯と継続犯の限界というのは、これは一律にはいえない難しい問題ですね。何が決め手になるのでしょうか。

浅田 法益ですね。

松宮 いや、決め手はその結果としてでき上がった構成要件の相互関係で

しょう。
浅田 ですから行為と法益なのですが、未成年者拐取罪は、自由が法益だとすれば継続犯になります。
中山 状態犯の例というものはきわめて少ないですね。
浅田 そうですね。窃盗罪などの財産罪の他、問題になるのは拐取罪ぐらいですね。状態犯の場合には共犯は成立しないので、盗品罪とか収受罪とかを置いているわけです。
中山 状態犯というのは即成犯と継続犯の中間で、行為としては既遂になるけれども、既遂になってからの一定範囲のものは違法状態をカバーできるような形で残るものですね。
松宮 法益と法益が違法な状態に置かれているというのが残っているということですよね。
中山 それは、窃盗罪以外にはないのですか。
浅田 財産罪以外は、拐取罪に収受罪を置いているのは、少なくとも立法者意思としては、そういう趣旨だろうということです。
中山 拐取罪は拐取してからしばらくの間、違法状態が継続するということですか。他にはあまり例がありませんね。
松宮 危険犯にもいろいろあるのではないのですか。
中山 例えば、どういう場合ですか。
松宮 放火罪でも火が消えるまでは、ただこれは継続犯ですが。この場合、法益は公共の安全ですから、既遂になっても法益が消滅しないという点で即成犯ではないので、火が燃えている間中、違法状態が続くことになります。

VI. 結果的加重犯

中山 それから、結果的加重犯の性格に興味が引かれるのですが……。
浅田 これをさらに引き離しますと、牽連犯になります。牽連犯と単純一罪（結合犯）の中間の形態です。もし逮捕監禁致死傷の規定がなければ逮捕

監禁罪と過失致死罪との牽連犯ないし観念的競合ということになります。
松宮 規定がなければなりませんね。
中山 結果的加重犯という形で、一罪として規定したかどうかという問題でしょうが、そこには立法形式についての伝統があるように思われますね。
浅田 罪数論の難しいのは、立法にかなり影響されるということですね。立法がたまたまどう規定したかという時に、それを正当化しようと頑張ると理論がおかしくなるところがあります。
松宮 それを称して、構成要件基準説というのではないでしょうか。
中山 批判的観点が弱くなるということでしょうね。

Ⅶ．窃盗と占有離脱物横領の関係

松宮 もう一つ、窃盗と占有離脱物横領ないし横領の関係なのですが、窃盗は領得危険犯ですね。横領ないし占有離脱物横領は領得犯ですね。つまり領得の危険か領得そのものかという点でいえば、両者は重ならないのです。
中山 しかし、窃盗は何のために物を取るかというと領得のためですね。
松宮 ええ。だからドイツなどではこれを説明するのに、本来は領得までいって既遂なのを、行為類型上、既遂を早期化し、未遂段階で既遂類型にしてしまったと。その代わり領得目的がいるのだという構成にして、だから後の現実の領得行為は折り込み済みだから不可罰的事後行為ないし共罰的事後行為だとするのです。
中山 私もそう考えています。
松宮 ええ。そうしたときに、罪数としてはあまり問題はないのですが、よくあります窃盗と横領ないし占有離脱物横領の錯誤の問題ですね。あれは錯誤問題は実は生じないのではないかと私は学生に言っているのですが。
浅田 その点は、本権説か所持説かが決定的で、本権説を採れば重なるというのが普通ですね。
松宮 いえ、そうではなくて、多くの方が、他人の占有下にあるものか占有下にないものかという点で両者択一的な関係だという風に言われるのです

けれども、自分が窃取したことで他人の占有下を離れれば横領の対象となりますから、それを領得したということについてはまったく錯誤がないので、それを、錯誤のある場合には、他人の占有下にあることを知らずに持ってきて領得しただけですから、だから、窃盗と占有離脱物横領は択一的な関係で、錯誤のとき難しい、などということは一つもないと私は学生に言うのですけれども。

浅田 どの錯誤を考えているかによって違いますが、自分の物だと思って他人の物を持ってきて領得した場合ですか。

松宮 他人性に気づいてね、なおかつ領得した。

浅田 その場合ですか。

松宮 だからその場合には占有離脱物横領になるわけですよ。だけど、普通は、占有離脱物横領と窃盗は、他人の占有下にその物があるかないかで択一的な関係だから、本来重ならないのではないかというのです。多くの教科書では。

浅田 議論がずれてると思います。一つは占有があるかないかという問題で、占有があれば窃盗罪、なければ占有離脱物横領だという問題と、錯誤が起きたときの重なりの問題は別で、まず占有があるかないかの判断をしなければならないわけです。

松宮 そうですね。その段階で仮に錯誤していても、領得のとき他人の物だと気づいて領得すれば占有離脱物横領が成立すると。

浅田 占有離脱物横領だと思って窃盗をした場合、たとえば網棚にあるカメラを忘れ物だと思って盗ったらそこに持ち主がいて支配していたという場合、本権説を採れば重なるので占有離脱物横領罪にできますが、所持説を徹底すれば重なりません。したがって抽象的符合説を採らない限り、過失窃盗で無罪になるのではないですか。

松宮 なりませんよ、その場合は。窃盗はいずれにしても成立しない。しかし、所持説であっても占有離脱物横領はまた別の話ですから、その要件が満たされれば成立します。所持説で困るのは、窃盗が成立する場合に、事後の領得を共罰的ないし不可罰的事後行為だとなぜ言えるかなのです。法益が

違うはずですからね、所持説だと。違う法益なのにあわせて処理できるのはなぜかと聞かれたら、答に窮します。

浅田 占有離脱物横領罪については、過失窃盗後に別罪として成立するという構成をとれば、たしかに錯誤の問題は生じないかもしれません。しかし、先のカメラの例のように取得と同時に領得が認められるような場合も、そのように言えるかというと疑問を覚えます。通常、本権説は、占有の侵害・取得の時点で本権（所有権）の侵害も生じているが、それは客観的には見えないので、それに対応する主観として不法領得の意思を要求する、したがって窃盗と占有離脱物横領の違いは、客体の違いであって行為の違いではないと考えているのではないでしょうか。所持説と不可罰的事後行為との関係ももちろん問題になります。

第*2*章　罪　数　論

3 ◆包括的一罪

本項の問題提起

　浅　田　包括一罪という言い方と、包括的一罪という言い方があってまぎらわしいのですが、ここでは独立に犯罪となる行為が法的効果により包括されて実体法上一罪と扱われる場合を包括的一罪と呼んでおくことにします。その中に吸収一罪と狭義の包括一罪とがあります。
　(1)　吸収一罪
　吸収一罪は、先ほどの吸収関係からもれたものをさしています。共罰的あるいは不可罰的な事前行為・事後行為も一種の吸収一罪です。殺人にともなう着衣の損壊の場合、器物損壊自体はないわけではないのですが、殺人罪によって評価し尽くされているので器物損壊罪が別罪としては成立しません。この場合に器物損壊罪が成立しないのは、通常の殺人行為には着衣の損壊が当然に伴うから、殺人罪はそれも含めて規定しているとか、生命は重大な法益なので、軽い法益である器物の損壊はそれに含めて考えていいと説明されています。窃盗後の器物損壊については、窃盗で評価し尽くされているということですが、器物損壊に対する共犯問題をどう処理するかという問題が残るのは、先ほどの議論のとおりです。
　(2)　狭義の包括一罪
　①　集合犯　狭義の包括一罪にはいくつか類型があります。最初に集合犯ですが、集合犯には常習犯と営業犯があります。常習犯は常習賭博罪等、営業犯は猥褻文書販売罪等です。この場合１回の行為でも常習性、営業性が認められれば常習犯、営業犯が成立しますし、数回やっても一罪になります。数回やった場合にそれぞれの行為は構成要件に該当するにもかかわらず一罪になるということで包括一罪と呼ばれるわけです。
　②　段階犯（発展犯）　次に、発展犯というよりは段階犯と呼んだほうがいいように思いますが、一つの条文の中に複数の行為が段階的に規定されているという場合があります。賄賂を要求して、約束して収受したという場合は、197条１項の一罪になり、盗品を運搬して保管して有償の譲り受けをした場合は、256条２項の一罪になります。逮捕して監禁した場合も220条の一罪と考えられるので、これも包括一罪と考えた方がいいと思います。法条競

合と考える説もありますが、みせかけではなく実際に行為があるわけですから、包括一罪のほうがいいと思います。もっとも結論が違うわけではありません。

③　**接続犯**　問題は、いわゆる連続一罪あるいは接続犯と呼ばれる場合です。すでに触れられたことですが、戦後、連続犯規定が削除されるのに伴って、一部は包括一罪に、一部は併合罪にという分かれ方をしたように思います。牽連犯、観念的競合に行く分もあるのかと思いますがはっきりしません。実体法上の一罪と数罪の区別は、結局、接続犯、連続一罪と観念的競合、牽連犯ないし併合罪との区別ということになります。

リーディングケースは、連続 3 回にわたって倉庫から玄米を窃盗したという例で、時間もあまり離れていないという場合に、原審が併合罪にしたのを破棄して一罪であるとしたものです。最高裁は次のように言っています（最判昭24・7・23刑集 3 巻 8 号1373頁）。3 回における窃盗行為はわずか 2 時間余の短時間のうちに、同一場所でなされたもので、同一機会を利用したのであることは挙示の証拠からもうかがわれ、かつ、いずれも米俵の窃取という全く同種の動作であるから、単一の犯意の発現たる一連の動作であると認めるのが相当であって、このような場合には一罪と認定するのが相当であるとしています。この判旨をどう読むかも問題になります。同一の犯意ということに重点があるようにも思いますが、その前提として、同一機会、同種の動作ということもいっていますので、必ずしも単一の犯意だけが決定的だとはいえません。

これを参考にしつつ、学説では、不法責任内容が密接に関連し一体である場合は一罪だとする林幹人説や、構成要件の同一性、被害法益の単一性、具体的行為状況、主観的要件という四つの要件を挙げ、構成要件基準説を基本にしつつ、それらを総合して判断するという虫明説があります。いずれにしても連続犯の規定がなくなった後、一罪か数罪かは最終的には総合判断というしかないところもあり、必ずしも学説判例上基準がはっきりしているわけではありません。

④　**「科刑上一罪としての包括一罪」**　この点に関連して、次のテーマとも関連しますが、科刑上一罪との関係が問題になります。東京地裁は平成 4 年 4 月21日の判決（判時1424号141頁）で、詐欺が既遂になったのち偽造有印私文書の行使が行われた事件について、これを刑上一罪としての包括一罪の関係にあるといっています。これは言葉の問題ですが、科刑上一罪としての

包括一罪といわれますと、包括一罪の中にまた2種類があるということになって、議論が混乱するように思います。むしろこの場合は包括一罪という言葉を使わずに、科刑上一罪として処理するというほうが適当だろうと思います。54条の解釈として、順序が逆の場合も牽連犯になるという解釈もありえますが、併合罪ではなく牽連犯だというこれは被告人に有利な解釈ですので、54条を準用して科刑上一罪という処理でもいいように思います。少なくとも包括一罪という言葉をここで使うと議論が混乱すると思います。混合的包括一罪については次の項に譲ることにします。

〔討　　論〕

Ⅰ. 接続犯（連続一罪）について

中山　判例には、単一の犯意の発現という判示が多いのですね。これは、戦前からの連続犯を広く認めすぎる一つの現われで、牧野説の影響もかなりあるのではないかという気がしているのです。おそらくそういうことがあって、虫明説などは主観的要件はもちろん必要だけれどもそれを強調するべきでないという形で一応抑えていますね。ところで、わからないのは、不法も責任も関係があるといわれるとき、不法と責任と両方を含んだ時と、不法だけでいく場合とで、一体結論がどう変わるのかという点です。特に包括一罪、連続一罪の解釈です。犯意の単一性の発現と見た方が一罪性が広くなるという場合と、いったん犯意を放棄してまた新たに行為したという解釈をとると、客観的には連続していても切れてしまうという両面ありえます。責任内容を入れるという時でも、入れたがために切れる場合と、入れたためにつながる場合とがあるのではないかなと思うのです。その前に、まずお聞きしたいのは、わが国の戦後の判例が、連続犯がなくなってから、一部は包括一

罪、一部は併合罪、一部は科刑上一罪に分かれたといわれていますが、この分かれ方はほぼ妥当な線におさまっているのか、それともかなりいびつに、どこかにかたよっているのか、という点についての評価はいかがでしょうか。

浅田 そうですね。先ほどは省略しましたが、虫明さんが主観的要件といっているのは、犯意の単一性、単一の犯意までは必要ではなく、責任の同質性があればいいということです。

中山 犯意の発現といいますと、故意だけになってしまうのですね。

浅田 そうです。問題は、24年の最高裁判決がたまたま包括一罪のほうに入れていますが、一般的にはむしろ併合罪に移っているほうが多いのではないかと思います。もう一つの問題は、接続犯を一罪にできるかどうかについては、やはり客観的な時間的・場所的な接近性・近接性が決定的だと思います。例えば同じ倉庫から3日にわたって3回盗んだとするとやはり三罪なので、何時間内であれば一罪と評価できるのか、これは客観的な行為の問題です。例えば一人の人を切りつけるのに、3回切りつけて3回目で死なせたという場合、殺人既遂一罪ですが、1日目に切りつけて失敗し、2日目に切りつけて失敗し、3日目に切りつけて殺したという場合は、未遂2つと既遂1つの三罪です。最後の部分だけを起訴するということになるのかもしれませんが、罪数の問題としては同一の客体であっても三罪という処理が普通だと思います。そうしますと時間的、場所的近接性がまず最初に枠組みとしてあって、その中でまた一罪か数罪かが分かれるということだと思います。

松宮 戦前に、同じ日ではなくて、3回試みて、3回目に成功した殺人で、全部を殺人既遂一罪で処理したのありませんでしたか、大審院で。

中山 その理由としては、結局最終目標を達成したということで、その過程の問題であると解釈すれば一罪になる。

浅田 その点は、実体法上一罪という評価をしているのか、最後の分を処罰するだけで十分と考えて起訴しているのかが問題になります。一罪とすると実行の着手が1回目のところになりますが、実行の着手は3日に分けた場合には3回といわないといけないのではないですか。

第2章　罪数論

中山　分析的にいったんいくつかに分けたうえで、それを総合するという発想で考えるのか、それとも一番重いところに目をつけて、後は補充というか付随というかという形で処理するという方向を取るのか、それによってもかなり違うのではないか。直感的に裁判官がこれをまとめるという発想でいくのか、分解するという発想でいくのかで、かなり違うような気がしますね。ただ、実体とあまりにかけ離れた法律判断はできないわけですから、一定の線に落ちつくのかもしれません。

松宮　ただ、窃盗などは先にも言いましたように、いつ盗んだかわからなくなってしまったという事例があったのではないですか。

浅田　事実認定をはっきりさせなくてもいいとするために接続犯を使うというのは邪道ですね。

松宮　ただ、どこから盗った、被害者は誰かというのはわかっているが、3回に分けたからこの物を盗んだのがいつだったかわからないということもあると思いますよ。

中山　だから、明らかになりすぎるとかえって別罪になる可能性があり、不明な場合があってつなぐ手段として一罪となってしまうということも、現実にあるでしょうね。

松宮　あると思いますよ。

浅田　現実にあるとして、それが実体法上、理論的に正しいかということが問題ですね。

松宮　ですから、それをおかしくないようにするために接続犯とするというのではないですか。

浅田　そういう風に立証を緩和するために連続犯なり接続犯なりを使うということ自体が問題ですね。

中山　接続犯というときは、戦前から連続犯の規定があったにもかかわらず、接続犯というものもあったわけですから、連続犯の規定がなくなってから、接続犯以外に付け加わったものを、判例は接続犯を拡大して処理したものと、そうでないものとを区別する必要があると思います。包括的一罪という言葉は非常に便利なのですね。連続一罪という言葉を使うと、接続犯でな

203

い場合だという風になってしまいますので、その範囲が広すぎはしないか狭すぎはしないかという問題が出てくるのではないかと思います。

松宮 逆に争いがある場合には、防御に支障が出てくる場合がありますからね。いつどこで盗ったかによってアリバイの有無が変わってくるときとか。だから、争われてないというときはあまり問題ないのですが、争われたときが問題なのです。

中山 弁護側も、これは一つにまとめられる1個の行為であると主張するわけですね。

浅田 それを争ったとき、接続犯あるいは連続一罪だからいつでもいいとはいえないのではないですか。

松宮 ですから、一罪だといっておきながら、でも争われているときには、その範囲にも入らない、その範囲に入っているという証明がないという意味で、争われているときには実質上防御権は保証するという構成が可能ではないかと私は思っているのですが、こうすると、問題は、誰も争わなかったときに出てきます。

中山 併合罪になる可能性がある場合に、弁護人が争ったときに、一罪にする方向を裁判官は考えるわけでしょう。その選択肢の一つとして、接続犯とか連続一罪とかいう言葉を使って、結局は包括一罪となるかもしくは科刑上一罪という形で処理できる可能性がある限り、いろいろ考えると思うのです。

浅田 そうするとこの点の罪数の問題は、訴訟法にかなり立ち入ることになりますね。

松宮 実際の裁判のやり方に関わってくるのです。

浅田 実体刑法の議論は、証明できたことを前提にして議論してるわけですね。

松宮 ところがその議論自体が、現実にどこまで証明できるかに規定されるのです。

II．ウェーバーの概括的故意の場合

浅田 そこがまさに罪数論たる所以でしょう。ところで、一罪・数罪に似た問題で、ウェーバーの概括的故意の問題があります。首を締めたらぐったりしたので死んだと思い、海岸に捨てたら砂を吸引して死んだという場合ですが、錯誤の問題か罪数の問題かということです。意思の連続性というところで考えていくと、一連の行為で全体として殺人既遂ということになりますが、この問題は罪数の問題が先で、二罪であれば当然に殺人未遂と過失致死になると思います。

松宮 それはわかりませんよ。二罪にしたうえで、最初の殺人行為に最終の死亡結果が因果関係をもっているとか帰属できるとして、錯誤としてはずれないとやれば、殺人既遂になるのではないですか。

浅田 その議論が、混乱していると思うのですが。錯誤というのは一罪のなかでの錯誤をいうのであって、二罪になって錯誤という問題は起きてきません。

松宮 いえ、そんなことはありません。別に途中で他の犯罪をやりながらでも因果関係としては相当で最終結果が帰属できるということはあります。

浅田 そうではなくて、他人の行為が介入したり、被害者の行為が介入した場合には、まさに一罪として、死の結果が長いスパンでも一罪として把握できるのですが、行為者自身の行為が介入する場合には、一罪か二罪かが決定的だと思います。二罪なら錯誤の問題は起きないので、一罪になってはじめて行為と結果の間の因果関係が問われるのではないですか。

松宮 いや、その場合でも、二罪あるとして、死亡結果を過失致死に持っていくか、それを超えて第一の殺人の故意の行為にまで帰属できるかを考えれば、二重評価さえしなければいいわけですから、それは行為としては殺人既遂だといわれれば文句は言えませんよ。

浅田 それは一罪だという発想です。

松宮 いやいや。

浅田　既遂のところまで含めて一罪だから既遂になっているといっているのでしょう。

松宮　別の犯罪が成立していると考えてもいいのですよ。例えば、錯誤論で死体遺棄を認めるとすれば、こちらは死体遺棄だという風でもいいわけでしょ。二罪になりますけれども、殺人既遂はありえます。だから、2個になるから殺人未遂というのも、全体が一罪にできるから殺人既遂というのも論理の飛躍です。

浅田　もちろん因果関係がなければなりませんが、因果関係の問題は、罪数として一罪であることが前提になったうえで、実行行為と結果の因果関係を問題にしてるわけです。

松宮　いや、それは論理的に必然的な関係ではないのです。

中山　どちらから出発する議論かという感じもしますね。

浅田　そうです。

松宮　これは論理必然的な関係ではないと思います。

中山　ウェーバーの概括的故意についての犯罪論上の理論構成と、成立する犯罪についての罪数論とが絡んでいますね。

浅田　だから、一罪と評価するからこそ因果関係の錯誤が問題となるのであって、二罪で因果関係の錯誤ということは問題になりようがないと思いますが。

松宮　それは、二罪でありかつ後の行為が過失致死罪だからです。後の行為を過失致死罪にしなければそういう風にはなりません。

浅田　普通ウェーバーの概括的故意を問題にするときには、死体遺棄ではなくて過失致死にしています。死んだ原因を聞いているわけですから。

松宮　そのように二つに分け、加えて致死もそこで評価するという二つの決断をしてるのですよ、そこでは。

浅田　だから、その場合に既遂にするのは、殺人罪として一罪と考えているということです。

松宮　そう。それは殺人罪としては一罪ですけど。

浅田　その場合、一罪性の判断基準はどこからきているのかという問題で

す。

松宮 出来事全体を一罪で評価するというのとはまた別の話でしょう。一応行為は二つあるのだとしたうえで、第一の行為に結果が全部帰属できるかどうかの判断をするのですから。

浅田 そのときに罪数の問題としては、殺人既遂にしているわけだから死の結果までを含めて一罪としていることは明らかです。

松宮 だから殺人罪としてはそうですけれども、事態を二つに分けていないかといえば分けているのです。

中山 分けているというのは何と何を分けているのですか。

松宮 要するに殺害の故意を持って行った行為と、

中山 殺人の未遂行為と……。

松宮 ええ。まぁ未遂というと結論の先取りという問題があるのですが、殺害の意思をもって行った行為と、死体だと思って行った行為の二つの行為があるのです。

中山 たしかに事実として二つの行為が行われている。

松宮 あとは殺人の意思をもって行った行為に、最終の被害者の死亡という結果が帰属できるかどうか、あるいは相当因果関係があるかどうかの問題をクリアすればいいのです。

中山 それが証明されれば殺人既遂となるとして、そのほかの行為はどうなりますか。

松宮 殺すという故意がもうない状態での行為がまた別罪を構成するかどうかの問題ですね。

中山 死体遺棄行為というのは、どうなりますか。

松宮 別に考えればいいのです。錯誤論で無理だといわれれば、それは無理という結論になります。でもこれは最初から全体を１個の行為と見ているわけではないのです。

中山 死体遺棄の行為は過失致死として消えてしまうのですか。

浅田 過失致死が成立するという説もあります。山中説は、過失致死と殺人既遂が二つ成立するといいます。

松　宮　それは被害者が同じ人間ですから無理でしょう。

浅　田　私は、その前に、自然的な意味で行為が切れているかどうかが問題なような気がしますが。

松　宮　一応切れています。

浅　田　切れればそこまでの因果関係であって、二罪になりませんか。

中　山　何を二つにするかという、評価のちがいだと思います。浅田さんの場合には、自然的観察からこれを二罪だということを前提とされるのですが、松宮さんの場合は、二罪とはいわないで二つの行為としたうえで、一つの行為についての評価を一つずつ明らかにしていくということでしょう。

浅　田　その議論は行為者の行為が介入した場合と、第三者の行為が介入した場合とを区別していないですね。

松　宮　いえ違いますよ。第三者が入ってくれば、第三者を過失致死にすることができます。行為者に死亡結果を二重に帰属させるのは変ですが、第三者の場合には一応罪名としては、過失致死罪としても。

中　山　本人の過失行為でも結果に寄与しているわけだから、最初の首を締めるという行為と、あとで遺棄する行為と合体して結果が出ていることは事実ですね。

松　宮　そうですね。だからその途中の経過が相当性があるかないかとか、あるいは遡及禁止になるかとか、やはり因果関係とか帰属論の要件を満たすかどうか、ということになってきます。

浅　田　遺棄行為の前の段階で切れてしまうと考える方が合理的だと思いますが。

松　宮　それは結論の先取りだと思いますけど。罪数論は最後の二重評価禁止のところで使えばいいのであって、その前にまずは罪数論で切れるのだということにはならないと思います。

中　山　この問題はまた別の機会にしたいと思います。私自身は、結論的には、浅田さんと同じく二分説をとっていますが、罪数論としての結論よりも、帰属の是非をめぐる議論の方に、実質的なわかれ目があると思います。

III．集合犯について

中山 それからもう一つ。集合犯の場合に何回やっても一罪だということはわかるのですが、同一機会に30回ぐらいの行為をやって、しばらく置いてまた30回の行為があったとしますね。これは二罪ですか？
松宮 いえ、一罪だと思います。
浅田 一罪です。
中山 常習性とか職業性とかというのは行為者的要素だから、その限りは永久に？
松宮 永久にというより、確定裁判が途中で入ることで切れます。
中山 入らない限りはもうどこまでいっても一罪ですか。
松宮 常習賭博などが典型ですね。あるときワーッとやって、しばらく間をおいてまたワーッとやっていた。
中山 それでも一罪。
松宮 はい。
中山 そうすると、その部分が処理されれば、少なくともそれまでの部分は消えてしまう。
松宮 そこで終わりですから、裁判以前の行為は一事不再理です。
浅田 その一部に牽連犯が加わったとき、加わった部分で起訴した場合はどうですか。
松宮 それはかすがい作用の問題で。
浅田 かすがいじゃなくて……。
松宮 かすがいですよ。既判力が及ぶのだから。
中山 どんな例が考えられますか。
松宮 一応起訴するときにくっつけられればいいのです。例えば常習賭博をやっていて、合わせて詐欺もやっている、これはあまり適切な例ではないのですけれど、なにか別のことをやっていると、両罪あわせて起訴すればいいのですけど、それを落としてしまったら……。

中 山　あとで発覚しても……、
松 宮　既判力はあります。
浅 田　昭和62年の最高裁決定で、侵入器具携帯罪の有罪が確定していて、常習累犯窃盗がもう一方であって、後者で起訴できるかということが問題になりました。侵入器具携帯罪が有罪になった場合、牽連犯だとすると常習窃盗の部分は全部起訴できなくなります。両者は性質が違うから常習窃盗で処罰できるというのが最高裁決定です。
松 宮　侵入具携帯罪と常習累犯窃盗ですか。そうすると軽犯罪法違反ですね。
浅 田　だから、うまくいけば軽犯罪法違反だけ有罪で、後は全部消えるというか、起訴できないということになるのですが、最高裁はそれはだめだというわけです。
中 山　この場合には、判例はかすがい現象を認めていないということですか。
松 宮　いや、理屈としては、かすがいになっていないと。
浅 田　住居侵入だったらありえたでしょうね。住居侵入で有罪にしておいて、常習窃盗が全部かすがいで引っかかるということができますね。
松 宮　でも怪しげな判例ですね、それは。軽犯罪は別だということでしょうか。
浅 田　一応犯罪の性質が違うとはいっているのですが。

Ⅳ．段階犯（発展犯）について

松 宮　もう一点。段階犯、発展犯という表現がいいのかという問題ですが。必ずしも段階、発展ではない例えば盗品の運搬、保管、有償譲受の場合……。
中 山　これは発展犯とはいわないでしょう。
松 宮　予備、未遂、既遂のときに使う。
浅 田　そうなのですが、何と名付けたらいいのかという問題です。

松 宮 これは、『現代刑法入門』（有斐閣アルマ）では、罰条による一罪という表現を使っています。一つの罰条に全部書いてあるから一罪で処理するという……。

中 山 これは、行為が一連のものとして連なっているから、1個の条文にまとめたのでしょう。

松 宮 その関連でいいますと、一つの罰条なのにそう扱われていないのが薬物犯罪です。覚せい剤などの譲受、所持、自己使用は全部独立でして、包括一罪という処理をしていません。

中 山 それはおかしいですね。

松 宮 同じ条文なのです。一つの条文の中に覚せい剤の譲渡、譲受、所持、自己使用と書いてあって、刑がどれだけと書いてあります。

中 山 条文の体裁としては、盗品の罪と同じですね。

松 宮 同じ構造をもっているのに、一罪処理をしていないのです。

中 山 それはなぜでしょうか。

松 宮 妙な話なのですが、そうなんです。

中 山 それは、薬物事犯に対する特別な処理という以外にはありませんね。

浅 田 行為ごとの関連性の問題があります。

中 山 同じ条文の中に、種類としてよく似た類型と効果をもつ行為が並べられているときは、一罪にするというのが約束ではないのですか。

浅 田 必ずしもそうではありません。

松 宮 でも、自己使用の前には持っているのは当たり前で、持っているのならどこからかもらったのは当たり前ですから、譲受、所持、自己使用というのは全部一罪処理してもおかしくないはずです。

中 山 それらは併合罪とされているのですか？

松 宮 併合罪です。

中 山 それは薬物に特有の例外ですね。

松 宮 それはなぜかという議論も含めて、従来ほとんど議論されていません。

浅田　一つの条文の中で行為の性質が違えば、別に二罪になるのは当たり前です。例えば水利妨害罪と出水危険罪は、別々の犯罪です。行為の性質上段階的になっている場合が問題です。

松宮　でも、譲受と所持を二罪にしますかね。

中山　盗品の場合でも、収受まではいいのだけど、有償の譲り受けになると、法定刑がちがいますね。

松宮　これも同じです、いわゆる臓物の場合は１項と２項で法定刑が違うので、おそらく２項ならば全部包括一罪で、仮に１項と２項が競合すると２項で一罪処理するのではないですか。

中山　２項の方へひきつけるのですか。

松宮　重いですから。

浅田　有償収受と無償収受で、特別関係的に考えれば２項の方へいきます。

中山　鈴木さんは、なぜこれを法条競合にするのですか。法条競合のうちの何になるのですか。

浅田　法条競合のうちの発展犯と名付けて、予備、未遂、既遂と同様に扱っていたように思います。

中山　法条競合でしたか。

浅田　ええ確かそうです。

中山　すると特別関係ですか。

浅田　鈴木説の場合は法条競合の意味が違うのです。

松宮　まさに罰条競合なのですね。それも、罰条が競合しているのではなくて、罰条の中に行為が競合しているのですね。

Ⅴ. 科刑上一罪としての包括一罪

松宮　最後に、いわゆる混合的包括一罪を検討しなければいけないのですが。

中山　判例のケースでは、これを牽連犯とはいいにくかったのでしょう

ね。仕方がないので包括一罪にしたのですけれど、科刑上一罪ということを言う必要はなかったのではないでしょうか。

浅田 逆だと思います。科刑上一罪の処理をするのに、包括一罪という言葉を使うとむしろ混乱します。これまで包括一罪は実体法上一罪と考えられてきましたので。

中山 科刑上一罪だということだけでは済まないでしょう。その種類をいわなければならない。

浅田 牽連犯に準じてと書けばよかったと思います。

松宮 何とバランスが崩れるかといえば、科刑上一罪である牽連犯とバランスが悪いから、科刑上一罪として同等に扱おうという理屈しか立たないのですよ。

浅田 だから牽連犯の準用といえばよかったので、ここで包括一罪という言葉を使うと、包括一罪に実体法上一罪の包括一罪と科刑上一罪の包括一罪があるということになります。それでも悪いわけではありませんが。

中山 なるほど。そこが包括一罪という概念の柔軟性なのです。

浅田 柔軟性というか、あいまいというか。

松宮 平野先生は、逆にもともとそういうものだとおっしゃるように思いますが。

4 ◆併合罪と科刑上一罪

本項の問題提起

松宮　それでは、併合罪と科刑上一罪ということで報告をさせていただきます。
(1) 犯罪成立上の一罪と科刑上の一罪

　まず最初に、科刑上一罪の一罪性ということですが、ここでは、罪数論の全体に関わることですけれども、犯罪成立上の一罪と科刑上の一罪という分け方が重要であろうと思います。科刑上一罪は現行刑法を見ていただきますと、併合罪の章の中にあるわけで、明らかに立法者は併合罪の一種として扱っております。それは、犯罪成立上は数罪であることを前提としつつ、具体的な刑罰請求権を最も重い犯罪によるものに統合するというもので、いわゆる犯罪論よりもむしろ刑罰論に属するべきものでありますが、しかし、その刑罰論も実体法に属するものである以上、これは単なる訴訟法上の一罪ではなくて、実体法上の一罪であると位置付けるのが正確だと思います。なお、ここで使っている、犯罪成立上の一罪という用語は、刑罰請求権の要件をその行為がいくつ、何回充足したかという問題で、科刑上の一罪というのは、刑罰請求権が複数競合する場合にそれが一つに統合できる場合だというように理解できると思います。したがって、成立上の一罪での判断では構成要件、これは違法、有責も含めて、犯罪論全体ということなのですが、いわゆる全構成要件が基準となりますけれども、科刑上の一罪での判断では、その出来事、判例の言葉によれば自然的行為と言うのですが、どちらかというと社会的に見た、出来事の一回性、一個性、あるいは、それを１回で処理するほうが適切であるというような見方が基準になると思われます。出来事の一個性というのが観念的競合に対応しますし、１回処理、これも準一個性といってもいいと思いますが、これが牽連犯に対応します。

(2) 包括一罪の位置づけ

　先ほどの報告にありましたが、包括一罪がここでいう成立上の一罪なのか、科刑上の一罪に近い性格を持っているのかという論争があります。しかし、現行法ではこれはあくまで成立上の一罪として処理するしかないと思われます。といいますのも、包括一罪が成立上数罪であるといたしますと、科

第2章 罪数論

刑で一罪処理をする制定法上の根拠がなくなってしまうからです。もっとも、刑法54条を少し拡大して解釈し適用するということは考えられます。したがって、包括一罪全体を解釈論として科刑上一罪に近づける平野先生のような考え方には疑問があると申し上げておきます。

ただし、いわゆる「混合的包括一罪」の処理にはなお問題が残ります。例えば、暴行、ないし暴行による傷害の後に初めて財物強取の意思を生じて、さらに暴行を加えて物を強取した、その場合も怪我をさせたという場合です。検察官が当初から物の強取の意思があったと考えて、強盗傷害罪一罪で起訴したところが、裁判が進むにつれて、被告人側が当初はそんなつもりはなかったのだというように、いわば自分に有利な事情としてそのようなことを主張し、また、それなりの心証を裁判官が抱いたというような場合には、結論的には暴行と強盗、あるいは傷害と強盗傷害、という二つの犯罪が成立することになります。しかし、当初から強取の意思があった場合と比べて、この場合を併合罪処理をして不利益に扱うという合理性がありませんので、むしろ包括して一罪処理を、という考え方が出てくるわけです。先ほどありましたように、詐欺の実行の途中、あるいは既遂の後に偽造私文書を行使して、財物の、あるいは財産的利益の取得を確実ならしめようとした場合にも、当初から私文書行使を詐欺の手段として用いた場合に牽連犯となることと比べて、不利益に扱う合理性がありませんので、包括一罪だとされることもあります。

しかし、あくまで包括一罪を成立上の一罪だと考えますと、このような場合、科刑上の一罪とのバランスが成立上一罪を拡張する理由となっていることになり、論理の順序が逆転しているわけで、むしろ、解釈論上は科刑上一罪、刑法54条の拡張解釈ですね、特に観念的競合だと思いますが、これをどこまで拡張できるかというような議論としていく方が妥当なのではないかと思われます。実際こういう場合には、裁判所は判決の中に二つの罰条をかかげるということをするのですね。しかし、二つの罰条をかかげてしまうと、包括してそのうちの重い方1個で処理をすることの根拠を示さないといけないということにどうしてもなるわけで、何もなしに一罪処理だと言うのはやはり、法治主義との関係で問題があると思っております。なお、詐欺罪と文書偽造罪の先ほどのようなケースについて、一罪処理という結論自体には、私は疑問はあまりないのですが、これは実は、詐欺罪と文書偽造罪が沿革的にはもともと同じ犯罪だった、ラテン語ではファルスームとかステリオナー

トゥスといった名前の「うそをついた」という犯罪ですが、そういう背景事情がございます。

同じような問題は、接続犯を超える「連続犯」を包括一罪として認めるのかということにもあるわけですが、いずれも解釈論上は刑法54条をどこまで拡大して解釈できるかという問題として論ずるべきであるように思われます。

(3) 科刑上一罪の一罪処理の根拠

そこで、本命の刑法54条ですが、観念的競合と牽連犯という二つの種類が規定されております。なぜ、それらの場合に最も重い罪一罪で科刑を処理してよいのかという根拠が問題になります。観念的競合の場合、一般に言われておりますのは、その意思表動が1回である、要するに規範を乗り越える意思が1回であるということが強調されます。正確に言うと、過失犯もありますので、規範を乗り越える意思も含めて意思表動が1回であるということですね。それから、牽連犯の場合は事情が少し違いまして、むしろ、二つの犯罪が通常相伴う関係である、それを考慮して法定刑の幅も決められているというようなことが言われております。特に先ほど申し上げた文書偽造罪がそうですね。歴史的には詐欺罪などとの関係が非常に強い。通貨偽造罪になってしまうともっとはっきりしまして、偽造通貨の行使罪はもはや詐欺罪を完全に吸収してしまいます。その法定刑は当然詐欺行為があることを念頭において作られていると言ってもいいかと思います。

(4) 「1個の行為」

それで、それぞれの成立要件ですが、観念的競合の場合にはそれが1個の行為であるかどうかが基準とされております。これについては昭和49年5月29日の最高裁大法廷判決（刑集28巻4号114頁）が「法的評価をはなれ構成要件的観点を捨象した自然的観察のもとで、行為者の動態が社会的見解上1個のものとの評価を受ける場合をいう」と述べております。具体的には、道路交通法違反と交通事故、業務上過失致死傷罪との関係を論じたもので、継続犯である道路交通法違反、酒酔いとかスピード違反、無免許運転とかそういった道路交通法違反と、即成犯である業務上過失致死傷罪とでは、観念的競合の1個の行為という関係がないと述べたものです。同時に、継続犯相互、道路交通法違反相互の間ではむしろ、それは1個の行為であるというように積極判断を示しています。

ここでは、自然的な行為の一個性、「自然的」という言葉が強調されるの

ですが、実は、最高裁は「社会的見解」という言葉を出しているということに注目する必要があります。つまり、自然的に見ると人間の動作はいくつにも割ることができますので、むしろ我々が日常生活において社会的に一つの事態、出来事と見ているかどうかということの方が、有用な基準になっているのではないかというように、私は思います。

それとの関係で、昭和63年2月29日の熊本水俣病事件最高裁決定（刑集42巻2号314頁）は、この基準から見ると少し問題があります。といいますのは、この水俣病事件では、工場廃水によって、相前後して被害者が何人か亡くなったわけですが、これを全部観念的競合だということで裁判所は処理をしたのです。しかし、ある人が亡くなってから、だいぶ時間が経って次の人が亡くなるという関係がありまして、ちょうど排水行為自体は道路交通法違反と同じで継続的な行為ですけれども、個々の被害者の死亡はすべて1個の行為によって行なわれたのかどうかという問題があります。あくまで工場を操業し有毒な水銀を排出するということでいえば、前の人が死んで次の人が死ぬまでに出した行為、排出した行為というのがあるわけでして、必ずしも同一行為でもって被害者の死亡時期が違っただけだというようには言えないのではないかと見られるところがあります。あとで少し述べますが、これを逆に操業をやめなかった不作為だと考えますと、1個だというやり方も可能なのですけれども……。

(5) 「犯罪の手段若しくは結果」

それから、牽連犯ですが、牽連犯の場合には「犯罪の手段若しくは結果」というのが、成立要件となります。これについては、昭和32年7月18日の最高裁判決（刑集11巻7号1861頁）などがリーディングケースと言われていまして、「罪質上通例その一方が他方の手段又は結果となるという関係があり、しかも具体的にも犯人がかかる関係においてその数罪を実行したような場合」だとして、行為者が主観的に手段もしくは結果の関係に二つの犯罪をおいているというだけではなく、罪質上通例、そういう関係に立っているのだということが強調されています。実際、判例上は、牽連犯関係が認められる犯罪はそれほど多くありません。住居侵入と窃盗、強盗、強姦、殺人といったもの、あるいは文書偽造と行使、詐欺、あるいは通貨偽造とその行使といったものが典型例です。

実は、これらはその罪質上通例性のゆえにですが、立法論としては結合犯として一罪として規定してもよいケースがほとんどです。実際、住居侵入窃

盗とか住居侵入強盗は英米法では burglary ですし、あるいは私文書偽造とその行使は旧刑法では一つの条文にまとめられた一罪でした。そういうように、立法論としては、一罪としてもいいくらいに罪質上通例であるという場合に、牽連犯の適用は限られているということが見てとれます。

(6) 「その最も重い刑」

この科刑上一罪の効果として「その最も重い刑」で処断をするということですが、問題は「その最も重い刑」とは何かということです。判例は、刑法72条の加重・減軽の順序という規定を適用する前に「その最も重い刑」を決めなければならないとし、したがって、これはつまり「その最も重い法定刑」が定められている犯罪であると解しています。ただし、刑の上限・下限との関係で、上は最も重い犯罪の法定刑を使うのですが、別の犯罪の方が下限が重いというような場合には、その下限より下げることはできないという解釈上の修正が施されています（最判昭28・4・14刑集7巻4号850頁）。

これに対して、通説は、再犯加重と法律上の減軽を施したうえで個々の犯罪について上限・下限とも最も重い刑を使うべきであるというように述べております。ここに実務との争いがあるわけです。おそらくこれには、72条の加重減軽のやり方とか、実務上の便宜との関係がかなりあると思われます。

なお、54条は2項で没収について特別の規定をしておりまして、没収については必ずしも最も重い犯罪に規定がなくても、軽い犯罪の没収を行うことができます。

(7) 「かすがい現象」

「かすがい現象」の方に話を進めます。科刑上一罪の場合ばかりではなく、先ほどの集合犯などの場合もそうなのですけれども、そういう科刑上一罪関係に立っている犯罪ないし集合犯が複数の犯罪をかすがいのような形でつなぎとめて、全体を科刑上一罪の関係におくということがございます。典型例は住居侵入と窃盗・強盗・強姦・殺人ですね。例えば、住居に侵入して複数の人間を殺害したというような場合に、屋外ですと住居侵入がつかないわけですから、複数の殺人罪の併合罪ですが、住居侵入がつくことで、それぞれが牽連犯の関係に立つ、したがって、最終的には最も重い殺人一罪の処理ということになって、併合罪加重ができないということになるわけです。集合犯の例では、複数の職業安定法違反と営業犯である労働基準法違反との競合（最判昭33・5・6刑集12巻7号1297頁）とか、あるいは複数の児童福祉法違反とそれらと観念的競合の関係に立つ、営業犯である売春防止法違反と

の競合（最判昭37・4・26刑集16巻4号449頁）など、いずれもかすがい作用は肯定されています。

　学説上、あるいは実務家も含めてですが、かすがいを外す試みが色々となされております。例えば、先に併合罪加重を重い犯罪について、例えば複数の殺人について併合罪加重をしておいてから、住居侵入と牽連犯関係に立たせるというやり方、あるいは、かすがいになる犯罪と複数の犯罪を、それぞれ先に牽連犯処理をしておいて、そこに併合罪加重をするというようなやり方があります。しかし、先に併合罪加重をすることに対しては、刑法72条の加重・減軽順序に反するという批判が実務家の中にあります。それから、先に科刑上一罪の処理をしてから、例えば、住居侵入とＡさんの殺人、住居侵入とＢさんの殺人とやって、これを併合罪加重するというやり方に対しては、かすがいになる犯罪の方が法定刑が重い時に、不当に刑が重くなるという批判がありまして、いずれもうまくいっておりません。現行法上は仕方がないと考えざるをえないと思います。

(8)　併合罪と非併合罪

　次に、併合罪の方へ移りますが、ここは簡単に申し上げます。現行法は45条以下で、確定判決を経ていない2個以上の罪、あるいは、禁錮以上の刑に処する確定裁判を受けた罪とその裁判が確定する前に犯した罪について併合罪として、加重処罰をするというやり方を採っています。45条後段の禁錮以上の刑というのは、実は道路交通法違反による罰金刑が、特に略式裁判で急増した際に、いちいち前科を照会していられないということで、特別な処理に対応した昭和43年、1968年の改正で挿入されたものです。

　「同時審判の可能性」がある場合には、併合罪で加重処罰、それがない場合には、非併合罪、単純数罪です。宣告刑は独立にやるということで、「同時審判の可能性」で扱いが変わることをどう説明するかが問題となります。学説は一般に、間に判決が入るのだからいったんそこで反省するだろう、それにもかかわらずまたやったんだから、その場合には別に刑を科すのだという説明をしておりますが、便宜的な説明であるという印象は否定できないところがあります。

　なお、現行法は加重主義を採っておりますけれども、旧刑法などは吸収主義を採っておりますし、外国では併科主義の国もありますので、併合罪についてどのような科刑政策をとるかということは、必ずしも、加重主義で疑問がないというわけではございません。特に非併合罪の処理との関係では、な

お工夫の余地があるだろうと思われます。

　非併合罪、単純数罪の場合、刑は別個に宣告されますが、しかし、執行の段階では、死刑と無期懲役のように、必ずしも一緒にやれるわけではありませんから、また別に執行のルールがあるという関係があります。

　(9)　不作為犯の罪数、共犯の罪数

　それから、罪数論全体にかかわる問題で、あわせて不作為犯の罪数と共犯の罪数について簡単に触れておきます。不作為犯の罪数に関しては、不作為の数を基準とするか、義務になっている作為の数を基準とするかという争いがございます。平野説などは、１個の作為で複数の作為義務がつくせる場合が不作為犯の観念的競合であって、１個の作為では無理だというときは不作為が１個でも、併合罪であるとしています。最高裁は昭和51年９月22日の大法廷判決（刑集30巻８号1640頁）で、道路交通法上の救護義務違反と事故報告義務違反は１個の轢き逃げだとして、観念的競合で処理しました。ここに先ほど私が申し上げた「社会的見解」ということが生きてきていると思います。要するに、社会的に見れば轢き逃げというのは一つの不作為なのだということが言えるということになります。

　それから、共犯の罪数ですが、ここでは少し複雑な構造がございます。従来は共犯の従属性を強調して、正犯が一罪であるとき、これは成立上の一罪であっても、科刑上の一罪であってもいいのですが、正犯が一罪であるときには共犯が複数の行為で関与しても一罪が、正犯が数罪の時には共犯が一個の行為で関与しても数罪の共犯が成立するという考え方が判例上採られていました。しかし、比較的最近は、１個の行為で複数の覚せい剤取締法違反を幇助したという場合でも、行為が１個だから観念的競合という処理をしています（最決昭57・２・17刑集36巻２号206頁）。そこで、結論的には、正犯が一罪になれば従属性を理由に共犯は複数の行為でも一罪になるのですが、正犯が数罪の時には、共犯が１個の行為かどうかということで科刑上一罪の判断が別にできるという二段階の構造になっているわけです。

　学説の中にはこういう二元的な処理は矛盾だという人もいます。しかし、これを共犯の処罰根拠を持ち出して説明しますと、共犯は、一方では「正犯の不法」を介してではあるけれども、他方では共犯として犯罪結果、構成要件該当結果を惹起するのだというように混合惹起説に立って説明をすれば、２個の「正犯の不法」を通じて２個の犯罪結果を実現したが、それを共犯自身は１個の行為で惹起したとして観念的競合というように、この罪数処理も

ちゃんと説明がつきます。要するに正犯が一罪ならそれに従属するけれども、正犯が数罪でも共犯として1個の行為なら科刑上一罪であり、両方クリアして共犯の罪数処理は決まるということです。

〔討　　論〕

Ⅰ．昭和49年大法廷判決の意味

中山　行為の一個性についての判決ですが、この時は少数意見もあって、もめている部分もあるのです。それは、構成要件が基準になるのか、社会的見解が基準になるのかという対立なのでしょうか。つまり、社会的な出来事を主としていただけでは一罪性はわからない、構成要件だけでもわからないから、どこかで結合しなければならないのですけれども、その結合の時に、どちらにウエイトを置くかという観点で見解が分かれているのでしょうか。

松宮　昭和49年大法廷判決の時の少数意見は、必ずしも具体的な結論を争ってはいなかったと思うのです。

中山　「はなれて」となっているところがもめたのかな。

松宮　そうです、そこなのです。

浅田　結局、継続犯と継続犯は観念的競合、即成犯と即成犯は観念的競合、即成犯と継続犯は併合罪という処理です。そうだとすると、これは構成要件を基準にした罪数処理です。だから、言葉のうえでどのように言っていようと、構成要件を無視した罪数処理をしたわけではありません。

中山　しかし、行為が1個であれば構成要件が別でも一罪にするのだというのが観念的競合の本来の趣旨でしょう。

浅田　ええ。それを即成犯と継続犯で分けたわけです。その分け方がいい

か悪いかという問題はあって、以前は、酒酔い運転が業務上過失の中身だった場合、これはむしろ観念的競合ではないかという説が有力でした。最高裁判決はそれを切ってしまったわけですが、その処理が正しかったのかという問題があると思います。私は、その場合は観念的競合にすべきだと思います。さらに酒酔い運転で走り出したとたんに業務上過失で事故が起きた場合、この場合も判例によれば併合罪なりますが、それはおかしいと思います。この判例のメリットは、それまで不鮮明だった基準をはっきりさせたことだといわれていますが、全部観念的競合にしてもはっきりはします。即成犯と継続犯で分けたのは、明確性という観点ではいいのですが、中身は問題があったと思います。言葉で社会的見解か自然的観察かというのはあまり結論に影響していないように思いますが。

松宮 たぶん、言いたかったことは、酒酔い運転、あるいは無免許運転ですね。例えば、酒に酔い、無免許で運転した人物がいるとして、その酒酔い運転の構成要件と、無免許運転の構成要件をそれだけで見れば、別々に犯すことができるわけですから、まったく違うものなのです。しかし、具体的に被告人が犯した運転ということを見ると、酒に酔い、かつ無免許で運転したのであって、だから事実が一つではないかと、そこにウエイトを置きなさいというのが、「はなれ」の意味だと、私は理解しているのです。

中山 そういう意味では、従来、構成要件が違うからということで併合罪とされていたものを、1個の行為としてつなぐ役割を果たすというメリットがあったわけですね。

松宮 そうです。その限りでも判例変更の意味はあったと思うのですね。

中山 ところが、浅田さんが言われたように、従来争いのあった、継続犯のうえに即成犯がくっついて、そこで接点があるような、継続犯の途中で起きた即成犯については、これは社会的な意味から見ても、それは1個ではないのだと言い切ったんですね。これが言い切れるかという問題でしょう。

浅田・松宮 そうですね。

中山 さあ、それが問題なのですが、伊達先生などは一点でも重なっていれば、重なっているのだと言われたわけですね。そこはどういう意味なので

第2章　罪数論

しょうか。

浅田　それは、まさに過失の内容です。業務上過失致死という結果が起きた、その過失の中身が酒酔い運転であったり、無免許運転であったりするわけです。

中山　そこでは逆に、判例は、構成要件というか、犯罪行為の性格というものを見ているわけですね。継続犯としての性格と即成犯の性格はやはり接合できないものである、社会的に見て別であるというように考えたのでしょう。だから、銃砲刀剣を持っていて、たまたまそれを使って強盗をやったというのは、それを1個の行為というのは、社会常識的に見てもおかしいという趣旨ではないでしょうか。

松宮　銃刀法違反と強盗はやはり別だということですね。

浅田　そこはいいのですが、業務上過失致死の場合に過失の中身が酒酔い運転である場合、社会的見解から見て、1個ではないとなぜ言えるのか、そちらの方がわかりません。

中山　結局、結合性を犯意とか目的とかいった主観的なもので見るのではなくて、客観的な、犯罪の形態というか、そういうもので分ける以外にはないと考えたのでしょう。

浅田　判例を統一するという意味では、かなり明確な基準を出したというメリットがあると思いますが、明確に統一しようとする場合、二つ可能性があったわけで、併合罪ではなく観念的競合にするという可能性もあったと思います。

松宮　私の過失の考え方からすると、酒に酔っていても注意深く運転することができるので、酒酔い運転そのものが過失だとは思っていないのですけれども……。

浅田　もちろん、犯罪としては違うのですが、例えば酒酔い運転のために不注意で事故が起きたという場合です。

松宮　ええ、「ために」なのですが、酒に酔っている状態でなおかつ安全に運転することもできるわけですよね。

中山　そういう場合は、むしろ牽連犯と考えられることもありうるのでは

223

ないでしょうか。
浅田 それもありうると思いますが、どうして併合罪にしなければならないのかわかりません。
中山 牽連犯というのは、歴史的にかなり限界付けられてしまったのですね。それが若干増えたのですが、結局二つ、三つになってしまったのです。だから、牽連犯を広げるという方が難しいのですね。
松宮 むしろ、立法論上は廃止説が有力ですね。

II．包括一罪か54条の拡張か

中山 そこで、むしろそれを包括一罪の方に引き寄せて、実質上一罪で処罰してしまうという方向へ判例は動いている側面もあります。混合的包括一罪というのを使ってでもね。
松宮 そういう意味で、これはおもしろいですね。明文の観念的競合とか牽連犯については広げる気はないのですね。
浅田 その点、松宮さんは54条を「拡張して」と言われますが、「類推して」とは言わないのですね。
松宮 言いません。
浅田 そこは法治主義だと言うわけですが、併合罪か牽連犯かという時に、併合罪にするのは他のバランスから見て不当だから牽連犯と同じ処理をしようということで類推するのは、別に禁止されていないと思いますが。
松宮 いやそれはわかりませんよ。一罪になることが一概に当事者の利益になるとは限りませんから。それに立法者が、逆にあえてそうやってしぼったというのであれば、観念的競合にも牽連犯にもならないけれども類推だとすると、立法者意思とぶつかる可能性が出てきます。それよりは観念的競合の一種であって、そこに入るのだ、ドイツのTateinheitと一緒だという説明の方が立法者意思との抵触を回避できます。
中山 しかし、これが事実上判例になかなかインパクトを与えないのですね。それが包括一罪をふくらませる一つの根拠になっているのでしょう。確

かに牽連犯をもう少し拡げてと思うのですが、これが非常に不評なのですね。

松宮 そうですね。

浅田 私は、不評なのは狭くしすぎたからだという感じがします。もう少し活用して、牽連犯にならないと言われている殺人と死体遺棄とか、放火と保険金詐欺とかを牽連犯とすれば、違ってくるように思います。

中山 犯跡隠蔽のためとかいった関連を、判例は非常に嫌がるのです。そういう場合を悪質だというような発想が非常に強い。保険金詐欺の例もそうですけれど、そういうものには非常に厳しいのですね。だから、殺人と死体遺棄との間に牽連犯を認めるということにはなかなかならないですね。

松宮 そうですね。

浅田 これは先生が言われた必罰主義という方向ですか。

中山 それは、ドイツ風に言えば「健全な国民感情」、日本で言えば「社会通念」というような形で説明されているわけです。

松宮 ただ、現行法は自己の事件の証拠隠滅を認めて処罰していないように、現行法はそれを悪質だからということで刑を加重すること自体、本当は否定しているのではないでしょうか。

浅田 牽連犯のところには、たしかにそういう政策的判断が強く入っていますね。

中山 せっかく牽連犯を認めながら、切られていくのはそういう事例の場合だと、私は思いますね。

III．水俣病決定と観念的競合

浅田 ところで、先ほどの熊本水俣病の事例ですが、行為を一定期間の排出行為に限っていましたね。

松宮 そうです。

浅田 だから、その行為から出た7人の被害者だけを取り上げたということですね。

松 宮 その間の排出行為が全員共通に原因になっているというように見たのでしょうかね。

浅 田 そういうことでしか起訴できないので、水俣川の方に排水溝を替えた後の行為を問題にしたわけですね。

松 宮 そうですね。排水口を替えて以降の排水行為のみを取り上げています。

浅 田 また百間港に戻しましたから、戻すまでの期間を限った行為なので、これを1個の行為としたわけです。

松 宮 そうは言っても、その期間の排出行為がすべて全被害者の原因であると本当に言えますかね。

浅 田 百間港の方から水銀が回ってくれば別だけど、そうではないということで、一応起訴の枠を限って、水俣川に流した期間だけの行為を取り上げているわけです。その後に死亡の結果がかなり開いているにもかかわらず、時効連鎖説とかひっかかり論と呼ばれる理屈を用いて、科刑上一罪の公訴時効を一体で考えるという、そちらの方が問題だと思います。科刑上一罪が実体法上一罪だとすれば、当然に公訴時効についても一体ですけれども、現在は数罪ですからね。そこにさらに、公訴時効の本質についての訴訟法説か実体法説かということがからむわけですが。

松 宮 それは、次項で扱うつもりです。

Ⅳ．科刑上一罪としての包括一罪？

中 山 一つ聞きたいのは、平野説が、あえて黙示的な科刑上一罪としての包括一罪だと言われる、その根拠みたいなものはどこにあるのでしょうか。つまり、本位的一罪ではなぜいけないのかというのがはっきりしないのです。実質上は数罪なのだから、科刑上一罪と実質的に変わらないというところは、多くの人が認めるのです。しかし、科刑上一罪には、牽連犯と観念的競合しか規定がないのですね。そこで、平野説では黙示的な科刑上一罪だといわれるのです。そして、本命の本位的一罪というのはやはり法条競合まで

だとして、そこで線を引くしかないとされるのです。

松 宮 そうですね。

中 山 一つの論理だとは思うのですけれども……。

松 宮 一つには、混合的包括一罪も含めてですが、実務が様々な理由で一罪処理をしたがっている分野があることを知っておられると思うのですね。他にも色んな理由があります。一つの訴因で起訴した事実の認定が二つの訴因に分かれるのを嫌うとか、訴因変更や訴因の追加をしたくないとかね、そういうのがあると思うのですね。それを感じておられるのだと思います。もう一つは、理論上は、構成要件基準説に対して、単純一罪かどうかの区別には適当であるが、包括的一罪・科刑上一罪の一罪性を明らかにするには適切ではないと……。

中 山 そう、そこが出発点ですからね。

V．構成要件基準説の意味

松 宮 そうです。ところが、私は、これが違うと思うのですよ。平野説はそう考えているのですが、先ほど成立上一罪と言いましたけれども、成立上一罪ということもまさに構成要件基準説なのですね。構成要件基準説というのは、例えば、接続犯ですと3回に分けたとすれば、一つずつ構成要件を充足しているではないかという理屈で決して反駁されるものではなくて、窃盗罪の235条の構成要件というのはそういうのを含めて、1回で全部を含み尽くせるのだ、そういうものとして作られたのだという考え方だと思うのですね。だから、実は法条競合、包括一罪を含めて成立上の一罪とはまさに1個の構成要件でカバーできるという考え方だと思うのです。それがわかるのは、例えば、包括一罪の中でいわゆる通常随伴性ですね……。

中 山 接続犯もすべて一罪でしょう。

松 宮 そうです。平野先生も一罪なのですが、この場合は軽い罪の被害法益、例えば、殺人と器物損壊ですと……。

中 山 構成要件的に評価されていると。

松宮　そうなんです。平野先生の教科書には、そのような侵害が重い罪の実行に通常伴うものであることなどの点からみて、重い罪の情状の一つと大差がなく、立法者も重い罪の法定刑を定めるにあたって、これらの事情も考慮に入れていると考えてさしつかえないような場合と書いてあります。これこそが、構成要件的評価であり、構成要件基準説なのです。

中山　それはいいのですが、それをはみだすものがあるということ……。

松宮　いえ、そうではなくて、平野先生はいわゆる包括一罪は構成要件基準説からはみだすものだと言ったうえで、一罪処理の説明として今言ったことを言われているわけです。しかし、私は、そのこと自体が構成要件基準説なのではないかと申し上げているのです。

浅田　どうも納得がいきません。やはり実行の着手の問題があるように思います。例えば、倉庫から３回盗んできた場合、１回目と２回目と３回目とでそれぞれに窃盗罪が成立していて、取得時点で既遂になり、また着手時点があり既遂になるとして３回行っているわけで、それを包括して一罪とするわけですから。

中山　だから、３回構成要件を充足しているんだけれども、１回の充足と評価する。

浅田　それをどう言うかという問題だろうと思います。松宮さんが言われたのは、それを１個の構成要件として評価できるのが窃盗罪だということですが、通常１個というのは着手から既遂までです。通常は、既遂までを１個の犯罪と言うわけで、三つあるけれども一罪だと言う時には、やはり構成要件の評価を超えているというということになりませんか。

中山　しかし、接続犯は平野さんも一罪と言っているのですね。

浅田　だからこそ、包括的一罪になるわけですが。

松宮　構成要件基準説で説明がつかないと平野説は考えるのです。しかし、私の理解では説明がつくのです。むしろ、これこそが構成要件基準説だと思います。

浅田　ただ、その時に言っている構成要件基準説というのは、１回充足すれば一罪という基準説ではありませんね。

松宮　そんなに単純なものではありません。

中山　それは、構成要件基準説でどこまでを一罪として、どのように統一的に説明できるかという問題だと思いますが。

松宮　ただ、どうしてもそれでは説明のつかない包括一罪が出てくるわけです。それが混合的包括一罪なのです。

中山　それから、本位的一罪にした場合と科刑上一罪に準ずるとした場合とで、分割問題とか既判力の問題とか訴訟法上の問題も出てきますね。

松宮　出てきます。それは本当に実務家の便宜という点で、若干の違いは出てきます。楽だというのはあります。

VI. 不作為犯の罪数

浅田　不作為の罪数についてですが、報告義務違反と救護義務違反の場合、併合罪とする説、観念的競合とする説もありますが、中森説はむしろ包括一罪ではないかと言っています。私はそれに賛成です。この場合、報告義務違反と救護義務違反とは一つの条文の中にあります。

松宮　ただ、保護法益が少し違うのですね。

浅田　それは違うのです。しかし、従来の議論は、行われるべき作為が複数だから併合罪とする説と、ひき逃げという１個の行為だから観念的競合とする説との対立という点にあったのですが、中森説は、報告義務違反と救護義務違反とに限って言えばですが、交通事故の迅速的処理という警察への協力義務の点で共通する、しかも同一の条項に規定されているのであるから、観念的競合でも併合罪でもなく、包括一罪とするのが妥当であるとしています。

中山　観念的競合よりも、もう一つ前へ行くわけですね。

松宮　ただ、被害者自身の生命身体の安全という、やはり報告義務とは違う法益が救護義務にあるのではないでしょうか。

浅田　その点は警察協力義務という点で共通するということですが。

中山　林さんなどは、やはり義務の性格が違うと言いますね。

松宮　そうしないと、今度は逆に遺棄罪、あるいは保護責任者遺棄罪との罪数処理がかえってややこしくなりますよ。
浅田　だから、救護義務違反自体が生命保護の義務というよりは警察協力義務だと言われているわけです。
松宮　そうすると、保護責任者遺棄罪と救護義務違反は別個に成立するということですか。
浅田　そこに作為義務の問題が入っているので、運んで行って放置すれば別個に保護責任者遺棄罪が成立することになります。
松宮　もちろんそうですね。運んで行ったけれども放置したと。
浅田　そのときには救護義務違反も成立しています。
松宮　救護義務違反も成立してますね。そういった時、普通は、救護義務違反を問わずに保護責任者遺棄罪に吸収させませんか。
浅田　報告義務違反だけ残るということですか。
松宮　報告義務違反は残りますね。
中山　判例は、そのときどんな処理をしていますか。
松宮　報告義務違反は保護責任者遺棄罪に吸収されず、救護義務違反は吸収されたのではなかったかと記憶しているのですが。
浅田　最高裁の判例では、道交法の救護義務違反が法令に基づく作為義務であり、それに基づいて保護責任者遺棄罪が成立すると言ったので、吸収されることになるのではないですか。
松宮　それは法益が同じだということを前提にしていませんか。
浅田　しかし、それに対する学説の批判は、道交法の救護義務違反は警察協力義務であって、保護責任者遺棄罪とはちがうということですね。
中山　違うとなると、併合罪になりますか。
松宮　あるいは、観念的競合にすると。ともかく吸収ではないですね。
浅田　警察協力義務と生命救護義務とを対比すると、前者は後者のかなり遠い抽象的危険とも考えられます。そうするとやはり救護義務違反は保護責任者遺棄罪に吸収されると考えて良いのではないでしょうか。

5 ◆ 罪数論の訴訟法的意義

本項の問題提起

松宮 罪数論の訴訟法的意義をごく簡単に報告させていただきます。罪数が刑事訴訟法の解釈に与える影響としては色々なものが考えられると思うのですが、従来あまり総合的・体系的にきちんと整理するという試みはなされておらず、それぞれの分野で各論的に検討されているのが実態だと思います。

そこで、とりあえず、この報告では一罪と訴因・公訴事実の関係、訴因の明示ないし罪となるべき事実の特定、訴因変更の要否と限界、既判力ないし一事不再理効の範囲、最後に公訴時効の起算点と時効期間の処理というように、五つの問題を取り上げて検討してみようと思います。

(1) 一罪と訴因（count）、公訴事実（Tatsache）

最初に一罪と訴因・公訴事実との関係なのですが、訴因と公訴事実との関係自体が刑事訴訟法学でさんざん混乱した議論を起こしてますので、それに実体法上の罪数論が絡むと余計に話がややこしくなってきます。一応、現在の刑事訴訟法学の多数説は、一罪一訴因の原則と言っていまして、その一罪というのはいわゆる成立上の一罪を指していると解されています。したがって、科刑上一罪は訴因としては数罪だというのが現在の多数説です。しかし、ここにすでに問題がありまして、先ほど申しましたように、平野説、松尾説、それから田宮先生の旧説もそうなのですが、科刑上一罪は一訴因であるという考え方を採られていまして、こちらの方がむしろ一罪一訴因の原則に忠実なのだといわれます。それで、科刑上一罪の方は公訴事実の単一性の問題であり、科刑上一罪でいう一罪性が公訴事実の一個性の一つの基準になっているということです。

問題は訴因という概念なのですが、英米法で使われている count、これが日本に入って独特の議論をもたらしているわけです。しかし、アメリカの刑事訴訟法の教科書などを見ますと、これは文字通り count でして、被告人が犯した罪を一つずつ列挙していくということなのです。ですから、これは一罪のことである、要するに罪を「数える」ということだというように素直に解して間違いないと思います。しかも、アメリカ法では科刑上一罪という

制度は一般にないのですから、科刑上一罪が一訴因になるということは本当はないので、成立上の一罪が一訴因だというように考える多数説が沿革的には正しいのではないかと思います。

公訴事実の同一性という時には、いわゆる行為の自然的・社会的な意味での一個性とか処理の一回性みたいなことが入ってきて、むしろ科刑上一罪の一罪判断はこちらには当てはまると考えればいいのではないかと思います。

ところが、なぜ反対説があるかということなのですが、要するに起訴状を書くのが大変だということなのですね。成立上一罪を一訴因として起訴状を書き分けるとなると、交通事故などで道路交通法上もいろんな違反をした、スピード違反もしたし無免許だし、あるいは酒酔いもしているというような時に、全部同じようなことなのですが、訴因ごとに書き分けないといけないことになります。実務上は、ちょっと確認をしないといけないのですが、こういう場合は道路交通法違反ということで、合わせて一訴因だというように教えられている修習生もいるようです。ここが混乱の原因です。

(2) 訴因の明示＝罪となるべき事実の特定

それとの関係で刑事訴訟法上要請されております「訴因の明示」、起訴状に訴因を明示すること、そしてそれが罪となるべき事実をできるだけ特定するべきだという、特定性の要請がございます。これは有罪判決の際の罪となるべき事実の書き方でも同じことです。ここでは、まさに先に指摘しましたように、継続犯や集合犯ないし、もっと広げて包括一罪は一罪だからということで、個々の行為の特定要件は実務上緩和されているようです。数回にわたって窃盗をやったという時に、どの財物がいつの時点の行為で窃取されたのかということまで、きっちり特定される必要がないというわけです。

この関係で、実務上近年特に問題となっているのは、覚せい剤の自己使用罪と使用時期の特定の問題です。特に、尿検査などで反応が出た場合、それはいつからいつまでの期間というように範囲を限っての特定しかできないし、被告人がやっていないと言っているような場合には一番問題で、判例上はその何月何日から何月何日までの期間に一回使用した、あるいは最低一回使用したという形ででも、十分特定性の要請は満たしていると言っています。しかし、実際に複数回使っていたらどうなのかという問題がありまして、鈴木茂嗣先生は、むしろ包括一罪と見ないとこの結論は説明できないのではないかと述べられています。ですから、そういう意味で本来包括一罪にはできないような薬物犯罪について、そういう特定性の緩和ということが罪

数論的に見ても許されるのかどうかという問題がここにはございます。

それとの関係上、訴因変更の要否とか限界という問題も出てくるわけですが、ここではそれだけを指摘して次へまいります。

(3) 既判力ないし一事不再理効の範囲

もう一つの問題が既判力ないし一事不再理効の範囲の問題です。既判力と一事不再理効との関係については難しい問題がありますが、ここでは立ち入りません。まず、刑法の旧55条にありました連続犯の廃止の根拠・理由が注目されるところです。連続犯は一罪という処理をすることで、一方では、個々の犯罪行為の内容の特定要請が緩和されるという訴追側にとってのメリットがあったわけですが、他方で、一事不再理効が戦後は非常に広く及びすぎる、あるいは不利益再審が廃止されているというような事態があって、連続犯規定を廃止しました。判例上窃盗と強盗の間でもこれを適用するというように、非常に拡大適用されていたこともその一因です。しかし、先ほどの薬物犯罪の時に申し上げましたように、覚せい剤自己使用罪のようなものを、一定の幅をもって一個の犯罪で認定していいのだとなると、既判力ないし一事不再理効の範囲もそこまで及ぶということになり、これらは表裏の関係に立つことになります。

同じような問題が出てきたのが速度違反の罪数問題です。数十キロ離れた地点で自動速度取締装置の監視カメラにひっかかったという速度違反が二罪なのか一罪なのかということが、実務上は、1個の違反で既に罰金を払っていたという場合の一事不再理効の問題として議論されました。最高裁の平成5年10月29日決定（刑集47巻8号98頁）は、これを二罪であるとして一事不再理効の範囲を限定したわけですが、その結果、通常継続犯だというように理解されていた速度違反が、最高裁が言っているわけではありませんが、即成犯ではないかというような話が出てきたりして議論が混乱しています。即成犯というのは、犯罪が既遂に達すると同時に行為も終了し、なおかつ法益も消滅するというものを言うので、速度違反には当てはまらないというように私は思っております。

ところが、一事不再理効の範囲がそういう形で限定できたと思われるかもしれませんが、今度は逆に、罪となるべき事実の特定性の要請がきつくなってしまいます。それから、判例上は次の公訴時効の取扱いについて、数罪だと一体的処理をしませんので、逆に被告人側に有利な取り扱いというのも出てきます。ですから、訴訟法上の効果としては罪数論は諸刃の剣だというよ

うに言えるわけです。裁判所がここまで考えてこういう解釈をしているかどうかが問題です。

さらに、集合犯についても一事不再理効の範囲というものが問題になっておりまして、学説上集合犯だけれども、何とか切ってしまおうという理屈がありますし、判例でも何とか理屈をつけて集合犯と科刑上一罪の関係に立つもの（「かすがい作用」）をできるだけ限定しようという傾向があります。

(4) 公訴時効の起算点と時効完成時点

最後に公訴時効の起算点と時効完成時点の問題です。判例は、特に昭和63年2月29日の最高裁水俣病事件決定（刑集42巻2号314頁）において、次のようにはっきり述べています。科刑上一罪、この場合は観念的競合ですが、観念的競合については、一方で公訴時効の起算点については結果発生の時である、しかも、科刑上一罪の関係に立つ犯罪についてはすべてが一体として、最後の結果の発生から時効が進行し、時効完成時点もその中の最も重い犯罪を基準にするという処理がなされています。

学説上は、起算点の結果時説については、今は多数説となっていますが、科刑上一罪の時効期間についての一体説、一体的処理については、むしろ反対説の方が多数説です。個別化説が通説となっています。また、その中間として「ひっかかり理論」というのもあります。

問題は、判例はそのように言いますから、一罪か数罪かの判断が公訴時効の取扱いにも反映することになるということです。熊本水俣病の場合には、先ほどの業務上過失致死傷罪という結果犯、即成犯について一体的処理をしたわけですけれども、そうしますと逆に言えば、その内の一人でも判決を出せば既判力が及ぶということもあるわけです。裁判所はそこまで考えたのかという問題があります。

それから、実は理論的に言いますと、起算点についての結果時説と科刑上一罪の処理、最も重い刑での処理との間に、実は矛盾があります。といいますのは、先ほど申しましたように、科刑上一罪の処理の説明としては、一般には犯罪的な意思表動、あるいは過失の場合はそうでない場合を含むのですが、意思活動が1回である、同時だということを理由にしているのです。これを言いますと、時効についても意思活動の時点が基準になる、いわゆる時効起算点についての行為時説ということになります。実際、これが昔は通説だったのですけれども。そのいわゆる行為時説と意思を基準とする観念的競合の一罪処理説は一貫するのですけれども、そうでない結果時説を採った時

第2章　罪数論

に、そういうことがそもそも調和するのか、矛盾なく説明できるのかという問題があります。それは公訴時効の持っている法的性格をどう見るかということによります。

　もっとも、このように科刑上一罪が一罪として処理されると、それは意思活動が一回だからだという考え方を仮に採るとしても、時効期間を一体的に処理するという結論が導かれるわけではございません。現にドイツでは一体説なんてまったくございません。一体説の根拠は何かということなのですが、実は大審院時代の一体説のリーディングケースは、私文書偽造および偽造私文書行使に関する判例なのですね（大判明42・7・27刑録15輯1408頁）。これが牽連犯関係にある、したがって、偽造罪の時効については行使罪の起算点に合わせて、一体として処理をするというのがリーディングケースなのです。ところが、さらに裏があって、これは明治40年代の判例なのですが、旧刑法はひとつの条文で私文書偽造・行使と書いてあったわけですね。文書を偽造し行使して初めて既遂なわけです。そういう背景事情があっての一体説ですので、その意味では立法沿革上の特殊事情に基づいた処理が一体説だったのではないかと思います。

〔討　　論〕

I．科刑上一罪は一訴因か？

浅田　最初の、科刑上一罪が一訴因かどうかという点は、「訴因対象説」か「公訴事実対象説」かの問題で、「訴因対象説」を採る人は科刑上一罪も一訴因として審判の対象になるとし、公訴事実はもともと訴因変更の枠を画する概念で審判の対象ではないわけですから、当然にそうなってくるのではないでしょうか。

松宮　そこが問題ですね。「訴因対象説」対「公訴事実対象説」と言いな

がら、お互いが違う言葉で言っているものが、実は同じものだということがあるわけで……。

浅田 そうそう。だから、そこは言葉の問題ではないですか。ただ、科刑上一罪を公訴事実だと言ってしまうとそれが審判の対象になるのは否定できないのですから、訴因対象説の人はそうは言えないですね。

松宮 ところが、科刑上一罪は一訴因だと言っているのですからね。

浅田 だから、訴因と言うのはいいのですが、公訴事実だと言ってしまうとね。

松宮 そうなのですよ。公訴事実が審判対象だと言いたくないから、そう言っているのかもしれないですね。だけど、少なくともアメリカ法の処理の仕方を見るとそうではないですね。

浅田 しかし、そこは結論に違いが出てくるわけではないですね。

松宮 そうすると、メンツの問題だと……。

II. 覚せい剤自己使用と罪数論

浅田 訴因対象説を一貫するためには、そう言わなければ仕方がないということですね。ところで、薬物の自己使用については、「最終行為説」が実務ではないですか。

松宮 ありますね。何回かある内の最後の1回をとらえているというものです。

浅田 尿に覚せい剤が出てきたということは、少なくとも最後の1回分について出たわけだから、その最後の1回分を起訴するという説ですね。期間内の行為を1個の行為として包括して起訴するのではなくてそちらの方が有力なのではないですか。

松宮 「包括して」とは言いません。「少なくとも1回」説か「最終の1回」説なのですね。ところが、判例はどちらかというと、これはわかりません。

浅田 自己使用というのは即成犯ですね。

第 2 章 罪数論

松宮　そうです。
浅田　そうすると、その 1 回を特定しないといけないわけですね。包括一罪だからこの期間内に何回か打った分を一括してというようには起訴できないのではないかと思うのですが。
松宮　そうですよ。だから、鈴木先生の説明もこれで矛盾なく説明できるということではないと思います。
浅田　雑に考えればそれでもいいという説もありうるかとも思いますが、もともと自己使用を処罰すること自体に問題があります。
松宮　まあ、それは置いておいて……。
浅田　即成犯である以上は日時を特定しないと本当はいけないのですね。
中山　包括一罪と見ると、個別的な特定は必ずしも必要ではないのですか？
松宮　そうですね。
中山　楽になるわけですね。
松宮　ええ、楽にはなります。そのかわり、その間全部一事不再理効が及びます。
浅田　楽になれば、そのくらいは我慢するしかない。
松宮　そうでしょうね。
浅田　でも、包括一罪だったら本当に特定しなくていいのかという点については、若干疑問があります。
中山　それで、判例は必ずしもそういうようには考えていないのですね。
松宮　今言った、「少なくとも 1 回」あるいは「最終の 1 回」という言い方なんですが……。
中山　という形の特定で足りると。
松宮　ええ、「この期間内の」という言い方なのですね。
中山　その期間内に何回か行われていたことがわかれば、そうなりますか。
松宮　だから、問題は仮にですよ、例えば、その期間内に 2 回以上使用したことが起訴後にはっきりしてきたという時に、裁判中であれば、検察官は

どちらを起訴したのか、起訴事実はどちらなのかという問題が出てきます。判決後であれば、その判決はどちらの有罪判決なのかということが問題になってくるわけです。最終説なら後ろだと言うと思うのですが、その後ろにさらにやっていたかもしれませんので、問題は残ります。

浅田　その場合に即成犯とすると既判力が及ばないことになりますか。

松宮　自己使用が即成犯であるとしたうえで、最終1回説なら2回使用したうちの後ろの1回だと言われると思うのですね。だから、前の1回はもう一度起訴して処罰できるわけです。

浅田　そうですね。起訴できることになりますが、それは困りますね。

松宮　それは困るし、第一、本当にこれが最終かどうかもわからないですよ。まだあるかもしれない。

中山　今のところ、薬物事犯が一番、そういう特定性の問題の対象となりますか。

松宮　そうですね。昔は白山丸事件でしたか、いつ不法出国したかはわからないが出たことは間違いないというのがありましたので（最大判昭37・11・28刑集16巻11号1633頁）、ああいうのにも問題は出てきます。

浅田　覚せい剤事犯を中心に、従来の厳格な原則がどんどん崩れてきていると言われています。たしかに尿から覚せい剤が出た以上やったことは確かだという、そこから始まっているのです。

中山　それで、判例としては、ある程度包括的な認定をみとめるが、しかし、包括一罪とはしたくないということでしょうか。

松宮　包括一罪という表現はしていません。しかし、罪となるべき事実は幅を持って認定されています。

浅田　この期間内の行為だということは言いますので、だから、この期間内のものについては既判力が及ぶと考えていいのですか。

松宮　逆に言えば、そうしてもらわないと被告人側は踏んだり蹴ったりですよね。

中山　包括的に認定しておいて、後でわかったものはさらに別に拾うということは、不公正ですね。

松宮　後で調べた時に2回だったから、もう1回起訴しますっていう話になるので。
中山　実際はやらない。
松宮　実際にはやりませんね。そういう意味では処理の仕方はいわゆる集合犯に対してのものとよく似ています。
浅田　そうそう。その期間内の1回の行為だといっている以上は、包括一罪でもないし、単なる即成犯でもないという中間的な扱いになるわけですが、既判力が及ぶことは確かだと思います。
松宮　そういう意味では、広い意味での包括一罪の中の集合犯的な、つまり、複数行為があっても一罪処理をするという、そういうものとやや似ているわけです。
浅田　訴訟法上、そう処理しているんですね、そこが面白い点ですね。

III．速度違反と罪数論

中山　速度違反についてはいくつか判例がありましたね。最高裁は、先ほど言われたように、指定速度が違うとか場所が離れすぎているとか、同じ高速道路なのですけれども、機械が別のところに置いてあるとか、色々な理由で、それぞれについて別罪が成立して併合罪だというように、だいたい固まったみたいですが……。
松宮　ただ、それはすべて個別判断です。事例判例ですから。例えば、一般的に10メートル先にもう一つオービスがあるから二罪とかいうようなことを言っているわけではないです。それぞれの個別の起訴された事実について二罪だと言っているだけですので、先例としての射程はわかりません。
浅田　その射程がわからないということは、理論的には、10メートルおきに100台置いておけば、速度違反は100罪だと言えないことはないですね、即成犯だとすれば。
松宮　そうですね。
浅田　機械が測定するごとに次の犯罪だという、そんな馬鹿な話はありま

せん。

松宮　だから、べらぼうな話だと……。

浅田　やはり速度違反は継続犯ですね。ずっと走っているわけですから。

松宮　いったん速度を落とせば、次は別の速度違反になります。だけど、高速道路の場合、カメラが自動で撮っているだけですから、ずっとそのまま走り続けていた可能性が、たいてい、否定できませんのでね。

浅田　撮影があっても、走りつづけていたとしたら、それこそ社会通念上は一罪と思いますが。

松宮　一応、先例がありましてね。いったん速度違反状態を解消したら、別の速度違反だというのがあるのです（最決昭49・11・28刑集28巻8号385頁）。

中山　休憩したらだめなのですか。

浅田　そうだと言うのですが、本当にそうですかね。

中山　やはり、社会通念上おかしいですね。

松宮　だから、一番いいのは、高速道路であれば、都道府県警の管轄ごとに一罪という特別法を作ることですね。

浅田　それは取締り側の事情であって、違反する側の事情ではないでしょう。

松宮　いや、それは特別法として、明文規定でそういう処理をするのですよ。

中山　どんなに繰り返しても、ずっと一罪であると……。

松宮　繰り返しではないのですよ、1回しかやってないので。まあ、永久に走りつづけるということはありませんから。

浅田　次の日になったら、まあ仕方がないと思いますが。

松宮　それはいい考えですね。私は翌日になれば更新というアイデアもあるなと思っていたので。

中山　20キロぐらいのところでやられている被告人は気の毒ですね。

松宮　そうでしたね。大阪府の中で二箇所というのもありましたし。

浅田　だから、即成犯とするのは、速度違反という罪自体をどう捉えるかによるのですが、やはりおかしいので、測る方、つまり取り締まる側からす

れば即成犯なのですが、行為者の方から見れば継続犯なのですね。その継続犯をどこで切るかは、あまりはっきりしていないのです。例えば、監禁した場合、場所を換えてもう1回監禁をした時に、二罪になるのか一罪になるのかという問題は昔からあります。継続犯をどこで切るかという問題は残っていて、絶対切れないとまでは言えません。

松宮　9年半監禁してもやっぱり一罪ですからね。

中山　判例理論としても、他の場合と比べて問題ですね。

浅田　これは取り締まる側の都合に合わせた判例だということですね。

松宮　そうですね。明確なルールを立てたいなら、やはり法律を作るべきですよ。

中山　これを、即成犯にしたら、具体的にどんなデメリットが生じますか。

浅田　生じます。サービスエリアに入ってもう1回戻ったら二罪で併合罪です。

中山　それが、国側にとってもマイナスになることはありませんか。

松宮　ごくごくまれに、途中で日付がかわって、一方が公訴時効にかかったらという問題はあります。一罪なら両方とも公訴時効にかからないけれども、二罪なら片方はだめという、そういうことは考えられます。

中山　それで実際、これが一罪になった時と併合罪になった時とで、量刑事情がかなり違うんでしょうか。

松宮　いや、量刑事情は変わりません。そうじゃなくて、罰金を2回取れるかどうかです。

中山　併科だってできるということですか。

浅田　罰金ですからね。

松宮　この事件は併合罪でもないのです。この場合は単純数罪です。もう先に略式命令で払っていますから。

中山　単純数罪の場合には、今、法律にまったく規定がないのですけれども……。

松宮　刑法にはないです。

中山　立法上、問題があると言っておられましたが、併合罪にならない数罪について、どんな立法が考えられるのでしょうか。

松宮　外国がどうかはわかりませんが、同時審判の可能性のある犯罪だけれども、前の時に審判していなかった事件が今きたから、もう一回併合罪加重すると、それはいいわけです。要は、併合罪の扱いをしていなかったものが複数見つかって、今、同時に判決が出せるという時には、全部併合罪で加重するというようにしていいわけです。

中山　併合罪の中にとりこめば、できると。

松宮　できます。

浅田　現在量刑上は考慮すべきだと言われていますね。

松宮　その場合には、前に有罪判決を受けたことを反省しなかったというような理屈は使うことになりますけれども……。

Ⅳ．観念的競合一体処理の理由

浅田　公訴時効のところで、意思活動が１回だから１回説で、それは本来行為時説のはずだという話でしたね。

松宮　観念的競合の一罪処理の理由がそれならば、観念的競合の一体処理もそれのはずだろうし、起算点もそのはずだと。時効の完成は一体でもいいかわりに、起算点は行為時説になるのですよ。

浅田　個別化説で考えるべきだと言った場合には、今の議論は別に必要なくなりますね。

松宮　なくなります。個別化説でいき、しかも結果時説だと、それはむしろ行為者の側ではなく、それを受け止める社会の側の衝撃の問題なのだということになればなるほど、一つ一つの結果ごとに衝撃が走るんであって一体処理をする必然性は全然ないということになります。

浅田　結果時説を採りながら一体説というのは、おかしいということですね。

松宮　ええ、きちんと説明できないと思いますよ。

中山　この熊本水俣病事件以外に、公訴時効についてのこの種の問題が出た事件はあまりないのですか。ある犯罪が時効になったあと、科刑上一罪の別の重い犯罪がさらに残っている場合ですね。

松宮　住居侵入と、窃盗とか強盗とかいう場合はあるのです。

浅田　牽連犯はありますね。

松宮　しかし、いずれにせよ、結果時説という話ではないですから、これは。故意犯ですし、強盗などの事例です。各罪の時効起算点は、最初から同一なのです。水俣病最高裁決定のように、ここまで、はっきりと結果時説で、バラバラに結果が起きていて、しかも一体処理でというのは初めてだと思います。

浅田　それで下級審が混乱したのですよ。

中山　この事件の特殊性というもの……。

浅田　ええ、この事件はきわめて特殊です。これは起訴しようと思えば、もっと早い時点でできたのを、検察官がさぼった事件ですからね。

松宮　しかも、殺人罪で告訴してましたからね。もう一つだけ申しますと、原判決は連鎖説（ひっかかり理論）を採ったのですね。そこで、被告人側が上告したので、最高裁としては一体説と言っていますが、これは不利益変更禁止なので傍論で言っているだけで、結論は連鎖説で出たものです。一体説はそういう意味では厳密には本決定の理由（レイシォ・デシデンダイ）つまり判例ではありません。

著者紹介

中山研一（なかやまけんいち）
〔経歴〕1927年滋賀県に生まれる。1953年京都大学法学部卒業、'55年同大法学部助手となり、'68年同大学法学部教授。その後、大阪市立大学法学部教授、北陸大学法学部教授を経て、現在、京都大学・大阪市立大学名誉教授。
〔主要著書〕因果関係（1967）、口述刑法総論（1977）、口述刑法各論（1975）、刑法の基本思想（1979）、アブストラクト注釈刑法（1987）、概説刑法Ⅰ（1989）、概説刑法Ⅱ（1991）、刑法入門（1994年）、臓器移植と脳死（2001）等。

浅田和茂（あさだかずしげ）
〔経歴〕1946年北海道に生まれる。1969年京都大学法学部卒業、'71年関西大学法学部助手となり、その後、同大学助教授を経て、現在、大阪市立大学法学部教授。
〔主要著書〕刑事責任能力の研究（上巻）（1983）、科学捜査と刑事鑑定（1994），刑事責任能力の研究（下巻）（1999）等。

松宮孝明（まつみやたかあき）
〔経歴〕1958年滋賀県に生まれる。1980年京都大学法学部卒業、'85年同大法学部助手となり、その後、'87年南山大学法学部専任講師を経て、現在、立命館大学法学部教授。
〔主要著書〕刑事過失論の研究（1989）、刑法総論講義（1997）等。

レヴィジオン刑法 2　未遂犯論・罪数論

2002年2月10日　第1刷発行

著　者　中山研一
　　　　浅田和茂
　　　　松宮孝明

発行者　阿部耕一

〒162-0041　東京都新宿区早稲田鶴巻町514番地

発行所　株式会社　成文堂

電話 03(3203)9201(代)　振替 00190-3-66099
FAX 03(3203)9206
http://www.seibundoh.co.jp

製版・印刷　(株)シナノ　　　製本　佐抜製本
©2001 中山・浅田・松宮
☆乱丁・落丁本はおとりかえいたします☆　検印省略
ISBN4-7923-1576-X C3032

定価（本体3,300円＋税）